부자 아빠의
금·은 투자 가이드

GUIDE TO INVESTING IN GOLD AND SILVER
: Protect Your Financial Future
by Michael Maloney

Copyright © 2008 by Michael Maloney
This edition is published by arrangement with Rich Dad Operating Company, LLC.

First Korean Edition: September 2012

Rich Dad, CASHFLOW and The CASHFLOW Quadrant (The EBSI symbol) are registered trademarks of CASHFLOW Technologies, Inc. All rights reserved.

Korean Translation Copyright © 2012 by Minumin

이 책의 한국어판 저작권은 Rich Dad Operating Company, LLC.와
독점 계약한 ㈜민음인에 있습니다.
저작권법에 의해 한국 내에서 보호를 받는 저작물이므로 무단 전재와 무단 복제를 금합니다.

GUIDE TO INVESTING IN
<u>GOLD</u> AND <u>SILVER</u>

부자 아빠의 금·은 투자 가이드

마이클 맬로니

박슬라 옮김 · 김혜진 감수

MICHAEL MALONY

민음인

일러두기

이 책은 금·은 투자에 대한 일반적인 정보를 제공하기 위한 것이다. 그러나 각 국가 또는 주 별로 관련 법규들이 서로 다르며 앞으로 변화할 가능성이 있다는 것을 명심하기 바란다. 현실적인 상황이 각기 다르기 때문에 구체적이고 특정한 조언은 반드시 환경에 맞춰 특화되어야 할 것이다. 이런 이유로 독자들은 개인적인 상황에 따라 전문가나 컨설턴트의 조언을 구하길 바란다.

여기 제시된 사실들은 이 책이 쓰인 시점 기준으로 유효하며 정확한 것들이다. 또한 이 책에 담긴 어떤 정보도 개인의 특정 상황과 관련된 법적 조언을 제시하기 위함이 아님을 밝힌다.

내게 사업가 정신을 가르쳐 주신
내 아버지 제리 맬로니(1923~1986)를 위해,

로버트 & 킴 기요사키 부부에게
오늘보다 더 나은 내일의 내가 되도록 격려해 주신 데
감사드립니다.

차례

로버트 기요사키의 서문 ······8
머리말 ······12
들어가며 ······14

1부 어제

Chapter 1 세기의 전쟁 ······23
Chapter 2 국가의 부 ······35
Chapter 3 미국의 영광 ······49
Chapter 4 탐욕, 전쟁 그리고 달러의 종말 ······62
Chapter 5 숲 속 깊은 곳, 황금소의 돌진 ······78
Chapter 6 증시의 흥망성쇠 ······94

2부 오늘

Chapter 7 가치란 무엇인가? ······107
Chapter 8 먹구름 ······132
Chapter 9 완전한 경제폭풍 ······170
Chapter 10 얼음을 황금으로! ······201
Chapter 11 한 가닥 은빛 햇살 ······212

3부 내일

Chapter 12 경제 진자 ······ *239*

Chapter 13 황금의 성 ······ *252*

4부 귀금속에 투자하기

Chapter 14 함정을 조심하라 ······ *261*

Chapter 15 당신의 계획은 무엇인가? ······ *295*

Chapter 16 현물로 가자 ······ *308*

Chapter 17 모든 것은 어제의 조명 아래 빛난다 ······ *324*

부록 한국 금시장의 현재 — 화폐·정부채권도 못 믿는 시대, 금·은을 보자 ······ *336*

| 로버트 기요사키의 서문 |

　나는 마이클 맬로니와 꽤 오랫동안 알고 지낸 사이다. 그런데 사람들이 마이크에 대해 늘 하는 이야기가 하나 있다. "그 친구 참 똑똑하단 말이야." 이런 말을 하는 이유는 마이크가 정말 아는 게 많기 때문이다. 빈말이 아니라 정말 모르는 게 없다!
　뭘 많이 아는 사람이야 세상에 쌔고 쌨다. 다만 마이크가 그들과 다른 점은 중구난방으로 흩어져 있는 점들을 하나로 연결할 줄 아는 신기한 능력을 가지고 있다는 것이다. 마이크는 그냥 똑똑한 사람이 아니다. 그는 방대한 정보 속에서 쓸모 있는 것들을 구분하고 중요한 패턴을 발견할 줄 아는 비전가다.
　지금 당신이 손에 쥔 책은 길고 긴 역사를 담고 있다. 특히 돈의 역사, 아니 마이크가 상기시킨 바에 의하면 돈과 화폐의 역사라 할 수 있다. 돈과 화폐는 우리의 생각과 달리 완전히 별개의 것이다. 이 책에서 당신은 돈과 화폐의 상호작용이 어떻게 역사 속의 제국들을 조종하고 이끌어 왔는지 배우게 될 것이다. 그렇다, 그것들은 심지어 오늘날의 미 제국까지도 조종하고 있다. 또한 여러분은 그 둘의 영향력이 어떻게 여러분과 여러분의 재정적 안정에 영향을 주는지 알게 될 것이며, 그것을 어떻게 유리하게 활용할 수 있을지에 관해서도 배우게 될 것이다.

마이크는 단순한 역사학자가 아니다. 그는 전문가다. 특히 금과 은에 관한 전문가다. 그가 역사에 초점을 맞추는 데에는 사실 매우 중요한 이유가 있다. 바로 당신을 부자로 만들어 주기 위한 것이다.

마이크와 나는 내가 오랫동안 생각해 왔던 것에 의견이 일치한다. 미국의 자본주의가 쇠약해져 거의 사망 직전에 이르러 있으며, 지금은 생명유지 장치만으로 겨우 연명하고 있다는 점이다. 문제의 원인은 우리의 경제 생명력을 침식하고 있는 독극물, 즉 달러에 있다.

내가 이 글을 쓰고 있는 동안에도 금의 가격은 1천 달러를 상회하고 있다. 겨우 몇 년 전에 내가 3백 달러를 주고 구매한 금이 그 세 배가 넘는 가격으로 거래되고 있는 것을 보면 한편으로는 기쁘기도 하지만 다른 한편으로는 씁쓸한 기분을 감출 수가 없다.

어쩌면 내가 미쳤다고 생각할지도 모르겠다. 많은 돈을 벌고도 왜 실망하느냐고 말이다. 그러나 금과 은의 가격이 요즘처럼 상승하고 있다는 것은 자본주의가 흔들리고 있다는 증거이다. 그리고 자본주의가 위기에 처할수록 가장 힘들고 고통을 겪는 이들은 날마다 열심히 일하는 성실한 보통 사람들이다. 그들은 은행에 저축해 놓은 돈을 잃게 될 것이다. 힘들게 산 집을 잃을 것이다. 주식과 뮤추얼 펀드에 투자한 연금이 휴지조각으로 변해 가는 것을 지켜보게 될 것이며, 그러는 동안 정부는 계속해서 거대 기업들에 밑빠진 독처럼 돈을 쏟아 부을 것이다.

그뿐만이 아니다. 금과 은의 가격 상승은 인플레이션의 신호이기도 하다. 마이크가 이 책에서 보다 전문적이고 상세한 해석을 제공하겠지만, 당신과 내게 인플레이션이 뜻하는 바는 우유값이 오르고 또 오르는 것을 의미한다. 가스비와 생필품 가격이 계속해서 상승하고 우리의 구매력은 쇠퇴한다는 것을 의미한다. 다시 말해 매일매일 더 가난해진다는 뜻이다.

이런 이유에서 나는 금의 가격이 온스당 5천 달러를 넘어서지 않기를 기도한다. 아니, 그보다도 다 죽어 가는 달러가 생명유지 장치를 떼고 다시금 제 발로 자립할 수 있기를 희망한다. 그리하여 우리의 정부가 다시 한번 국민의, 국민을 위한, 국민에 의한 시스템이 되기를 꿈꿔 본다. 마이크가 지적한 것처럼 '은행가의, 은행가를 위한, 은행가에 의한' 체제가 아니라 말이다.

그러나 일단 이 책을 읽고 나면 세상 일이 그런 식으로 돌아가지 않는다는 사실을 이해하게 될 것이다. 마이크의 연구 분석이 중요한 까닭도 여기에 있다. 그는 최대한 많은 사람들에게 그가 '역사상 가장 거대한 부의 이전'이라고 부르는 것에 대해 알려야 한다는 사명감을 가지고 있다. 이 책에서 여러분은 금과 은에 투자하는 방법뿐만 아니라 어째서 그것이 당신의 재정적 안정에 필수적인지를 이해하게 될 것이며, 왜 지금 그렇게 해야 하는지를 깨닫게 될 것이다.

나는 최근에 출간한 『부자의 조건, 금융 IQ』에서 오늘날의 경제 체제를 이해하는 것이 얼마나 중요한지 역설했다. 당신을 부유하게 해주는 것은 돈이 아니라, 훌륭한 정보와 뛰어난 금융 IQ다. 똑똑한 사람들은 많지만 탁월한 금융 IQ를 지닌 이들은 매우 소수에 불과하다. 마이크는 탁월한 금융 IQ를 지니고 있다. 서서히 다가오고 있는 경제 폭풍과, 그 결과 일찌감치 금과 은에 재정적 안정을 맡긴 이들에게로 이동하게 될 부에 관한 그의 경고와 조언에 귀를 기울이기 바란다.

마이크의 설명처럼 조만간 세계 경제에는 거대한 부의 이전이 발생할 것이며, 그 과정에서 가장 큰 활약을 하는 것은 바로 금과 은일 것이다. 이처럼 어마어마한 경제 변동에 대해 만반의 준비를 갖춤으로써 당신이 상상한 것 이상으로 부를 늘릴 수 있는 위치에 서게 될지는 전적으로 당신에게, 그리고 당신의 능력에 달려 있다.

당신은 다가오는 경제폭풍 속을 헤쳐 나가는 데 필요한 믿음직한 나침반을 쥐는 특권을 얻은 셈이다. 정성을 다해 읽으라, 그리고 마음 깊이 그 내용을 새기라. 분명 흡족한 결과를 얻게 되리라고 장담한다.

| 머리말 |

지금 역사상 가장 큰 투자 기회가 당신의 현관문을 두드리고 있다. 당신은 문을 열 수도 있고, 그렇지 않을 수도 있다. 선택은 당신의 몫이다.

지난 2,400년 동안 똑같은 패턴이 반복되었다. 정부가 통화량을 늘려 화폐가치를 위험할 정도로 희석시키거나 저하시키면, 어느 순간 국민들은 뭔가가 대단히 잘못되었다고 느끼게 된다. 바로 지금 당신이 느끼는 것처럼 말이다.

화폐가치가 저하되면 대중은 구매력을 상실하고, 그러면 기적적인 일이 발생한다. 자유시장에 의해 금과 은의 가치가 저절로 재평가되어, 금과 은이 마지막으로 재평가된 이후에 창조된 모든 통화의 가치를 얻어 그 가치가 상승하게 된다.

이는 자연스럽고도 지당한 결과다. 금과 은은 항상 이런 역할을 해 왔고 앞으로도 항상 그럴 것이다. 사람들은 본능적으로 금과 은의 희귀성을 높게 평가하는 경향이 있다. 종이돈이 넘쳐 나 그 가치를 잃게 되면 사람들은 언제나 다시 귀금속으로 시선을 돌린다. 대중이 달려들면 금과 은의 가치, 즉 금과 은의 구매력은 기하급수적으로 증가한다.

이런 일이 벌어지는 동안에는 항상 거대한 부의 이전이 발생하는데, 그것이 당신 손에 들어올 것인지 다른 이들에게 가게 될 것인지는 당신에게 달려 있다. 그 부가 당신에게 이전되길 원한다면 무엇보다 스스로를 교육하고 그다음 행동에 나서야 한다.

이 책은 교육과 행동 양쪽 모두를 다루고 있다. 이 책에서 당신은 역사상 가장 거대한 귀금속 붐이 발생하게 될 이 시기를 어떻게 최대한 이용할 수 있을지 그에 관한 역사적 조망과 실질적인 조언을 얻게 될 것이다. 처음에는 역사적 사실의 방대함에 압도당할지도 모르지만 곧 내가 이런 정보를 쏟아내는 데에는 합당한 이유가 있음을 이해하게 될 것이다. 과거를 이해하지 못하면 현재도 이해할 수 없다. 지금 우리는 부를 기하급수적으로 불릴 수 있는 매우 드문 기회를 목전에 두고 있으며, 제대로 된 지식과 정보로 무장할 수만 있다면 그 기회를 한껏 이용할 수 있을 것이다.

이 책은 당신이 성공적인 귀금속 투자를 하는 데 필요한 모든 조건을 갖추어 평온하고 풍족한 미래를 누릴 수 있도록 필요한 지식으로 무장시켜 줄 것이다. 그러니 즐기라.

| 들어가며 |

로버트 기요사키가 사람들에게 늘 강조하는 이야기 중 하나는 컨텐츠contents와 컨텍스트context는 명백히 다르다는 것이다. 컨텐츠는 사실과 데이터, 단편적인 정보를 뜻한다. 한편 맥락을 의미하는 컨텍스트는 누군가가 무엇을 바라보는 관점, 태도, 거기에 대한 감정과 특정 세상에 접근하는 방식을 말한다. 그것은 큰 그림, 또는 보다 큰 그림을 유지할 수 있는 능력을 지칭한다. 누군가의 관점, 즉 맥락을 변화시키거나 확장시킨다는 것은 단순히 한 아름의 정보를 제공하는 것보다 훨씬 강력하고 또 어려운 일이다.

이 책은 당신의 맥락을 변화시키고 또 확장할 것이다. 우리는 정부가 통화를 오용할 때마다(지금 미국이 그러하듯이) 금과 은의 가치가 어떻게 저절로 재평가되었는지 역사를 통해 살펴볼 것이다. 또한 우리는 거품경제와 열풍 현상, 그리고 공황에 대해서도 이야기할 것이다. 모든 투자가들은 집단 심리와 집단 역학에 대해 어느 수준 이상 이해하고 있어야 하기 때문이다. 어쨌든 시장을 움직이는 것은 탐욕과 두려움이 아닌가.

일단 역사적 사실들을 한차례 훑고 나면 나는 오늘날 우리가 경제적으로 어떠한 상황에 처해 있는지 설명할 것이다. 우리는 현재 경제 재앙의 초입에 들어서 있는데, 앞으로는 이를 '완전한 경제폭풍'이라 칭하도록 하겠다. 미국의 경우, 우리의 무모함과 정부의 조잡하고 형편없는 경제 계획이 한데 결합되어 더 이상 지탱이 불가능한 경제 흐름 속에서 허우적대고 있는 상태다. 미국 통화인 달러는 무너지고 있고 이에 따라 금과 은의 가치는 계속해서 상승하는 추세다. 우리는 미국과 세계 경제의 현 상태를 연구 분석할 것이며, 미국 달러 대비 금과 은의 공급 및 수요에 대해서도 알아볼 계획이다.

또한 우리는 수백 년 동안 수없이 반복되어 온 경제 순환주기 가운데 두 가지를 배우게 될 것이다. 하나는 주가株價 주기이다. 주가 주기에는 주가와 부동산 시세가 금과 은, 원자재를 능가하는데, 이 주기가 역전되면 금, 은, 원자재 가격이 주가와 부동산을 능가하는 원자재 주기에 들어서게 된다. 두 번째는 통화 주기로 전자에 비해 잘 알려져 있지도 않고 발생 횟수도 적은데, 돈의 질을 중시하던 사회가 돈의 양에 보다 치중했다가 다시 질을 중시하는 예전으로 돌아가는 순환을 가리킨다.

이 같은 순환주기는 시간에 따라 방향을 바꾸며 흔들리는 진자振子와 흡사하며, 눈치 빠른 투자자들에게는 경제적 지표를 제공하는 역할을 한다.

금과 은의 가치가 상승하는 시기에는 아주 짧은 기간 동안 거대한 부를 쌓을 수 있다. 나는 이런 금과 은의 재평가가 이미 시작되었다고 생각하며, 순환주기가 한 점에서 수렴하여 완전한 경제폭풍이 발생함에 따라 우리 경제에 경이로운 영향력을 발휘할 것으로 믿는다.

역사 속에서 금과 은이 재평가받는 시기가 반복해서 되풀이되는 것은 조수간만처럼 자연스러운 흐름이다. 그러므로 이에 맞서는 것은 위험한 짓이며, 반면에 그 흐름을 파악하고 이용하여 투자 기회로 삼는다면 큰 부를 거머쥘 수 있을 것이다.

이 책은 크게 4부로 구성되어 있다.

1부 어제

1부에서는 경제 순환주기와 종이화폐, 그리고 그것이 금과 은에 미친 영향에 관해 역사적 배경을 살펴본다. 나는 여러분에게 어떻게 금과 은이 명목화폐(금이나 은 같은 현물로 태환이 보증되지 않는 돈을 가리키는 경제 용어)에 대항해 언제나 승리를 거둘 수 있었는지 예를 들어 설명할 것이며, 또 열풍 현상과 공황이 어떻게 눈 깜짝할 사이에 경제 상황을 바꿀 수 있는지에 대해서도 고찰할 것이다. 대중의 열광 및 공황의 발생 과정과 그 역학에 대해 이해하는 것은 대단히 중요한데,

왜냐하면 그것들은 우리가 조만간 맞게 될 역사상 최대의 부의 이전에 지대한 영향을 미치게 될 것이기 때문이다.

2부 오늘

2부에서 우리는 오늘날 미국 정부의 근시안적 경제 정책과, 무역흑자와 무역적자를 둘러싼 미중美中간의 위험한 게임, 그리고 그로 인해 발생하게 될 경제 대재앙에 대해 짚어 볼 것이다. 더불어 통화공급 과잉으로 인한 인플레이션이 어떻게 개인과 국가에 재정적 피해를 입히고 나아가 미국 달러의 종말과 미국의 경제 영향력 약화를 가져오는지에 대해서도 돌아볼 것이다. 마지막에는 금과 은의 기본 특성을 설명하며 마무리 짓는다.

3부 내일

이렇게 배운 역사적 교훈과 오늘날 우리가 직면한 경제적 상황에 대한 정보를 토대로 나와 우리 가족의 미래가 어떠한 영향을 받게 될지 논의한다. 눈앞으로 다가온 완전한 경제폭풍 속에서 안전하게 살아남을 방법은 물론이요, 과거와 현재가 가르쳐 준 교훈을 대입하여 풍족하고 만족스러운 삶을 누릴 수 있는 방법 또한 알게 될 것이다. 이미 짐작하겠지만, 그런 방법들은 모두 금과 은에 대한 현명한 투자법과 관련이 있다. 애초에 당신이 이 책을 구입한 이유도 거기에 있지 않은가!

4부 귀금속에 투자하기

오늘날과 같은 불확실한 경제적 상황에서 최적의 투자 대상은 금과 은이다. 이 책의 마지막 부분에서 나는 여러분에게 귀금속에 대한 적절한 투자 시기와 방법에 대해 조언할 것이다.

많은 이들에게 귀금속 투자는 여전히 음모론이나 괴짜들의 영역으로 인식되고 있다. 그리고 그것은 어느 정도 사실이기도 하다. 그러나 썩은 사과 몇 개 때문에 사과 궤짝 전부를 버리지는 마라. 알다시피 역사는 늘 금과 은을 사랑한 '괴짜들'의 편이었음을 기억해야 한다. 4부에서는 금·은 투자에 관한 오해를 풀어 본다. 귀금속 투자는 상대적으로 쉽고 안전하다.

그리고 무엇보다, 앞에서 언급했듯이 이 책은 당신의 '맥락'을 변화시키는 데 목적을 두고 있다.

귀금속 투자가 낯설게 느껴지는 이유는 현 상태를 유지하고 관리하려는 강력한 거대 조직과 개인 자본의 힘이 개입되어 있기 때문이다. 그들은 당신들 역시 그들의 규칙에 따르길 바란다. '당신'의 돈을 '그들'의 손아귀에 넣고 주무르며 경제적인 이득을 독차지하려는 것이다.

귀금속 거래는 기본적으로 중개상이 존재하지 않고, 금융체제 '안에' 소속되지 않은 유일한 금융자산이다. 주식이나 펀드와 달리 수수료도 없어 당신에게 달라붙어 굳이 공을 들여 판매하려는 사람도 없다. 내가 '부자 아빠'의 일원이라는 사실이 자랑스러운 이유 중 하나는 당신의 돈을 좌지우지하는 '그들만의 게임', 즉 금융 산업의 구조에 대해 속속들이 밝힐 수 있다는 점이다. 그 과정에서 당신은 이 책을 비롯한 '부자 아빠' 시리즈를 읽고 당신의 금융 IQ를 키우는 것이 얼마나 중요한지 깨닫게 될 것이다. 일단 지식과 정보로 무장하고 그들의 게임을 파악하고 나면, 휘둘리던 입장에서 벗어나 당신의 미래를 그들이 아닌 당신 자신의 손으로 직접 통제할 수 있게 된다.

그들의 게임은 신사적이고 깔끔해 보일 것이다. 만약 당신이 금융 IQ를 높이거나 현명한 투자를 할 생각이 없다면 말이다. 하지만 기존에 알던 금융체제가 무너진 뒤에, 내가 미리 경고하지 않았다고 원망하지 않기를 바란다. 만약 내가 일을 제대로 해 낸다면, 즉 당신이 이 책을 읽고 올바로 이해할 수 있다면 그때부터 당신은 금융기관들을 전혀 다른 시각으로 바라보게 될 것이다. 맥락이 바뀌고 시야가 넓어지며, 새로운 지평이 밝아 올 것이다.

그 새로운 지평에서 다시 만나길 희망한다.

| 1부 |

어제

GUIDE TO INVESTING IN
GOLD AND SILVER

Chapter 1
세기의 전쟁

　인류 문명의 역사에는 늘 거대한 전쟁이 진행되고 있다. 그것은 보이지 않는 전쟁, 심지어 그 여파 아래 직접적으로 놓여 있는 이들조차 깨닫지 못하는 숨겨진 전쟁이다. 그러나 세상을 살아가며 이 전쟁의 영향을 느끼지 못할 사람은 없다. 슈퍼마켓에서 우유 한 통 가격이 1달러 오를 때마다, 혹은 갑자기 50달러나 껑충 뛰어오른 난방비 고지서를 받아들 때마다 당신은 이 보이지 않는 전쟁의 영향력을 실감하게 된다.
　그것이 바로 돈과 화폐의 전투, 진정한 세기의 전쟁이다.
　전투는 주로 금과 은, 그리고 금과 은의 가치를 상징하는 화폐 사이에서 발생한다. 사람들은 대개 이 전쟁이 늘 화폐의 승리로 끝나리라 생각하지만, 그들의 맹목적인 신념에도 불구하고 언제나 마지막에 승리하는 것은 가치의 재평가를 거친 금과 은이다.

금과 은의 가치가 어떻게 주기적으로 상승할 수밖에 없는지 이해하기 위해서는 먼저 돈과 화폐의 차이점을 알아야 한다.

지난 수 세기 동안 인간은 가축, 곡물, 향료, 조개껍질과 구슬, 그리고 종이에 이르기까지 다양한 형태의 물건들을 화폐로 이용해 왔다. 그러나 그중에서 진짜 '돈'은 단 두 가지뿐이다. 바로 금과 은 말이다.

화폐

이 책을 읽는 많은 이들이 돈과 화폐를 동일한 것으로 여기고 있을 터다. 가령 누군가 당신에게 현금을 준다면 당신은 '돈'을 받았다고 생각할 것이다. 그러나 실상은 다르다. 현금은 단순한 화폐, 즉 우리가 보통 '자산'이라고 부르는 가치 있는 것을 구입할 때 사용하는 교환 매개체일 따름이다.

로버트 기요사키가 『부자의 조건, 금융 IQ』에서 말했듯이 화폐, 즉 통화^{currency}는 '흐름^{current}'에서 파생된 단어다. 흐름은 늘 움직여야 하며, 움직이지 않고 멈춘다면 소멸해 버린다.(예를 들어 전기를 생각해 보라.) 화폐란 그 자체로 가치를 지니는 것이 아니라 하나의 자산에서 다른 자산으로 가치를 이전하는 매개물일 뿐이다.

돈

반면 돈^{money}은 화폐와 달리 그 자체로 가치를 지닌다. 돈은 언제나 통화, 즉 화폐이며 가치를 지닌 다른 물건들을 구입하는 데 사용할 수 있다. 그러나 앞에서 말했듯이 화폐가 항상 돈인 것은 아니다. 화폐는 가치를 내재하고 있지 않기 때문이다. 이 두 개념이 잘 이해되지 않는다면 100달러짜리 지폐를 떠올려 보라. 과연 그 작은 종이 한 장이 100달러의 가치를 지니고 있을까?

답은 물론 '아니오'다. 100달러라고 적힌 이 종이는 다른 곳에 보관되어 있는 가치를 상징할 뿐이다.(최소한 우리의 '돈'이 '화폐'로 바뀌기 전에는 그랬다.) 뒤에서 화폐의 역사와 금본위제에 관해 보다 자세히 알아보겠지만 일단 여기서 당신이 알아 둬야 할 점은 미국 달러가 이른바 '미국에 대한 신뢰와 신용'이라는 일종의 허풍에 의해 유지되고 있다는 것이다. 간단히 말해 정부는 화폐의 가치를 보증할 담보물 없이도 돈을 찍어 낼 수 있는 능력을 지니고 있다. 당신이 그런 짓을 한다면 위조偽造행위지만, 정부는 이를 '재정정책'이라 부른다. 그리고 우리는 이 모든 것을 가리켜 명목화폐名目貨幣라 부른다.

명목화폐

명목화폐fiat currency에서 'fiat'란 절대적인 권위를 보유한 개인·집단·단체에 의한 인가, 허가 또는 명령을 가리키며, 명목화폐란 정부의 명령 또는 법령에 의해 가치를 부여받은 화폐를 의미한다. 오늘날 지구상에서 사용되는 모든 화폐는 명목화폐이다. 따라서 나는 앞으로 돈이 아니라 화폐를 가리킬 때 이런 정확한 의미로 사용하도록 하겠다. 처음에는 조금 낯설게 들리겠지만 돈과 화폐의 차이점을 강조하고 이해를 쉽게 하기 위해서이니 양해해 주기 바란다. 이 책을 덮을 무렵이면 당신은 그동안 일반 대중이 돈과 화폐의 차이에 대해 얼마나 무지했는지 깨닫게 될 것이며, 나는 바로 그런 지식이야말로 역사상 가장 거대한 부를 축적할 기회를 제공해 줄 것이라 믿는다. 이 책에서 당신은 전 세계 인구의 99퍼센트가 늘 배우고 싶어 하는 돈과 화폐에 대한 지식을 얻게 될 것이다. 그러니 미리 축하하는 바이다. 선두는 당신 차지다.

인플레이션

이 책에서 언급하는 인플레이션 또는 디플레이션은 통화량의 확대 또는 축소를 뜻한다. 통화 인플레이션 또는 디플레이션은 가격 인상이나 가격 인하 현상으로 나타나며, 따라서 나는 때때로 이를 가격 인플레이션 또는 가격 디플레이션이라고도 칭할 것이다. 한 가지 명심할 점은 인플레이션이 발생하면 화폐를 제외한 다른 모든 것의 가치가 상승한다는 것이다.

'통화창조'라는 모험

명목화폐가 처음부터 명목화폐로 시작되는 경우는 드물며, 설사 매우 드물게 그런 경우가 생기더라도 그 수명은 대단히 짧다. 처음에 국가 및 사회는 금이나 은처럼 가치가 높은 현물을 화폐로 사용하기 시작한다. 그러다 시간이 지나면 정부는 귀금속으로 상환받을 수 있는 약속어음을 발행해 사람들이 명목화폐를 자연스러운 것으로 인식하도록 유도하는데 이러한 약속어음(화폐)은 실질적으로 금고 안에 보관되어 있는 진짜 돈에 대한 '영수증' 또는 '보관증'에 불과하다. 아마 현대에도 많은 미국인들이 미국 달러의 원리를 이렇게 인식하고 있을 것이다.

일단 종이화폐를 유통시키게 되면 정부는 적자지출을 실시하고, 지출액을 메우기 위해 더 많은 화폐를 찍어 내고, 부분지급준비금 제도(이에 대해서는 뒤에서 자세히 다루도록 하겠다.)에 기반을 둔 신용창조를 통해 화폐 공급을 확대한다. 이후 전쟁이 발발하거나 외국 정부 또는 국민들이 약속어음 상환(현금인출 사태)을 요구하는 국가적 비상사태가 발생하면 정부는 상환을 보류하는데, 이는 국고에 보관된 금이나 은의 양이 그동안 찍어 낸 종이화폐에 비해 터무니없이 부족한 까닭이다. 그리하여 짜잔! 이제는 모두가 명목화폐를 사용하게 된다.

모두가 쉬쉬하는 작은 비밀 하나. 명목화폐는 가치를 잃도록 설계되었다. 명목화폐의 목적은 당신의 부를 압수하여 그것을 정부에게 이전시키는 것이다. 정부가 새로운 달러를 찍어 내고 그것을 소비할 때마다, 정부는 그 달러에 대한 완전한 구매력을 보유하게 된다. 그렇다면 그 구매력은 도대체 어디서 나올까? 바로 당신이 손에 들고 있는 달러에서 사람들 몰래 훔쳐 온다. 새로운 달러 지폐가 세상에 나가 돌 때마다 기존에 존재하던 다른 달러들의 가치는 하락한다. 왜냐하면 기존과 똑같은 양의 상품과 서비스에 대해 더 많은 양의 달러가 필요하기 때문이다. 이는 가격 상승을 야기하며, 이것이 바로 인플레이션이라고 불리는 교활하고 보이지 않는 세금이다. 마치 한밤중에 몰래 침입한 도둑처럼 당신의 부를 야금야금 훔쳐 가는 것이다.

금과 은은 지난 수백 년 동안 명목화폐와 전투를 벌였고, 승리는 항상 귀금속 편이었다. 금과 은은 자유시장 체제를 통해 스스로의 가치를 재평가하고, 그 과정에서 명목화폐와 대등한 가치 균형을 맞추어 왔다. 기원전 407년 아테네에서 인류사 최초로 거대한 통화폭락이 발생한 이래, 이와 같은 패턴은 수없이 반복되고 또 반복되었다. 역사에 근거해 볼 때, 일단 이렇게 돈과 화폐 사이에서 전투가 발발할 가능성이 감지되면 짧은 시간 동안 거대한 부를 쌓을 기회는 폭발적으로 늘어난다.

시작은 항상 동일해 보인다. 통화량이 팽창하여 위태로운 분위기가 생성되면 대중은 인간적인 본능에 따라 폭락을 예감하고, 뒤이어 짧은 시간 안에 귀금속을 향한 집단적인 움직임이 폭발적으로 발생하면 금과 은의 가치가 재평가된다. 그러면 금과 은은 그동안 창조된 모든 통화의 가치를 따라잡고 오히려 그보다도 더욱 큰 가치를 얻게 되는 것이다. 만약 이런 조짐이 느껴지거든 한시도 망설이지 말고 다른 이들보다 앞서 행동에 착수하라. 금·은의 가치가 양적으로 팽창한 통화에 비해 상대적으로 상승하면 귀금속을 지닌 당신의 구매력 역시 급격하게 증가하게 된다. 만일 이러한 기미를 눈치채지 못하거나 조금이라도 굼뜨게 행동한다면 패배자의 대열에 합류하게 되리라.

명목화폐와 금·은 간의 치열한 한판 승부는 늘 다음 중 하나와 같은 결말로 끝을 맺는다.

1. 기술적 결정. 명목화폐가 다시 금과 은으로 그 가치를 보장받는 자산담보 통화로 유통된다.
2. 명목화폐의 KO패.

어느 쪽이든 금과 은은 승리를 거두게 되어 있다. 이들이야말로 변치 않는 타이틀 보유자인 것이다. 내 말이 미심쩍게 느껴진다고? 그렇다면 우리가 지나온 역사를 돌이켜 보자.

멀고 먼 고대 그리스

윈스턴 처칠은 말했다. "과거를 멀리 되돌아볼수록 미래를 멀리 내다볼 수 있다." 그러므로 우리도 처칠을 본받아 과거를 되돌아보도록 하자. 멀리……아주 멀리……고대 그리스 시대까지 말이다.

금과 은은 지난 4,500년 동안 가장 널리 통용되어 온 화폐지만 진짜 '돈'이 된 것은 기원전 680년의 일이다. 리디아인들이 상거래를 간편하게 만들기 위해 귀금속을 동일한 무게의 동전으로 주조한 것이다. 그러나 이런 동전이 실제로 널리 사용된 것은 아테네 시대에 들어서였다. 아테네는 세계 최초로 민주주의를 실시한 국가일 뿐만 아니라 세계 최초의 자유시장 경제체제와 순조롭게 작용하는 조세제도를 갖추고 있었다. 파르테논처럼 거대하고 경이로운 공공건물을 건축할 수 있었던 것도 바로 그런 체제가 구축되어 있었기 때문이다.

아테네의 별은 오랫동안 눈부시게 빛났고, 아테네 문명은 인류 역사에서 가장 위대한 문명 중 하나로 손꼽힌다. 그러나 역사를 공부했다면 알겠지만, 아테네 문명은 오래전에 무너지고 말았다. 도대체 무슨 일이 있었던 것일까? 그토록 강대하고 위대했던 문명이 어째서 몰락하고 말았던 것일까? 그 대답은 우리가 역사 속에서 계속해서 반복해 보게 될 패턴 속에 있다. 탐욕이 지나쳐 너무 많은 전쟁을 불러일으켰던 것이다.

아테네는 새로운 화폐제도하에 눈부시게 번성하고 있었다. 그러던 중 전쟁을 시작했다가 기대보다 길어지고 말았고, 따라서 예상보다 훨씬 많은 비용을 소모하게 되었다. 왠지 익숙하게 들리지 않는가? 22년간의 전쟁은 그들의 물자를 바닥내고 국고를 텅텅 비게 했다. 아테네인들은 경제를 유지하고 전쟁을 계속하기 위해 아주 기발한 방법을 고안해 냈다. 바로 화폐가치를 떨어뜨린 것이다. 번뜩이는 천재성을 지닌 아테네인들은 세금으로 금화나 은화 천 개를 걷어 거기에 구리를 50퍼센트 섞는다면 2,000개의 주화를 만들 수 있다는 사실을 깨달았다! 혹시 이 이야기도 익숙하게 들리는가? 그렇다. 이것이 바로 적자지출이다. 미국 정부가 지금 날마다 하고 있는 일 말이다.

이렇게 금과 은은 역사상 최초로 내재 가치가 아닌 외부의 인위적인 판단에 의해 그 가치가 결정되게 되었다. 아테네인들이 이 비상한 발상을 떠올리기 전에는 금과 은의 무게가 모든 것의 가치를 결정하는 척도였다. 그렇지만 이제 정부의 공식 화폐는 금과 은이 아니라 금과 은에 구리를 섞은 합금이 되었고, 그 화폐를 이용해 금과 은을 구입할 수는 있었지만 더 이상 그들의 통화는 금과 은이 아니었다.

2년도 채 되지 않아 아테네의 아름다운 '돈'은 단순한 화폐로 변했고, 그 결과 실질적으로 무가치한 것으로 전락했다. 그러나 앞에서도 이야기했듯이 화폐의 가치 저하에 대중이 눈을 뜨면 순수한 금화와 은화를 고수하고 있던 이들은 그들의 구매력이 극적으로 증가했음을 깨닫게 된다.

몇 년 후, 이 모든 상황의 원흉이던 전쟁이 아테네의 패배로 끝났다. 아테네는 한때 그들이 누렸던 영광을 결코 다시는 되찾지 못했으며 결과적으로 이후 세계의 맹주가 된 로마의 한 지역으로 전락할 수밖에 없었다.

그리고 돈과 화폐 사이에 벌어진 최초의 헤비급 매치는 금과 은이 '아테네의 헤비급 챔피언'이라는 월계관을 머리에 쓰게 됨으로써 '진짜 돈'의 승리로 돌아갔다.

불타는 로마

그리스에 이어 유럽의 맹주로 부상한 로마는 화폐가치 저하라는 기술을 오랜 시간 동안 완벽하게 갈고 닦을 수 있었다. 우리의 역사를 거쳐 간 다른 모든 제국들처럼 로마 역시 전임자들의 실수를 토대로 배우는 법을 깨닫지 못했고, 그리하여 앞서 간 이들과 마찬가지로 쇠락의 길을 걷게 되었다.

750년 동안 로마의 수많은 지도자들은 전후^{戰後} 배상 및 지불을 위해 화폐를 주조해 통화량을 부풀렸다. 주화의 크기는 점점 더 작아졌고, 세금으로 걷혀 한 번이라도 정부 건물에 들어간 금화들은 모서리가 깎여 나왔다. 그렇게 깎아 낸 부스러기들은 녹여서 다시 주화를 만드는 데 사용되었다. 그리고 물론, 그리스인들이 그랬듯이 로마인들 역시 금화와 은화에 구리 같은 다른 금속들을 섞어 순도를 낮췄다. 그리고 마지막으로 그들은 평가절상이라는 그다지 교묘하지 못한 방법을 발명했다. 다시 말해 똑같은 주화를 발행하되 거기에 보다 높은 가치를 부여했던 것이다.

기원후 284년에 디오클레티아누스가 제위에 올랐을 즈음 로마의 주화들은 단순히 주석을 입힌 동이나 구리에 불과했고 로마의 인구와 인플레이션은 급격하게 상승하고 있었다.

301년, 디오클레티아누스 황제는 그 유명한 '최고가격령$^{\text{Edict of Prices,}}_{\text{最高價格令}}$'을 선포한다. 그 칙령은 정부가 책정한 가격 이상의 가격으로 물건을 파는 사람에게 사형을 선고한다는 것과 임금을 동결시킨다는 내용을 담고 있었다. 그러나 놀랍게도, 물가는 계속해서 올라갔다. 사람들은 임금이 동결되지 않은 새로운 일감을 찾아 나서거나 혹은 포기하고 정부가 제공하는 생활보호정책에 의존했다. 아, 참 그렇지. 로마인은 복지정책을 발명한 최초의 사람들이다. 로마는 100만 인구를 자랑하고 있었는데 이 시기 동안 정부는 약 20만 명의 시민들에게 곡식을 공짜로 나눠 주고 있었다. 다시 말해 인구의 20퍼센트가 복지정책의 혜택을 받고 있었다는 얘기다.

심각한 경제침체 때문에 디오클레티아누스는 대포와 버터 정책(군비와 국민 경제를 양립시키는 정책)을 시행할 수밖에 없었다. 일자리를 늘리기 위해 수천 명의 병사들을 새로 고용하고 자금을 모아 다양한 공공사업을 벌이는 것이었다. 이러한 조처는 정부와 군대의 규모를 두 배로 증가시켰고 그 결과 적자지출은 수 배로 가중되었을 것이다.

새로운 병사들에게 주는 임금과 복지혜택을 받는 수만 명의 가난한 시민들, 그리고 새로운 공공사업 프로젝트에 쏟아붓는 비용들을 모두 더한다면 그 수치가 엄청났으리라는 것쯤은 누구나 짐작할 수 있을 것이다. 적자지출은 걷잡을 수 없이 늘어만 갔다. 자금이 바닥나자 디오클레티아누스는 구리와 동으로 만든 방대한 양의 주화들을 주조했고, 다시금 금화와 은화의 가치를 끌어내렸다.

이 모든 조치들은 역사에 기록된 세계 최초의 초인플레이션이라는 결과로 나타났다. 디오클레티아누스의 '최고가격령(1970년에 발굴된, 매우 잘 보관된 유물)'에 따르면 301년에 금 1파운드는 5,000데나르에 맞먹었지만, 300년대 중반 즈음에는 21억 2000만 데나리에 달했다. 이는 금의 가격이 약 50년 동안 자그마치 42,400배나 올랐음을 뜻한다.

이런 인플레이션은 화폐로 이뤄지던 거래를 실질적으로 모두 중단하게 만들었으며, 로마의 경제는 거의 물물교환 수준으로 퇴보하게 되었다.

좀 더 이해하기 쉽게 설명하자면, 예를 들어 50년 전에 미국의 금 시세는 온스당 35달러였다. 가격이 거기서 42,400배 올랐다고 치면 오늘날의 금 가격이 온스당 1150만 달러라는 계산이 된다. 구매력으로 따지자면 50년 전에 일반적인 신형 자동차가 평균 2,000달러였다면(실제로도 그러했지만) 오늘날에는 8500만 달러라는 얘기다.

이런 현상은 명목화폐에 대한 금과 은의 역사상 두 번째 대승리를 가져왔다. 자, 이제 점수는 2대 0!

궁극적으로 로마 제국을 궁지로 몰아넣은 것은 군대와 공공사업, 복지정책, 그리고 전쟁 자금을 충당하기 위한 적자지출과 불량화폐의 발행이었다. 역사상 모든 제국이 그러했듯이 로마는 자신들만은 경제법칙의 영향을 피해 가리라 여겼던 것이다.

보시다시피 공공사업과 사회복지 프로그램, 그리고 전쟁 예산을 대기 위한 불량화폐 발행은 인류 문명의 역사에서 시종일관 반복되는 동일한 패턴이다. 그리고 그것은 항상 좋지 않은 결과로 끝난다.

Chapter 2

국가의 부

경제 순환주기를 구분하기 위해 화폐사를 공부할 때에는 이른바 동전의 양면을 모두 들여다보는 것이 중요하다. 사람들은 대개 모든 잘못을 정부에게 뒤집어씌우고 싶은 강한 욕망을 느낀다. 물론 정부는 명목통화 정책을 통해 인플레이션을 가져오는 주범이지만, 결과적으로 우리 정부가 세운 법칙에 동의한 것은 결국 우리 자신이라는 사실을 잊어서는 안 된다. 역사 속에는 탐욕에 사로잡힌 이들이 얼마나 멍청한 짓을 저지를 수 있는지를 보여 주는 사례들이 수없이 널려 있다. 실제로 경제를 망치기 위해 꼭 정부가 필요한 것은 아니다. 우리들끼리도 그 정도는 해낼 수 있답니다, 고마워요.

내가 생각해 낼 수 있는 가장 적절한 사례는 1637년에 발생한 튤립 광풍이다.

튤립은 튤립일 뿐인데

이 역사적 사건이 얼마나 황당하고 괴상한지 알고 싶다면 그저 이렇게 자문해 보기만 하면 된다. "나라면 튤립 구근 하나에 180만 달러를 주고 살까?" 만약 이 질문에 대해 "그렇다."라고 대답한다면 빨리 이 책을 덮고 제발 전문가의 도움을 받기 바란다. 만약 다른 대답을 한다면 계속 읽어 나가며 사람들이 어떻게까지 정신이 나갈 수 있는지 보라.

튤립 하면 네덜란드를 떠올리는 것이 보통일 것이다. 그런 다음에는 맥주를 생각하겠지. 하지만 많은 사람들이 모르는 사실은 실제 튤립은 네덜란드의 토착 식물이 아니라는 것이다. 네덜란드의 튤립은 수입종이다. 1593년 최초의 튤립 구근이 터키에서 네덜란드로 전파된 후로 튤립은 눈 깜짝할 사이에 부와 명예의 상징이 되었고, 곧 커다란 열풍이 불어닥쳐 조금 뒤에는 암스테르담에 튤립 거래소가 세워졌다.

그러나 얼마 가지 않아 이 열풍은 엄청난 경제 거품으로 타락했다. 다음 숫자를 들으면 기가 막혀서 웃음이 절로 날 것이다. 1636년에 비세로이Viceroy라는 품종의 튤립 구근 하나는 다음 물품들과 교환되었다. 밀 2라스트(1라스트는 4천 파운드), 귀리 4라스트, 살찐 황소 네 마리, 살찐 돼지 8마리, 살찐 양 12마리, 와인 두 통(한 통은 140갤런), 맥주 4톤, 버터 2톤, 치즈 1000파운드, 침대 하나, 옷 한 벌, 그리고 은제 잔 1개.

이런 광풍이 최고조에 이른 것은 1637년이었다. 셈퍼 아우구스투스 품종의 구근은 하나에 6천 플로린에 판매되었는데 당시 네덜란드의 1년 평균 임금이 150플로린이었다. 튤립 구근 하나가 평범한 노동자의 1년 소득의 40배였단 소리다. 현대에 적용하자면 미국 노동자의 1년 평균 임금이 4만 5000달러라고 할 때 이 튤립 구근의 가격은 오늘날 시세로 180만 달러다.

사람들은 곧 이 같은 상황이 말도 안 된다는 사실을 깨달았고, 똑똑한 사람들(애초에 이런 거래에 손을 댄 이들을 '똑똑하다'고 해도 될지 모르겠지만)은 재빨리 구근을 팔기 시작했다. 일주일도 안 되어 튤립 구근은 실제 가치에 알맞은 가격까지 떨어졌다. 즉 몇 개를 한데 묶어 겨우 1플로린에 거래되었다는 의미다.

튤립 시장의 붕괴로 인해 북유럽을 강타한 금융 위기는 그 뒤로도 수십 년 동안 지속되었다.

존 로와 중앙은행

팽창된 통화가 진짜 돈을 대체하게 된 또 다른 사례는 존 로$^{John Law}$의 업적을 들 수 있을 것이다. 존 로의 삶은 파란만장 그 자체였다.

스코틀랜드의 은행가이자 금 세공사의 아들로 태어난 존 로는 수학에 뛰어난 재능을 가지고 있었다. 그는 젊은 시절에 도박판과 여자들 사이에서 시간을 보냈는데 그 과정에서 물려받은 가산을 대부분 탕진하고 말았다. 한번은 한 여자를 두고 결투를 벌여 상대방은 죽고

본인은 재판에서 교수형을 선고받기도 했다. 수완이 좋았던 존은 감옥에서 탈출해 프랑스로 도주했다.

당시 프랑스의 루이 14세는 도발적인 호전정책과 사치스러운 생활 습관 때문에 프랑스를 빚의 구렁텅이로 몰아가고 있었다. 파리에 거주 중이던 존 로는 오를레앙 공과 도박 친구가 되었는데, 그 즈음 종이화폐의 효용성을 주장하는 경제학 논문을 발표한 참이었다.

루이 14세가 사망하고 왕위를 계승한 루이 15세는 겨우 열한 살의 어린 소년에 불과했다. 섭정으로 지명된 오를레앙 공은 프랑스가 어마어마한 부채를 짊어지고 있다는 사실과 세금으로는 그 이자조차 제대로 낼 수 없다는 사실을 알고 경악했다. 이런 상황이 절호의 기회가 될 수 있음을 감지한 로는 궁정을 방문해 프랑스의 재정 문제가 통화 부족에 있다고 주장하며 종이화폐의 효용성을 주장하는 두 편의 논문을 친구에게 내밀었다. 1716년 5월 15일, 존 로는 프랑스 일반 은행Banque Generale의 책임자로 임명되어 지폐를 발행하는 전권을 위임받게 된다. 종이화폐의 유럽 침공이 시작된 것이다.

통화량의 원만한 증가는 경제에 활력을 불어넣었고, 존 로는 경제학의 귀재로 칭송받게 되었다. 성공적인 정책을 시행한 데 대한 보상으로 오를레앙 공은 존 로에게 프랑스령 루이지애나의 독점무역권을 부여했다. 프랑스령 루이지애나는 캐나다에서 미시시피 강 초입에 걸쳐 있는 방대한 지역으로, 현재는 그중 3분의 1의 땅이 미국에 속해 있다.

당시에 루이지애나에는 풍부한 금이 묻혀 있다는 설이 파다했다. 존 로가 운영하는 미시시피 회사Mississippi Company는 루이지애나 내에서 교역에 대한 독점권을 쥐고 있었고 곧 프랑스에서 가장 부유한 회사로 발돋움할 수 있었다. 존 로는 잽싸게 회사의 미래에 대한 대중의 믿음을 자본으로 변환했다. 20만 주의 주식을 발행한 것이다. 얼마 지나지 않아 미시시피 회사의 주가는 폭발적으로 상승했고, 몇 달이 지났을 때에는 30배 가까이 폭등했다. 존 로는 겨우 몇 년 사이에 상습 도박꾼이자 빈털터리 살인자에서 유럽에서 가장 저명하고 유력한 경제계 인사로 떠오른 것이다!

미시시피 회사 덕분에 로는 또다시 큰 보상을 얻게 된다. 오를레앙 공이 그와 그의 회사에 담배 판매와 금·은을 정제하여 주화를 주조하는 독점권을 안겨 주는 한편, 로가 경영하는 일반 은행을 왕립 은행Banque Royale으로 임명한 것이다. 이제 로는 프랑스 중앙은행의 앞날을 결정하는 방향타를 잡게 된 셈이었다.

그가 운영하는 은행이 프랑스의 왕립 은행이 되었다는 사실은 프랑스 정부가 그가 발행하는 지폐를 보증해 준다는 의미였다. 미국 정부가 연방은행이 발행하는 지폐를 보증하듯이 말이다. 모든 일이 순조로웠기 때문에 오를레앙 공은 존 로에게 더 많은 지폐를 찍어 내라고 독촉했고, 로는 좋은 것은 많으면 많을수록 좋다는 지론하에 그의 말에 따랐다. 프랑스 정부는 어리석게, 그리고 무분별하게 돈을 흥청망청 써 댔고 로는 온갖 선물과 명예, 명성을 손에 넣었다.

그렇다. 모든 일은 순조로웠다. 사실을 말하자면 지나치게 순조로웠다. 오를레앙 공은 통화량을 증가시켜 이런 경제 부흥을 일으킬 수 있다면, 지폐의 양을 두 배로 늘리면 두 배나 더 풍요로운 발전을 이룰 수 있지 않겠느냐는 발상에 이르렀다. 불과 몇 년 전에 프랑스 정부는 채무에 대한 이자도 지불하지 못하고 있을 정도였다. 하지만 지금은 모든 부채를 갚고 심지어 원하는 만큼 실컷 화폐를 쓸 수 있었다. 그들이 해야 할 일이라고는 그저 지폐를 찍어 내는 것뿐이었다.

정부에 대한 봉사와 노고를 치하하는 의미로 오를레앙 공은 존 로의 미시시피 회사에 동인도와 중국, 남태평양과의 독점무역권을 부여하는 안을 승인했고, 이 소식을 들은 로는 미시시피 회사의 주식 5만 주를 새로 찍어 내기로 결정했다. 새로운 주식이 공모되자 30만 명이 넘는 투자자들이 몰려들었다. 그중에는 공작, 후작, 백작 등 지체 높은 귀족들도 포함되어 있었으며 다들 미시시피 회사의 주식을 손에 넣고 싶어 안달이 나 있었다. 이 문제에 대한 로의 해결책은 새로 발행하는 주식을 5만 주에서 30만 주로 500퍼센트나 늘리는 것이었다.

파리는 가득 차다 못해 여기저기서 흘러넘치는 통화량과 공격적인 주식 투기로 번성기를 누리고 있었다. 상점은 손님들로 바글거렸고 온갖 사치품이 활개를 쳤으며 거리는 부산스럽고 활기가 넘쳤다. 찰스 맥케이Charles Mackay는 그의 저서 『대중의 미망과 광기Extraordinary Popular Delusions and the Madness of Crowds』에서 그 광경을 이렇게 묘사했다.

"새로 건축된 건물들이 사방으로 뻗어 나갔고 번영이라는 실체 없는 환상의 빛이 전국을 뒤덮었다. 그 빛에 눈이 먼 사람들은 저 지평선 너머에서 검은 먹구름이 거센 폭풍우를 몰고 빠른 속도로 다가오고 있음을 전혀 눈치채지 못했다."

당연하게도, 머지않아 문제들이 불거지기 시작했다. 통화량 증가로 인한 인플레이션 때문에 물가가 하늘 높이 치솟은 것이다. 가령 집값과 임대료는 거의 스무 배 가까이 뛰어 올랐다.

존 로 역시 자신이 일조했던, 걷잡을 수 없는 인플레이션의 영향력을 피부로 느끼기 시작했다. 미시시피 회사의 주식을 다시 발행할 때가 되었을 때, 로는 콩티 왕자Prince de Conti가 원하는 가격에 주식을 판매하기를 거절함으로써 그 고귀한 귀족을 모욕하는 실수를 저지르고 만다. 화가 머리 끝까지 난 왕자는 그가 가진 모든 지폐와 미시시피 주식을 현금화하기 위해 지폐로 가득한 마차 세 대를 은행에 보냈고, 금화와 은화로 가득 채운 마차를 끌고 집으로 돌아왔다. 그러나 오를레앙 공은 왕자에게 그 돈을 다시 은행에 돌려줄 것을 명령한다. 다시는 파리에 발을 들여놓지 못할까 봐 겁을 집어먹은 왕자는 세 대의 마차 중 두 대분의 돈을 은행에 돌려보냈다.

하지만 이 사건은 대중에게 경종을 울리는 계기가 되어 이른바 '똑똑한 돈smart money'이 급속도로 시장을 탈출하기 시작한다. 사람들은 지폐를 경화硬貨로 바꾸고 휴대가 가능한 고가高價의 물건들을 사들였다. 보석과 은제품, 원석, 주화들이 해외에서 대규모로 이동되었으며 사재기가 성행했다.

1720년 2월, 은행들은 더 이상의 출혈을 막기 위해 지폐 상환을 중단했다. 금화와 은화의 사용은 불법으로 선포되었다. 보석이나 귀금속, 은제품을 구입하는 행위 역시 불법이었다. 이 같은 불법행위를 신고한 사람에게는 신고된 금·은제품의 절반가를 보상금으로 지불(물론 은행권으로)하겠다는 공고가 나붙었다. 국경은 폐쇄되었고 마차들은 샅샅이 수색되었다. 감옥은 죄수들로 바글거렸으며, 바닥에는 문자 그대로 머리통이 굴러다녔다.

마침내 사태가 극도로 악화되었다. 5월 27일, 은행들은 문을 닫았고 로는 장관 자리에서 해임되었다. 은행권은 기존의 50퍼센트로 가치가 절하되었다. 6월 10일에 은행들은 다시 문을 열고 새로운 가치에 맞춰 지폐를 금화로 상환해 주었다. 금이 바닥나자 사람들은 은을 받아갔다. 은이 바닥나자 이번에는 구리가 대신 사용되었다. 사람들이 어찌나 종이돈을 진짜 돈으로 바꾸기 위해 혈안이 되어 있었는지 폭동에 가까운 소요사태가 발생하기도 했다. 이번에도 금과 은이 강력한 펀치 한 방으로 승리를 거둔 것이다.

이제 존은 프랑스에서 가장 거센 비난과 손가락질을 받는 사람이 되어 있었다. 고작 몇 달 사이에 전국에서 가장 강력하고 영향력 있는 유명인사에서 전처럼 아무것도 없는 빈털터리로 전락한 것이다. 로는 베네치아로 도주해 다시금 도박사의 삶을 살았으며, "작년에 나는 세상에서 가장 부자였다. 오늘 나는 아무도 아니다. 심지어 하루하루를 연명하기도 힘들다."라며 탄식했다. 그는 1729년 베네치아에서 무일푼으로 숨을 거뒀다.

미시시피 회사의 몰락과 존 로의 명목화폐 제도는 프랑스와 유럽의 대부분을 끔찍한 불경기로 내몰았고, 경제 침체기는 그 뒤로도 수십 년 동안이나 지속되었다. 하지만 이 이야기의 가장 놀라운 점은 이 모든 일이 불과 4년 동안 벌어졌다는 사실이다.

바이마르 공화국의 뼈아픈 교훈

이제 명목화폐가 어떤 폐해를 입힐 수 있는지 이해했을 것이다. 이번에는 또 다른 사례를 살펴보고 한줄기 은빛 희망(말장난이 아니다.)을 찾아본 다음, 그런 극단적인 상황이 어떻게 거대한 부를 얻을 기회가 될 수 있는지 알아보자.

1차 세계대전을 일으킨 직후, 독일은 금본위제를 포기하고 화폐(독일 마르크화)를 금과 은으로 상환할 수 있는 모든 권리를 유보시켰다. 모든 전쟁이 다 그렇지만, 1차 세계대전은 윤전기의, 그리고 윤전기에 의한 전쟁이었다. 독일 내 마르크화의 유통량은 전쟁 기간 동안 자그마치 네 배나 증가했다. 반면에 통화량이 확대되었음에도 불구하고 물가는 인플레이션과 연동되지 않았고, 따라서 사람들은 인플레이션의 영향을 실감하지 못했다.

이런 특이한 현상이 발생하게 된 것은 대중들의 심리 때문이었다. 사람들은 미래가 불확실하고 불안한 시기에는 한 푼이라도 더 아끼고 싶어 한다. 따라서 독일 정부가 미친 듯이 화폐를 찍어 내는 와중에도 아무도 그것을 사용하지 않았던 것이다. 적어도 그때에는 말이다. 그러나 일단 전쟁이 끝나고 나자 저 아래 숨겨 두었던 화폐와 자신감이 물밀듯 터져 나왔고, 그 파괴적인 영향력이 독일 전역을 휩쓸게 되었다. 통화 인플레이션을 따라잡기 위해 물가가 하늘 높이 치솟기 시작한 것이다.

종전 직전 금과 마르크의 환율은 금 1온스당 약 100마르크였다. 그러나 1920년 즈음이 되자 금 1온스를 사려면 1000~2000마르크를 지불해야 했다. 곧이어 소매 물가가 10배에서 20배로 훌쩍 뛰어올랐고, 전쟁 동안 간절한 마음으로 저축을 해 두었던 사람들은 같은 액수라도 1, 2년 전에 비해 상품을 10분의 1밖에 살 수 없다는 사실을 깨닫고 분노했다.

그러다 1920년 후반과 1921년 전반기에 인플레이션이 차츰 완화되기 시작하면서 표면적으로나마 미래가 조금씩 밝아지는 듯 보였다. 경기가 회복되고, 상업과 산업 생산이 호조를 보였다. 그러나 독일 국민들에게는 아직 전쟁배상금이 남아 있었기 때문에 정부는 화폐 인쇄를 그만둘 수가 없었다. 1921년 여름, 물가가 다시 상승하기 시작했다. 1922년 6월에는 다시 700퍼센트의 상승률을 기록했다.

마치 둑이 터진 것만 같았다. 독일 국민들은 국가경제와 통화에 대한 믿음과 신뢰를 송두리째 잃어버렸다. 이미 저축분의 가치가 90퍼센트나 폭락하는 것을 경험한 이들은 앞으로 무엇이 그들을 기다리고 있을지 잘 알고 있었다. 그들은 똑똑했다. 이미 한번 겪었던 일이기 때문이다.

별안간 화폐에 대한 전국민의 태도가 돌변했다. 그들은 조금이라도 오랫동안 화폐를 손에 쥐고 있다가는 휴지조각이 되리라는 것을 잘 알고 있었다. 급등하는 물가가 그들의 구매력을 앗아 갈 터였다. 갑자기 모든 국민들이 돈이 수중에 들어오자마자 마치 내일이 없는 양 써 대기 시작했다. 화폐는 뜨거운 감자였고, 그것을 오래 쥐고 있다간 손을 데일 터였다.

1차 대전 종전 후 독일이 프랑스에 처음으로 지불한 배상금은 대부분 금으로 구성되어 있었고 철과 나무, 석탄 등의 다양한 원자재가 포함되어 있었다. 그러나 두 번째 지불날짜가 다가왔을 때, 독일에는 아무 자원도 남아 있지 않았다. 독일이 배상금을 내지 않으려고 꼼수를 부린다고 생각했던 프랑스는 벨기에와 손을 잡고 1923년 1월 독일의 중심 공업지대인 루르 지방을 침공한다. 군대는 철광공장과 탄광, 철도를 점령했다.

이에 대응해 독일 바이마르 정부는 수동적 저항과 비협력 정책을 내세우며 200만 명이 넘는 공장 노동자들에게 프랑스를 위해 일하지 않는 대가로 월급을 지불했다. 독일 마르크화의 관에 마지막 못질을 하는 순간이었다.

그러는 동안에도 정부는 지폐윤전기를 과부하가 되도록 돌리고 있었다. 《뉴욕타임스》 1923년 2월 9일자 1면 기사에 따르면, 독일은 33대의 윤전기로 날마다 450억 마르크를 찍어 내고 있었다! 9월이 되자 그 액수는 하루에 50경京에 달했다.

그러나 마르크에 대한 독일 대중의 신뢰도는 정부가 새로운 화폐를 찍어 내는 속도보다도 더욱 빠르게 추락하고 있었다. 정부가 얼마나 많은 마르크를 찍어 내든 관계없이 화폐의 가치는 새 지폐가 시중에 유통되기도 전에 아래로 떨어졌다. 따라서 정부는 결국 계속해서 많이, 더 많이 화폐를 발행하는 도리밖에 없었다.

1923년 10월 후반과 11월 초반, 독일의 금융체제는 붕괴하고 있었다. 전쟁 전에 신발 한 켤레가 12마르크였다면 지금은 30조 마르크에 육박했다. 빵 한 덩어리는 반 마르크에서 2000억 마르크로 올랐고, 달걀 하나는 0.08마르크에서 800억 마르크로 올랐다. 독일의 증시는 전쟁 말기 88포인트에서 26,890,000,000포인트로 상승했지만, 구매 가치는 97퍼센트 하락했다.

인플레이션을 능가하는 것은 금과 은이 유일했다. 금 가격은 온스당 100마르크에서 87조 마르크로 자그마치 87조 퍼센트 상승했다. 하지만 중요한 것은 가격도, 가치도 아니었다. 정말로 기하급수적으로 상승한 것은 금과 은의 구매력이었다.

1923년 11월 15일 독일의 초超인플레이션이 마침내 종결되었을 때, 독일의 통화량은 1919년 초반 292억 마르크에서 4해垓 9700경 마르크로 증가하여(그렇다, 실제로 이런 숫자가 존재한다.) 170억 배 이상 팽창했다. 반면에 통화량의 총 가치는 금에 비해 97.7퍼센트 하락했다.

가난한 이들은 이런 사태가 발생하기 전에도 늘 가난했다. 이들은 가장 적은 영향을 받은 집단이었다. 부자들, 최소한 똑똑한 이들은 이 기회를 활용해 전보다 더욱 큰 부자가 되었다. 가장 치명적인 타격을 입은 집단은 바로 중산층이었다. 간단히 말해, 독일의 중산층은 거의 소멸 직전에 이르렀다.

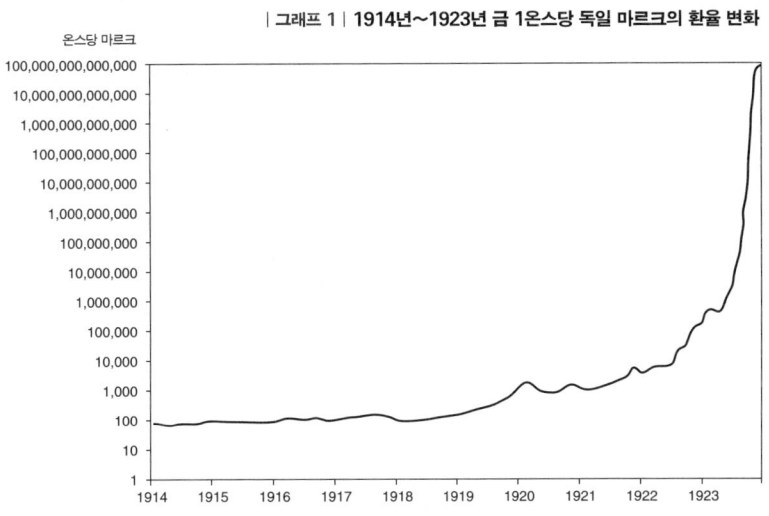

| 그래프 1 | 1914년~1923년 금 1온스당 독일 마르크의 환율 변화

출처: 베른트 비디크(Bernd Widdig), 『독일 바이마르 공화국의 문화와 인플레이션』
Culture and Inflation in Weimar Germany(Univ. of CalPress, 2001)

그러나 몇 안 되는 예외의 경우도 있었다. 뜻밖의 경제적 환경에서 이득을 취할 수 있는 능력과 수완을 가진 이들이었다. 그들은 눈치가 빠르고 민첩하며 통찰력을 가지고 있었고, 무엇보다 융통성을 지니고 있었다. 이들은 예전에 한 번도 접해 보지 못한 낯선 세상에 재빨리 적응했고 완전히 뒤바뀐 세상에서 번영을 누렸다. 원래 어떤 계급 출신인지, 빈곤층인지 중산층인지는 중요하지 않았다. 적응력이 뛰어나고 바뀐 세상에 잘 적응할 수만 있다면, 몇 달 사이에 큰 부자가 될 수 있었다.

당시에는 베를린 시내의 상업지구 블록을 겨우 금 25온스(500달러)로 구입할 수도 있었다. 화폐의 형태로 자산을 가지고 있던 부자들이 정부 정책 때문에 구매력을 상실하면서 끊임없이 가난해진 까닭이었다. 반대로 귀금속의 형태로 부를 보관하고 있던 이들은 순식간에 상승한 구매력 덕분에 새로운 부유층이 되었다.

여기서 배울 중요한 교훈 하나. 경제 대격변의 시기에 아무리 거품이 터지고 시장이 붕괴하고 대불황이 찾아오고 통화위기를 맞이한다고 해서 부 그 자체가 사라지는 것은 아니다. 그것은 단지 다른 곳으로 이동할 뿐이다. 바이마르 공화국의 초인플레이션 시기에 금과 은은 단순히 전투에서 이긴 것뿐만 아니라 명목화폐에 강력한 주먹을 휘날려 바닥에 납작하게 때려눕혔다. 덕분에 가짜 돈인 화폐가 아니라 진짜 돈을 가지고 있던 이들은 몇 배나 되는 보상을 손에 넣을 수 있었다.

Chapter 3

미국의 영광

지금쯤은 여러분도 이 패턴에 대해 감을 잡았으리라 믿는다. 지금까지 거론한 여러 사례들은 물론 앞으로 이야기할 수많은 사례들에서도 상황은 늘 동일한 과정을 거친다.

1. 국가가 안정된 경제체제로 운영된다. (예: 금화나 은화 또는 금·은으로 완전한 태환을 보증받는 돈을 사용하는 사회)
2. 국가가 경제 사회적으로 발전함에 따라 점점 더 큰 경제적 부담을 지게 되고, 공공사업과 사회복지 프로그램이라는 미봉책에 의존하게 된다.
3. 국가가 경제적으로 번영할수록 정치적 영향력 또한 증가하게 되며, 대규모의 군대를 먹여 살리기 위한 지출액이 급속도로 상승한다.
4. 따라서 국가는 군대를 활용할 방법을 찾게 되고 이에 따라 예산지출이 급

격히 증가한다.

5. 인류가 할 수 있는 일 가운데 가장 비싼 활동, 즉 전쟁에 필요한 비용을 대기 위해 거의 무제한으로 찍어 낼 수 있는 화폐를 이용해 국민들의 부를 훔친다. 이 같은 일은 전쟁 초기(1차 세계대전의 경우)나 전쟁 도중(아테네와 로마) 어느 때든 발생할 수 있으며, 전에 치른 전쟁의 경제적 부담을 덜기 위한 해결책(존 로가 활약한 프랑스의 경우)으로 활용되기도 한다.
6. 소비자물가가 급등하면서 마침내 일반 대중이 통화량 팽창으로 인한 부의 이전을 눈치채게 되고, 화폐에 대한 신뢰를 잃는다.
7. 귀금속 및 그 외 유형자산을 향해 부가 집단적으로 이동함에 따라 통화가 붕괴하고, 일찌감치 금과 은의 중요성을 내다본 이들이 거대한 부를 거머쥐게 된다.

혹시 미국은 다를 거라고 주장하고 싶을지도 모른다. 미국에서는 그런 일이 일어나지 않았으며 제국이 아니라고 말이다. 다른 나라들을 지배하지 않으며 세계 전역에 민주주의를 전파한다고 말이다.

그러나 미국은 전통적인 의미에서의 제국은 아닐지 몰라도 경제적 측면에 있어서만큼은 많은 점에서 제국과 흡사하다. 그것이 바로 지금 미국이 쇠락하고 달러가 약해진 원인이다. 부인하고 싶을지 몰라도 이것이 지금 미국이 처한 현실이다. 일단은 기억을 더듬어 어쩌다 미국이 이 지경에까지 이르게 되었는지 알아보자.

연준을 조심하라, 황금률은 죽었다

미국 경제의 종말은 연방준비제도$^{Federal\ Reserve}$가 발족하면서 시작되었다. 흔히 연준$^{The\ Fed}$라고 불리는 연방준비제도는 미국 정부와 분리된 민영은행임에도 불구하고 미국의 재정정책$^{fiscal\ policy}$을 좌지우지할 권한을 쥐고 있다. 연방준비제도가 탄생한 뒤로, 미국 달러는 더 이상 돈이 아닌 '화폐'로 전락한 것이다.

1871년부터 1914년 사이, 1차 세계대전이 발생했을 때만 해도 전 세계 대부분의 국가들은 전형적인 금본위제를 실시하고 있었다. 이는 즉 전 세계의 통화가치가 금에 고정되어 있었음을 뜻한다. 또한 이것은 각국의 통화들이 서로에게 매여 있다는 의미와도 같다. 사업가들은 먼 미래에 대한 계획을 세우고, 해외에 상품을 실어 보내고 사업을 시작하고 투자를 하면서도 환율이 어떻게 변화할지 항상 정확하게 알 수 있었다.

개발도상국들이 전통적인 금본위제하에 있는 동안에는 인플레이션이란 "존재하지 않았다." 전혀, 절대로, 무슨 일이 생겨도 말이다. 물론 일시적인 호경기와 불경기, 인플레이션과 디플레이션이 발생하기도 했지만, 금본위제가 실시되던 시기 전체를 통틀어 고려한다면 그것은 결국 제로섬 게임이었다. 어떻게 그럴 수가 있었을까? 대답은 금이다. 금은 위대한 평형추였다.

이유를 설명하자면 다음과 같다. 반짝 경기에 돌입한 국가들은 해외로부터 더 많은 상품을 수입한다. 수입 상품에 대한 대가는 금으로 지불되기 때문에 국내의 금이 해외로 반출되고, 따라서 통화량이 줄 게 된다.(통화수축) 그에 따라 경제 성장이 둔화되고 수입에 대한 수요 가 줄어든다. 경제가 둔화되면 가격이 떨어지고, 이 국가가 생산하는 상품이 해외 바이어들에게 매력적으로 비치게 된다. 따라서 해외시 장의 수요를 충족시키기 위해 수출이 증가하고 다시 금이 이 나라로 흘러들어온다. 그런 다음에는 다시 처음으로 돌아가 위의 과정이 계 속 반복된다. 금에 기반을 둔 화폐가치는 항상 위아래로 요동치면서 도 변화 폭이 비교적 작으며, 전체적으로는 늘 평형상태를 유지한다.

전통적인 금본위제하에서 화폐는 가치를 증명받을 수 있는 돈이 며, 재무부가 보유하고 있는 진짜 금과 은으로 교환이 가능하다. 화 폐는 진짜 돈에 대한 영수증이다. 그런데 여기에 미국 역사상 가장 악명 높고 잘못 인식되고 있는 기관, 연방준비제도가 끼어든 것이다.

연준을 다룰 때 어려운 점은 너무나도 많은 정보가 넘친다는 것이 다. 연준을 둘러싸고 그토록 격렬한 논쟁이 계속되고 있는 이유도 바 로 이 때문이다. 연준에 대해서는 두 개의 극단적인 진영이 존재하는 데, 한쪽에는 연준이 미국 경제를 적절히 조정하고 안정화시킨다고 주장하는 정부가 있고 다른 한쪽에는 음모이론가들이 있다. 그들은 뚜렷한 증거 없이 연준이 결국에는 미국 경제를 무너뜨릴 것이라고 주장한다.

나는 여러분에게 이 '정신 나간 사람들'이 실은 생각보다 미치지 않았음을 알려 줄 것이다. 무엇보다 먼저 연준은 정부 기관이 '아니다.' 연준은 배당금을 받는 주주들이 소유한 민영은행이다. 그러면서도 실질적으로 아무것도 없는 허공에서 통화를 창조하는 권한을 보유하고 있으며 의회의 감시와 규제로부터도 자유롭다. 전직 상원의원이자 대통령 후보였던 베리 골드워터Barry Goldwater는 이렇게 지적한 바 있다. "연방준비은행은 단 한 번도 회계감사를 받은 적이 없다. 연준은 의회의 통제권 밖에 있으면서 미국의 신용도를 조작한다."

시작부터 범상치 않았으니……

오스트리아 학파의 저명한 경제학자이자 루드비히 폰 미제스 연구소Ludwig von Mises Institute의 부소장이며 경제학 교수로도 명성을 떨치고 있는 머레이 N. 로스바드Murray N. Rothbard는 그의 저서 중 하나인 『연방준비제도를 고발한다The Case Against the Fed』의 첫머리를 이렇게 시작한다.

미연방정부의 이름하에 운영되는 기관들 가운데 가장 비밀스럽고 가장 미심쩍은 곳은 많은 이들이 짐작하는 것처럼 CIA도, DIA도, 다른 비밀첩보부도 아니다. CIA를 비롯한 첩보기관들은 반드시 의회의 통제하에서 기능한다. 의회위원회는 이들 기관들의 활동을 감시하고, 감독하고, 예산을 결정하며, 모든 은밀한 활동 내역에 대해 보고받는다.

그와 반대로 연방준비제도는 그 누구에게도 그들의 활동내역을 설명하거나 해명할 의무를 지지 않는다. 이들은 예산을 책정 받지도 않고 회계감사를 받지도 않는다. 어떤 의회위원회도 이들이 무슨 활동을 하는지 정확히 알지도,

감독하지도 못한다. 연방준비제도는 실질적으로 이 나라의 통화제도를 완전히 책임지고 있지만 그 누구의 통제도 받고 있지 않다.

이제부터 연방준비제도가 어떻게 탄생했는지 알아보자. 솔직히 연준의 탄생은 시작부터 범상치 않았다.

1907년, 미국 금융권과 주식시장에 극심한 공황이 발생했다. 이른바 1907년의 금융공황이다. 흔히 알려진 바에 따르면 이 사건은 뉴욕의 대형 은행인 머니 트러스트Money Trust가 주가 폭락을 유도한 다음, 이에 당황한 투자자들에게 주식을 사들여 며칠 후 또는 며칠 뒤에 되팔며 엄청난 이득을 챙기면서 발생했다. 1907년 공황은 미국 경제에 치명적인 타격을 입혔으며, 일반 대중이 정부의 개입을 소리 높여 촉구하는 계기가 되었다.

1908년, 의회는 정확한 진상을 조사하고 이 같은 사태가 다시 발생하지 않도록 금융개혁을 추진하는 국가통화위원회National Monetary Commission를 결성하고, 머니 트러스트에 대한 특별 조사에 들어갔다. 위원장으로 선출된 넬슨 올드리치Nelson Aldrich 상원의원은 그 뒤로 2년 동안 30만 달러(인플레이션을 감안하면 오늘날의 600만 달러에 해당한다.)를 지출하며 영국과 프랑스, 독일의 주요 은행가들과 만나 조언을 들었다.

미국으로 귀환한 올드리치 의원은 약간의 휴식을 즐기기로 결심하고 몇몇 친구들을 오리 사냥에 초대했다. 그러나 그가 초대한 친구들은 사실 원래대로라면 올드리치가 엄격하게 심문해야 할 뉴욕의 거물 은행가들이었다. 쿤롭 사$^{Kuhn,\ Loeb\ \&\ Company}$의 폴 워버그$^{Paul\ Warburg}$, 재무부 차관보인 에이브러햄 피트 앤드류$^{Abraham\ Pete\ Andrew}$, 록펠러 소유의 뉴욕 내셔널 시티 은행$^{National\ City\ Bank\ of\ New\ York}$의 은행장 프랭크 밴더립$^{Frank\ Vandelip}$, J. P. 모건$^{J.\ P.\ Morgan}$의 사장 헨리 P. 데이비슨$^{Henry\ P.\ Davison}$, 모건 소유의 뉴욕 퍼스트 내셔널 은행$^{First\ National\ Bank\ of\ New\ York}$ 은행장 찰스 D. 노튼$^{Charles\ D.\ Norton}$, 그리고 J. P. 모건 뱅커스 트러스트 Banker's Trust의 총재이자 연방준비제도의 초대 의장인 벤저민 스트롱$^{Benjamin\ Strong}$이 바로 그들이었다.

전 세계 부의 4분의 1을 손에 쥐고 흔드는 거물들이 한자리에 모인 것이다. 그들의 회합은 조지아 주 연안에 있는 작은 섬인 지킬 섬에서 성사되었다. 하지만 오리 사냥은 없었다. 올드리치와 그의 저명인사 친구들은 아흐레 동안 회의 탁자에 둘러앉아 연방준비제도의 설립에 관한 계획을 갈고 또 닦았다.

참석자들의 증언을 들어 보자.

미국에서 가장 영향력 있는 은행가들이 야밤을 틈타 뉴욕에서 살짝 빠져 나와 개인전용 열차 칸에 몸을 맡긴 다음, 사람들의 눈을 피해 수백 킬로미터 남쪽으로 내려와 이름도 모를 배에 올라 시중 들 사람 몇 명을 제외하고는 아무도 살지 않는 외딴 섬에서 일주일 동안 비밀스러운 모임을 가진다고 상상해 보라. 그것도 자칫 실수를 저질렀다가는 하인들이 미국 역사상 가장 이상하고 가장 은밀한 이 모임의 정체를 알아차릴까 봐 서로의 이름마저 입 밖에 내지 않도록 쉬쉬하면서 말이다.

과장이 아니다. 나는 지금 새로운 통화제도의 기반이 된 올드리치의 그 유명한 보고서가 어떻게 작성되었는지 이 세상 최초로 여러분에게 밝히는 바이다.

— B. C. 포브스, 《포브스Forbes》, 1916

회의 결과는 철저한 비밀에 부쳐졌다. 심지어 우리가 모임을 가졌다는 사실조차 외부에 공개되어서는 안 됐다. 그 뒤로 18년이 흐른 지금도 나는 올드리치 의원이 모든 참석자들에게 비밀 엄수를 신신당부한 그 흥미로운 회의 내용에 대해 입을 여는 것이 그리 편치 않다.

— 폴 와버그, 「연방준비제도, 그 기원과 성장The federal Reserve System: Its Original and Growth」

1910년이 끝나 가던 무렵, 내가 탈주자처럼 조심스럽고, 음모를 꾸미는 이들처럼 비밀스럽게 행동해야 했던 사건이 하나 일어났다. 나는 지킬 섬을 향한 우리의 비밀 여행이 후에 연방준비제도가 될 무언가의 직접적인 시초가 되었다는 표현이 그다지 과장이라고는 생각하지 않는다. 우리는 성姓을 절대로 입 밖에 꺼내지 말라는 지시를 받았다. 최대한 사람들의 눈을 피해 한 사람씩 따로따로 뉴저지 허드슨 연안에 있는 기차역에 도착했다. 그곳에는 올드리치 의원의 개인용 차량이 대기하고 있었다. 시중을 드는 하인이나 열차 직원들이 우리 중 한두 명을 알아봤을 수도 있지만, 우리 모두의 정체를 알지는 못했다. 워싱턴에서, 월스트리트에서, 심지어 런던에서 우리의 이 비밀스러운 여행의 의도를 알 수 있는 때는 오직 우리 모두의 이름이 한꺼번에 드러날 때였다. 그러므로 절대로 들켜서는 안 됐다. 혹여 그런 일이 생긴다면 우리가 여기 쏟아부은 시간과 노력이 모두 헛수고가 될 터였다. 만약 우리가 미리 한자리에 모여 은행 법안을 작성했다는 사실이 알려진다면 의회는 결코 우리의 제안을 통과시키지 않을 것이었다.

― 프랭크 반더립, 《새터데이 이브닝 포스트Saturday Evening Post》 1935년 2월 9일자

이 모임의 참석자들에게 비밀 엄수는 필수적이었다. 국가통화위원회의 위원장인 올드리치 의원은 1907년 공황이 발생한 이후 미국의 금융체제를 속속들이 조사하고 개혁안을 제시하는 책임을 맡고 있었기에, 아무도 모르는 외딴 섬에서 거물 은행가들과 몰래 쑥덕거려서는 안 될 일이었기 때문이다. 이렇게 금융개혁안을 위해 조사를 받아야 할 은행가들과 의회로부터 조사 권한을 위임받고 용의자들을 심문해야 할 책임자는 작은 섬에서 비밀스럽게 머리를 맞대고 그들, 즉 용의자들이 소유할 수 있는 민간 중앙은행을 설립하기 위해 후에 올드리치 안이라고 불릴 법안을 작성했다. 이 법안은 의회에 제출되자마자 뜨거운 논란에 휩싸였다.

찰스 린드버그Charles Lindbergh 하원의원은 올드리치 법안에 대해 이렇게 평했다.

"우리의 금융체제는 대단히 잘못되어 있으며, 국민들에게 너무 무거운 짐을 지우고 있습니다. 저는 머니 트러스트가 그 뒤에 있다고 주장해 왔지요. 올드리치 안은 머니 트러스트를 살찌우기 위한 책략

에 불과합니다. 왜 머니 트러스트는 하필 지금 올드리치 안을 이토록 거세게 밀어붙이는 걸까요? 사람들이 머니 트러스트가 지금까지 무슨 짓을 해 왔는지 미처 알아차리기도 전에 말입니다."

그러나 올드리치 안은 표결에 부쳐지지 못했다. 그 안을 지지하던 공화당이 1910년 하원과 1912년 상원에서 주도권을 잃었기 때문이다.

은행가들은 낙담하지 않았다. 그들은 올드리치 안의 세부사항 몇 가지를 수정한 다음 1913년에 기존과 거의 동일한 내용에 연방준비법이라는 이름을 붙여 의회에 제출했다.

다시 한번 뜨거운 논쟁이 일었다. 많은 이들이 이 법안이 올드리치 안을 조금 다듬은 것에 불과하다는 사실을 꿰뚫어 보고 있었기 때문이다. 그러나 1913년 12월 22일, 의회는 돈을 주조하고 그 가치를 조정한다는 헌법에 명시된 의회의 권리를 포기하고 그 권한을 민간은행에게 넘겨주었다. 바로 연방준비은행이었다.

연준과 달러의 죽음—부분지급준비금 제도

1914년 연준이 기능을 시작한 이래, 미국의 통화, 즉 미국 달러는 민영은행인 연준에게서 빌려 와 창조되는 형태를 띠게 되었다. 내가 '빌리다'라는 표현을 사용한 이유는 연준이 창조한 모든 달러가 종국에는 그 은행에 다시 귀속되게 되며 심지어 이자까지 붙게 되기 때문이다. 미국의 화폐를 발행하는 곳은 미국 정부가 아니라 연준이다. 그런 다음 이들은 화폐에 이자를 붙여 미국 정부와 다른 민영기관들에게 대여한다. 이제 여러분은 이런 질문을 던질지도 모른다. "만약 우리가 빌려 온 모든 화폐를 다시 은행에 돌려준다면, 그러면서도 이자까지 내고 있다면 대체 그 이자를 갚을 화폐는 어디서 오는 거지?" 그 대답을 알려 주겠다. 우리는 그것마저 빌려 와야 한다. 이것이 바로 우리의 국가부채가 계속해서 증가하고 있는 이유 중 하나다. 무슨 짓을 해도 빚을 모두 갚을 수가 없기 때문이다. 수학적으로 불가능한 일이다.

하지만 그보다도 더욱 황당한 것은 연방준비은행이 화폐를 발행하는 방식에 있다.

1. 연준은 정부나 금융권에 부도수표를 발행하여 통화를 빌려 준다.
2. 그리고 무언가를 구입할 때에도 부도수표를 이용한다.

1977년에 「간단히 설명하자면Putting It Simple」이라는 제목으로 발간된 연준의 논문에 쓰인 표현을 빌리자면, "여러분이나 내가 수표를 쓸 때에는 반드시 내가 소유한 계좌 안에 그 수표를 지불할 돈이 예치되어 있어야 한다. 그러나 연방준비은행이 수표를 발행할 때에는 그 수표를 지불할 돈이 아직 존재하지 않는다. 연준이 수표를 쓴다는 것은 다시 말해 돈을 창조한다는 의미다." 물론, 여기까지 읽은 독자 여러분은 짐작하고 있겠지만 내 설명은 다르다. 그들은 돈이 아니라 화폐를 창조하는 것이다.

이렇게 새로 만들어진 달러가 은행에 예치되면, 은행들은 부분지급준비금 제도라는 기적을 행하게 된다.

부분지급준비금 제도를 한마디로 설명하자면, 모든 은행은 예금지급준비율을 준수해야 한다. 다시 말해 은행은 예금지급을 비롯해 여러 상황에 대비해 일정 비율 이상의 화폐를 항상 구비해 두고 있어야 한다는 뜻이다. 만약 연준이 지정한 지급준비율이 10퍼센트라면 은행은 고객들이 인출을 하고 싶어 할 경우를 대비해 그들에게 예치된 총 화폐량의 10퍼센트는 늘 보유하고 있어야 한다. 한편 이는 또한 예치금 중 나머지 90퍼센트는 외부에 대여해 줄 수 있다는 의미와도 같다.

자, 그런데 여기서 문제가 생긴다. 은행은 실제로 그들의 계좌에 들어 있는 화폐를 대부해 주는 것이 아니다. 대신에 이들은 무에서 창조한 새로운 명목화폐를 외부에 빌려 주는데, 이는 즉 그들 역시도 어디선가 돈을 '빌려 오고' 있다는 의미다. 간단히 말해 당신이 은행에 1천 달러를 예금했다고 치자. 이제 은행은 그 1천 달러의 신용화폐를 토대로 장부에 새로운 900달러를 만들어 낸 다음 여기에 이자를 붙여 다른 사람들에게 빌려 준다.

그런 다음 만약 새로 대부된 900달러가 당좌예금 계좌에 예치된다면 은행은 다시 그 예금 가치의 90퍼센트를 새로 창조할 수 있으며, 그런 다음 또 90퍼센트를 만들어 낼 수 있다. 이 과정이 계속해서 반복되고 되풀이된다.

공교롭게도, 연방준비법이 승인된 같은 해에 헌법이 개정되었다. 제16차 수정헌법에는 무시무시한 소득세 법안이 포함되어 있었다.

1912년까지만 해도 미국에는 소득세가 존재하지 않았다. 정부는 관세(수입세)와 소비세(술, 담배, 석유 등에 붙는 세금)로 운영되었으며, 이 같은 세금은 정부를 운영하기에 충분한 수입을 안겨 주었다. 그러나 연방준비은행이 부과하는 이자를 지불하기 위해서는 이런 수입만으로는 충분치 않았고, 따라서 정부는 소득세를 신설해야 했다.

지금까지 한 이야기를 정리하면 다음과 같다.

- 1914년 이래 현존하는 모든 달러들은 우리가 '빌린' 것이다.
- 우리는 현존하는 모든 달러에 대해 이자를 지불한다.
- 그 이자는 민영은행인 연방준비은행에 지불된다.
- 연준을 소유하고 있는 것은 미국 정부가 아니라 세계 최대의 은행들이다.
- 미국은 절대로 그 부채를 다 갚을 수 없다. 이자를 갚으려면 더 많은 통화를 빌리는 수밖에 없기 때문이다.
- 미국 정부는 이자를 갚기 위해 우리에게 소득세를 부과한다.

자, 토끼굴에 갇힌 걸 환영한다. 새로운 맥락의 세계로 온 것을 환영한다.

Chapter 4

탐욕, 전쟁 그리고 달러의 종말

1차 세계대전이 발발하자 교전국들은 금 상환을 중단하고 세금을 인상했으며 여기저기서 큰돈을 빌리고 추가로 통화를 창출했다. 한편 거의 3년 동안이나 전쟁에 참전하지 않고 버틴 미국은 그 시기 동안 주요 공급자로 활약했다. 짧은 기간 동안 금이 홍수처럼 쏟아져 들어왔고, 미국의 금 보유량은 60퍼센트 이상 상승했다. 유럽의 동맹국들이 더 이상 금을 지불하지 못할 상황에 이르렀을 때에는 외상으로 거래를 해 주었다. 그러나 일단 전쟁에 참가하게 되자 미국 역시 수입을 훨씬 능가하는 지출을 할 수밖에 없었고, 미국의 국가부채는 1916년 10억 달러에서 종전 무렵에는 250억 달러까지 증가했다.

전 세계의 통화량은 가히 폭발적으로 급등했다.

종전 후, 세계는 전쟁 전 훌륭하게 제 몫을 하고 있던 국제 금본위제의 경제적 안정성과 활발한 시장 거래를 그리워하고 있었다. 그리하여 1920년대 전반에 걸쳐 대부분의 국가 정부들이 금본위제를 부활시켰지만, 그들이 선택한 것은 전쟁 전에 사용되던 전통적인 방식의 금본위제가 아니었다. 그들은 가짜 금본위제인 금환본위제金換本位制 Gold Exchange Standard를 채택했다.

정부는 금으로는 속임수를 쓸 수 없다는 사실을 아직도 깨닫지 못한 모양이었다. 전쟁 중 많은 국가들이 통화량을 대폭적으로 팽창시켰다. 그러나 마침내 전쟁이 끝나고 금본위제로 돌아갈 때가 되자 욕심이 생긴 그들은 금에 대한 통화 가치를 절하하고 싶지 않았다. 시중에 유통되는 화폐(금에 대한 보관증 또는 예치권의 숫자)의 양과 그 화폐를 보증하는 금의 양을 맞추려면 그 수밖에 없는데도 말이다. 그들이 생각해 낸 '해결책'은 다음과 같았다.

피라미드 세우기

전쟁이 끝났을 때 전 세계 금의 대부분은 미국의 수중에 있었다. 반대로 많은 유럽 국가들이 대량의 미국 달러(와 격감한 금 보유고)를 보유하고 있었는데, 이는 미국이 동맹국들에게 많은 전시공채戰時公債를 팔았기 때문이었다. 금환본위제하에서 미국 달러화와 영국 파운드화는 세계 각국의 중앙은행에서 금과 함께 준비통화reserve currency로 사용되었으며, 금 태환이 가능했다.

그러는 동안 미국은 중앙은행인 연방준비제도를 설립하고 여기에 아무것도 없는 허공에서 화폐를 발행할 수 있는 권한을 부여했다. 여기서 여러분은 애초에 무^無에서 만들어 낸 통화를 어떻게 금으로 교환할 수 있는지 의아할 것이다. 해답은 중앙은행인 연준에 높고 엄격한 지급준비율을 부여하고 화폐의 발행량을 금 보유량의 최대 몇 배로 제한하는 것이다. 1913년의 연방준비법에 따르면 연준은 40퍼센트의 '법정화폐(금 또는 금으로 상환 가능한 화폐)'를 재무부에 상시 보유해야 했다.

부분지급준비금 제도는 거꾸로 선 피라미드식 다단계와 비슷하다. 10퍼센트 지급준비율하에서 가장 아래쪽 바닥에서 시작한 1달러는, 장부상으로 끝없는 확장을 거듭한 끝에 꼭대기에 이르면 10달러로 불어난다. 부분지급준비금 제도하의 일반은행 아래 또다시 부분지급준비금 제도로 운영되는 중앙은행의 배치를 허용하는 것은 거꾸로 된 피라미드 위에 또 다른 역피라미드를 얹는 것과 같다.

연준이 설립되기 전에 10퍼센트의 지급준비율을 적용하던 일반은행들은 20달러어치의 금을 금고에 확보하고 있을 경우 200달러의 90퍼센트인 180달러를 외부에 대출해 줄 수 있었다. 그러나 연준이 은행 피라미드의 토대가 되어 40퍼센트의 지급준비율을 부여받게 되자 연준은 그들의 금고에 보관 중인 20달러어치의 금에 대해 50달러를 외부로 유출할 수 있게 되었고, 피라미드의 두 번째 층에 위치한 은행들은 준비금 50달러를 기반으로 총액 500달러 중에서 450달러를 빌려 줄 수 있게 되었다.

한편 새로운 금환본위제하에서 외국의 중앙은행들은 금 대신 달러를 이용할 수 있었다. 가령 연준이 금고에 있는 20달러의 금으로 50달러를 발행할 경우 타국의 중앙은행이 이 50달러를 그들의 보유액으로 책정하고, 그들의 지급준비율이 40퍼센트라고 할 때 125달러의 자국 화폐를 새로 발행할 수 있다는 의미다. 그 125달러가 일반은행으로 들어가면 은행들은 이를 1,250달러 가치를 지닌 교환증(화폐)으로 팽창시킬 수 있다. 금고에 들어 있는 20달러 가치의 금이 단번에 1,250달러가 된 것이다! 이를 계산하면 실제 지급준비율(그들이 가진 화폐에 대해 실제로 지불될 수 있는 돈의 비율)이 겨우 1.6퍼센트밖에 안 된다는 얘기다.

이제 역피라미드 위에 역피라미드 위에 또 다른 역피라미드가 서 있는 셈이다. 그 모습을 머릿속으로 잠시 그려만 봐도 대단히 불안정한 상태라는 것을 알 수 있을 것이다. 결론을 말하자면 금환본위제는 정부가 국민들에게 억지로 지운 매우 잘못된 시스템이며, 정부가 발행하는 화폐가 마치 전쟁 전과 똑같은 가치를 지니고 있는 양 속일 수 있게 해 주었다. 궁극적으로 실패할 수밖에 없는 제도, 그것이 금환본위제였다.

신용문화의 도래

그러나 모든 피라미드식 다단계가 초반에는 술술 풀리는 듯 보이는 것처럼, 금환본위제도 마찬가지였다. 중앙은행에서 언제든지 새로운 통화를 빌려 올 수 있게 되자 일반은행들은 사람들에게 더 자주, 더 많이 대출을 해 주기 시작했다. 통화량의 팽창은 곧 소비자신용의 확대로 이어졌다. 이제 미국은 역사상 유례없던 경제 부흥의 시대를 맞이하게 되었다. 모든 면에서 신용은 광란의 20세기를 일으킨 주 원인이었다.

1913년 이전에는 거의 모든 대출이나 대부가 주로 사업체를 중심으로 이루어졌다. 비농지 부동산을 담보로 하는 대출이나 자동차 융자 같은 소비자 할부금융은 거의 존재하지 않았고 설사 있다 하더라도 이자율이 매우 높았다. 그러나 연준이 출현하면서 자동차나 주택, 주식의 신용판매가 무척 간편하고 저렴해졌다. 이런 새로운 형태의 융자와 낮은 이자율이 결합하자 즉각적인 결과가 나타났다. 전국에 거품이 부글부글 피어오르기 시작한 것이다. 1925년 플로리다의 부동산 거품, 그리고 1920년대 후반에 터진 그 악명 높은 주식시장 거품도 이에 속한다.

1920년대에는 많은 미국인들이 저축을 그만두고 투자에 뛰어들었다. 그들은 주식거래 계좌를 예금계좌처럼 사용했다. 얼마 전 미국의 부동산 거품이 최고조에 달했을 때 많은 사람들이 그들의 주택을 돈주머니로 사용했던 것과 비슷하다. 하지만 집은 돈주머니가 아니고, 거래 계좌도 예금계좌가 아니다. 예금계좌의 가치는 그 안에 달러가 얼마나 많이 쌓여 있느냐에 달려 있다. 반면 주식거래 계좌나 집의 가치는 내가 아닌 다른 사람들의 인식에 따라 결정된다. 만약 누군가 당신의 자산이 높은 가치를 지니고 있다고 여긴다면 그것은 실제로 높은 가치를 지니게 되지만, 만일 다른 사람들이 당신의 자산이 가치가 없다고 생각한다면 그것은 실제로 가치가 없는 것이다.

신용을 기반으로 하는 경제체제하에서 경제가 침체하느냐 또는 부흥하느냐는 크게 대중들의 인식에 달려 있다. 만약 대중이 모든 게 잘 되어간다고 생각한다면 그들은 쉴 새 없이 화폐를 빌리고 소비할 것이며 따라서 경제는 더욱 번영하게 될 것이다. 그러나 만일 사람들이 조금이라도 불안감을 느끼고 있다면, 미래를 의심하고 있다면, 그때는 조심해야 한다!

1929년, 미국의 주식시장이 붕괴하자 그때까지 부풀어 있던 신용 거품이 뻥 하고 터져 버렸고, 경제는 불황으로 접어들었다.

불황의 역학

신용 거품의 붕괴는 통화 수축을 야기하며, 대공황 때에는 엄청난 디플레이션이 찾아왔다. 디플레이션이 발생하는 과정을 이해하기 위해서는 먼저 우리의 화폐가 어떻게 탄생하고 또 어떻게 죽어 가는지를 알아야 한다.

우리가 은행에서 대출을 받을 때, 엄밀히 말해 은행은 그들이 실제로 보유하고 있는 화폐를 빌려 주는 것이 아니다. 우리가 주택융자나 대출 서류, 혹은 신용카드 영수증에 서명을 하는 순간, 은행은 그 달러를 장부 상에 만들어 낼 수 있게 된다. 달리 말하자면 바로 '우리'

가 그 화폐를 창조하는 장본인이란 뜻이다. 우리의 서명이 없다면 은행은 아무것도 할 수가 없다. 우리가 화폐를 창조하고 나면 은행은 우리가 방금 만들어 낸 화폐에 이자를 부과하고, 갓 태어난 이 따끈따끈한 통화는 곧 통화량의 일부가 된다. 통화 공급은 대부분 이런 방식으로 이루어진다.

그러나 융자금을 갚지 못해 주택이 압류되거나 또는 누군가 파산 신청을 하게 되면 그 화폐들은 그들이 처음에 왔던 화폐 천국으로 사라지게 된다. 그러므로 신용대출이 회수되지 못하면 통화량이 수축되고 디플레이션이 발생한다.

이것이 바로 1930~33년 사이에 발생한 일이다. 그것은 정말 끔찍한 재앙이었다. 파산과 차압의 물결이 전국을 휩쓸었고, 미국 내 통화량의 3분의 1이 흔적도 없이 허공으로 사라져 버렸다. 그 후 3년 동안 미국의 임금과 물가는 예전의 3분의 1 수준으로 하락했다.

뛰어, 아가야, 뛰어!

뱅크런이라고 불리는 예금인출 사태 역시 디플레이션을 유발한다. 왜냐하면 당신이 1달러를 은행에 넣을 때마다, 은행은 그 돈을 장부상에 '채무'로 기록하기 때문이다. 그들은 언젠가 이 돈을 당신에게 갚아야 한다. 그러나 부분지급준비금 제도하에서 은행은 신용^{credit}의 형태로 통화를 창조할 수 있고(대출), 원금의 수 배에 달하는 이 금액을 은행은 장부에 그들의 '자산'으로 기입한다. 앞에서 말했듯이 지지급준비율이 10퍼센트일 때, 1달러의 채무는 은행에게 9달러의 자산을 창출해 줄 수 있다.

이는 평소에는 그리 큰 문제가 아니다. 은행이 허용된 최대한의 자산을 모두 빌려 주지만 않는다면 말이다. 예치금과 인출금은 대개 거의 균형을 이루기 때문에 약간의 '초과' 준비금을 마련해 둔다면 은행은 날마다 변동하는 인출액을 충분히 감당할 수 있다. 그러나 갑자기 너무 많은 사람들이 한꺼번에 나타나 돈을 인출해 간다면 상대적으로 같은 숫자의 사람들이 예금을 하지 않는 이상 이 균형은 깨지게 된다. 인출액이 예치액을 초과하게 되면 은행은 '초과' 준비금을 끌어다 쓸 것이다. 그리고 이 '초과' 준비금을 모두 사용하고 나면 부분지급준비금 제도하에 운영되던 은행들은 심각한 문제에 봉착하게 된다. 그 시점부터 고객들이 예금한 각각의 1달러를 지불해 주기 위해서는 9달러의 대부금을 모두 현금화해야 하기 때문이다. 이것이 바로 1931년에 발생한 사건의 전모였으며, 미국 통화 붕괴의 가장 큰 원인이었다.

연준이 설립되기 전에 은행은 고객들의 예금 1달러당 실제로 1달러를 보유하고 있었고, 3달러당 1달러의 준비금을 늘 비치해 두고 있었다. 그러나 연준의 교묘한 계산법 덕분에 1929년 즈음 은행이 예금 11달러당 실제로 보유하고 있는 돈은 1달러에 불과했다. 대단히 위험한 상황이었다. 대중은 많은 예금액과 아주 적은 현금을 가지고 있었고, 은행 또한 그 예금을 상환할 현금을 거의 가지고 있지 않았다.

1930년 11월이 되자 미국 은행들은 역사상 최악보다도 거의 두 배에 가까운 속도로 잇달아 도산해 갔다. 한 달 동안 총 1억 8000만 달러 규모의 250개 이상의 은행이 쓰러졌다. 하지만 이마저도 겨우 시작일 뿐이었다.

미국 역사상 최대의 은행 도산은 1930년 12월 11일에 발생했다. 62개 지점을 거느린 미합중국 은행Bank of the United States이 무너진 것이다. 미합중국 은행의 파산은 파괴적인 연쇄작용을 불러일으켰다. 그 달에만 도합 3억 7000만 달러의 자산을 지닌 352개 은행이 붕괴했다. 그중에서도 최악은 이것이 예금 보험이 없던 시절에 발생한 일이었다는 점이다. 평범한 시민들이 평생 동안 모은 저축금이 눈 깜짝할 사이에 허공으로 증발해 버린 것이다.

설상가상으로 1931년 9월 21일, 대영제국이 금환본위제에 대한 채무불이행(디폴트)를 선언해 전 세계를 금융 공황에 빠뜨렸다. 각국 정부들과 미국 및 전 세계의 기업 및 개인 투자가들은 미국도 그 뒤를 따를지 모른다는 공포에 휩싸였다. 별안간 현금에 대한 수요 열풍이 몰아치기 시작했다.

미국의 은행들은 금이 바닥나고 있었고, 연방준비은행의 금고에서도 엄청난 양의 금이 빠져나가고 있었다. 종착역은 바다 건너 외국이었다. 금환본위제도의 피라미드가 힘없이 무너져 내리기 시작했다. 연준은 출혈을 막기 위해 미국 내 환전금리를 일주일 만에 1.5퍼센트에서 3.5퍼센트로 올려 환전비용을 두 배 이상 인상했다.

그 결과 1931년 8월부터 1932년 1월 사이, 총 140만 달러의 예치금을 보유한 1,860개의 은행들이 영업을 중단했다.

하지만 1932년은 선거가 있는 해였다. 3년간의 기나긴 대 공황을 겪은 미국인들은 변화를 갈망했고 결국 11월에 프랭클린 델라노 루스벨트가 대통령에 당선되었다. 취임식은 3월이었지만, 루스벨트가 달러 가치를 절하할 것이라는 소식이 빠른 속도로 퍼져 나갔다. 외국 정부와 해외투자가들 그리고 미국 국민들의 달러에 대한 신뢰가 또 다시 하락하면서 미국 역사상 최악의 예금인출 사태가 시작되었다. 그러나 이번에는 대중들도 속지 않았다.

1933년 3월 27일자 《바론Barron》지에는 이런 기사가 실렸다.

"1929년 이후 발생한 디플레이션의 단계를 살펴볼 때, 처음에는 자산 즉 주로 유가증권에서 은행 예금으로의 이동이었다면 그 다음 단계는 은행 예금에서 화폐로, 그리고 마침내 이제는 화폐에서 금으로 이동하는 단계에 이르렀다."

미국의 통화량은 너무나도 빨리 감소하고 있어 이 속도가 계속되다간 1년 후에는 고작 현재 통화량의 22퍼센트만 남을 지경이었다. 미국 경제는 긴박한 상황에 와 있었고 미국 달러는 거의 잊혀져 가고 있었다.

대통령령

1933년 3월 4일, 루스벨트가 미국 대통령에 취임했다. 취임한 지며칠 지나지 않아 그는 전국 모든 은행의 '휴업'을 선언하고 외환 거래를 동결시켰으며, 은행이 다시 문을 열게 되더라도 태환을 금지한다고 선포했다. 한 달 뒤, 그는 미국 국민이 사적으로 보유하고 있는 모든 금을 연방준비제도에 귀속시키고 연준이 발행한 화폐로 교환할 것을 명하는 대통령령에 서명했다.

4월 20일, 루스벨트 대통령은 또 다른 대통령령을 선포했다. 미국 국민이 외화를 구매하거나 매매하거나 혹은 해외 계좌로 송금하는 권리를 박탈한다는 내용이었다. 같은 날에는 '토머스 수정안Thomas Amendment'이 의회에 제출되었다. 그것은 대통령의 재량하에 달러화의 금 함유량을 기존의 50퍼센트 수준으로 감소할 수 있는 권한을 부여한다는 내용을 담고 있었다. 토머스 수정안은 5월 12일에 법률로 제정되었고, 이제 연준이 발행하는 화폐에 완전한 '법정화폐'로서의 지위를 부여하도록 개정되었다.

그러나 루스벨트에게는 달러의 가치를 절하하기 위해 넘어야 할 커다란 장애물이 아직 하나 남아 있었다. 바로 금약관金約款, Gold clause이었다.

남북전쟁 기간에 에이브러햄 링컨 대통령은 병사들에게 급여를 지불할 방도를 생각해 냈다. 미국 역사상 두 번째로 순수한 명목화폐인 그린백greenback 달러 지폐를 발행하는 것이었다. 처음 그린백이 발행되었을 때, 그것은 금 태환 지폐와 동일한 가치를 지니고 있었다. 그러나 남북전쟁이 끝날 즈음 그린백의 가치는 금 태환 지폐의 3분의

1 수준으로 현저히 하락했고, 전쟁 전에 금 태환으로 돈을 빌리거나 계약을 맺은 채무자들은 가치가 하락한 그린백 달러로 빚을 갚았다. 물론 그것은 채권자들을 기만하는 행위였기 때문에 수많은 소송들이 잇달아 제기되었다.

남북전쟁이 끝난 뒤 대부분의 계약들은 채권자와 다른 이들을 화폐의 가치절하 현상으로부터 보호하기 위한 '금약관'을 포함하게 되었다. 금약관이란 무언가에 대해 돈을 지불해야 할 때 금 또는 계약이 성사되었을 당시 인정한 '금의 무게'와 동등한 가치를 지닌 화폐로만 지불할 수 있다는 내용이다. 루스벨트에게 가장 큰 문제는 대부분의 정부 계약 역시 이러한 금약관에 묶여 있다는 것이었다. 따라서 달러의 평가절하는 달러의 가치가 하락한 만큼 정부의 부담을 늘릴 터였다.

결국 루스벨트의 설득에 넘어간 미국 의회는 6월 5일 합동결의를 통해 금약관이 포함된 모든 계약에 대해, 즉 공적인 것이든 사적인 것이든 과거에 발생한 것이든 현재에 혹은 앞으로 이루어질 것이든 무조건적인 채무불이행을 선언했다. 간단히 말해 정부는 미국 국민과 모든 기업들에게 "우리는 당신들에게 돈을 갚을 필요가 없다."라고 공표한 것이다. 국민들의 권리를 무시하는 정부의 이런 뻔뻔스러운 작태에 분노한 상원 재무위원회의 위원장 카터 글래스^{Carter Class} 의원은 이렇게 탄식했다.

"이건 정말이지 부끄러운 일입니다. 이 위대한 정부가, 그렇게 많은 금을 보유한 우리 정부가, 가난한 과부들과 고아들에게 금으로 갚아 주겠다는 약속을 저버리다뇨. 국채를 팔 때만 해도 현 가치표준에 따라 금화로 지불하겠다고 다짐해 놓고 말입니다! 이건 정말이지 부끄러운 일입니다, 대통령 각하."

오클라호마의 토머스 고어Thomas Gore 의원은 그보다 훨씬 간결하게 이 사태에 대해 묘사했다.

"이건 도둑질이 아닙니까, 대통령 각하!"

그러나 이런 항의들도 무용지물이었다. 1933년 8월 28일, 루스벨트 대통령은 헌법에 보장된 일반 국민들의 금 소유 권리를 불법으로 규정하는 대통령령 6260에 서명했다. 디폴트 선언(파산)을 막고 부분지급준비금 제도의 허위성을 숨기기 위해 금융권이 할 수 있었던 유일한 선택이 바로 정부에게 국민 개개인의 금(헌법에 명시된 적법한 '돈'이며 변동이 거의 없고 안정적인) 소유를 불법으로 만들어 달라고 호소하는 일이었던 것이다.

먼저 '금 사재기꾼'들의 이름을 신문에 공개한다는 협박을 통해, 그리고 그다음에는 벌금과 징역형이라는 채찍을 휘둘러, 자유의 땅이자 용맹한 이들의 고국인 미합중국은 그들의 국민들에게 사유재산(그들의 주머니에 들어 있는 돈)을 모두 연방준비제도에 넘길 것을 강요했다. 내가 아는 한 이 선언문과 대통령령을 누가 작성했는지는 아무도 정확히 알지 못한다. 그러나 한 가지 사실만은 분명하다. 이제 미국 정부는 더 이상 국민의, 국민에 의한, 그리고 국민을 위한 정부가 아니었다. 그들은 은행가의, 은행가를 위한, 은행가에 의한 정부였다.

그러나 그들의 비열하고 옹졸한 짓은 아직도 끝나지 않았다.

무게를 감시하는 자들

1934년 1월 31일, 루스벨트는 달러화의 평가절하를 선언했다. 예전에 금 1트로이온스당 20.67달러를 지불해야 했다면, 달러의 구매율이 40.09퍼센트 감소한 이제는 똑같은 양의 금을 사는 데 35달러가 들었다. 간단히 말하자면 미국 정부가 펜을 한번 휘둘러 전체 통화량의 구매력 가운데 40.09퍼센트를 국민들로부터 도둑질했다는 의미다. 이것이 바로 명목화폐의 위력이다.

최악은 정부의 명령에 따라 금을 포기한 이들이야말로 가장 큰 고통과 손해를 입었다는 점이다. 불법임에도 불구하고 금을 고스란히 보유하고 있던 사람들은 루스벨트의 달러 압력에 힘입어 오히려 그전에 비해 69.33퍼센트의 이익을 봤기 때문이다. 시중에 유통되던 금 가운데 정부의 손으로 넘어간 것은 고작 22퍼센트에 불과했고, 금을 사재기했다는 이유로 체포되거나 처벌을 받은 사람도 한 명도 없는 것 같았다.

그러나 미국 정부의 부단한 노력에도 불구하고 종국에 승리를 거둔 것은 금이었다. 금과 대중의 의지가 정부의 손을 움직인 것이다. 국민들의 금 보유를 금지하고 달러를 평가절하함으로써 미합중국은 국제시장의 달러에 대한 수요를 방어하고 금본위제하에서 국제무역을 계속할 수 있게 되었다. 미국 국민들이 가진 금 보관증을 무효로 선언하고 외국 중앙은행이 금을 구매하기 위해 필요한 보관증의 양을 늘림에 따라 이제 미국 정부가 지불해야 할 금 보관증의 숫자는 크게 줄었으며 따라서 부분지급준비금제도 역시 다시 운영이 가능해졌다.

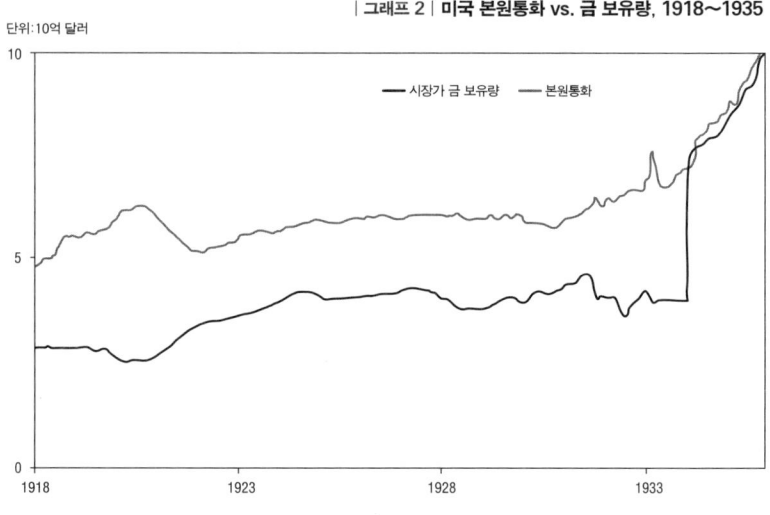

| 그래프 2 | 미국 본원통화 vs. 금 보유량, 1918~1935

출처: 세인트루이스 연방준비은행

그래프 2는 이러한 조처를 취한 결과 달러와 금의 비율이 어떻게 변했는지를 보여 준다. 회색 그래프는 미국의 본원통화(현재 시중에 유통되고 있는 달러화와 연준과 은행권이 보유하고 있는 지급준비금 지폐)를 가리키며, 검은색 그래프는 미국이 보유하고 있는 금의 총 가치이다.(총 온스x온스당 가격) 달러의 가치를 금 1온스당 20분의 1에서 35분의 1로 평가 절하함으로써 미국 재무부가 보유한 금의 가치는 본원통화와 정확히 일치하게 되었다. 이는 다시금 달러가 금으로 완전하게 교환될 수 있음을 의미한다. 나아가 이것은 금의 소유가 더 이상 불법으로 간주될 필요가 없다는 뜻이기도 하다. 왜냐하면 이제 현존하는 모든 종이 달러에 대해 금을 지불하는 것이 가능해졌기 때문이다. 다시금 달러가 금으로의 완전한 태환이 가능해진 것이다.

이렇게 금은 다시 스스로의 가치를 재평가하게 되었다. 앞 장에서처럼 화폐에 강력한 결정타를 날려 완전히 기절시킨 것이 아니라 이번에는 기술적인 방법을 사용했지만 말이다. 미국 금융제도의 붕괴를 가로막고 무역 상대국들의 신뢰를 다시 회복하기 위해 금과 은은 정부에게 국민들로부터 구매력을 훔치는 한이 있더라도 통화를 평가절하할 것을 강요했고, 그리하여 금융제도가 과도하게 찍어 낸 통화의 가치를 고스란히 자신의 것으로 가져왔다. 금은 여전히 패배를 알지 못하는 헤비급 세계 챔피언이었다.

그러나 이 모든 고통과 고난을 피할 수 있는 방도가 없었던 것도 아니었다. 금과 은이 정부와 은행에게 그들의 지배와 통제를 받을 것을 요구한 까닭에, 은행과 정부는 금에게 분개심을 느끼고 있었다. 대공황을 야기한 원인은 수없이 많고 다양하지만 사실 그 근원은 하나다. 전 세계 각국 정부와 연준, 외국의 중앙은행, 그리고 일반은행들은 모두 금을 속이려고 들었던 것이다.

Chapter 5

숲 속 깊은 곳, 황금소의 돌진

브레튼우즈 협정

대공황의 늪에서 우리를 끌어올린 것은 대다수의 사람들이 생각하는 것처럼 루스벨트 정부의 공공근로 프로그램도, 적자지출도, 심지어 2차 세계대전도 아니었다. 아니, 우리를 대공황에서 벗어나게 해준 것은 유럽에서 밀려온 거대한 금의 홍수였다. 미국이 금값을 온스당 35달러로 거의 70퍼센트 가까이 인상했을 때, 미국의 상품 및 서비스 가격도 함께 곧장 70퍼센트 뛰어오른 것은 아니었다. 생각해 보라. 루스벨트 정부는 달러를 거의 40퍼센트가량 평가절하했다. 따라서 미국 달러의 해외구매력 역시 같은 비율만큼 하락했고, 이에 따라 수입도 깜짝 놀랄 만큼 감소했다. 반면 해외 국가들은 그들의 화폐를 사용하면 미국의 상품을 기존에 비해 70퍼센트나 더 많이 구입할 수 있음을 깨달았다.

뿐만 아니라 통화가치를 금에 고정시키게 되면 이를 유지하기 위해 필요한 또는 요구되는 만큼의 금을 매입하거나 매도해야 한다. 따라서 별안간 세계 각국의 금광 회사들은 그들이 보유한 금을 단 한 명의 고객, 즉 미국 정부에 판매하게 되었다. 여기에 교역량의 급증이 보태지면서 1934년부터 1937년까지 미국으로 흘러들어오는 금의 유입량은 극적으로 증가하게 되었다.

그러다 1938년에 새로운 정황이 추가되었다. 독일의 아돌프 히틀러가 오스트리아를 합병하자 전운戰雲을 감지한 유럽 각국은 겁에 질렸다. 유럽이 전쟁의 피해를 고스란히 떠안게 되면서 유럽의 투자가들은 미국으로 눈을 돌렸고, 그 결과 부의 이전이 발생했다. 게다가 유럽의 소비재 공장들이 총기와 탄약, 비행기와 탱크를 생산하기 시작하자 유럽의 대부분은 일상용품을 미국으로부터의 수입에 의존할 수밖에 없었다. 실질적으로 미국을 대불황의 늪에서 구해 낸 것은 사회정책이 아니라 금과 해외투자자, 전시 이득이었다.

이 시점에서 미국은 전 세계 금 보유고의 약 3분의 2를 가지고 있었고, 경제력 또한 눈부신 발전을 거듭하고 있었다. 미국은 세계 석탄 생산량의 절반 이상과 3분의 2 이상의 전기를 생산하고 있었다. 구조적으로 2차 세계대전의 영향을 거의 받지 않았을 뿐만 아니라 유럽 국가들이 서로의 공장을 파괴할 수 있도록 대량의 군사물자를 수출해 제조업을 발전시키고 있었으며, 거기에 대해 금으로 대금을 받았다. 얼마 지나지 않아 세계 각국의 지도자들은 그들이 경제적으로 얼마나 위태로운 상황에 처해 있는지 깨달았다. 이처럼 극심한 무역불균형은 종전 후 세계 통화제도를 휘청거리게 만들 수 있었다.

2차 세계 대전이 종결되기 약 1년 전인 1944년 7월, 44개국의 대표들이 국제 무역 및 금융 제도를 순조롭게 부활시킬 방안을 논의하기 위해 뉴햄프셔 브레튼우즈에 모였다. 그들에게 필요한 것은 대공황 시절 국제무역을 휘청거리게 했던 급작스러운 환율변동이나 통화 가치 하락에 대한 걱정 없이 안심하고 교역할 수 있는 국제 통화체제였다.

회의 결과 모든 통화를 미국 달러에 고정시키고, 미국은 달러를 오직 타국의 중앙은행에게만 1온스당 35달러의 가격으로 태환해 준다는 결정이 내려졌다. 이는 2차 세계대전 이후로 모든 외국의 중앙은행이 금 대신에, 또는 금과 더불어 미국 달러를 보유해야 함을 의미했다.

그러나 브레튼우즈 체제는 두 가지 허점을 지니고 있었다. 그것도 솔직히 말하자면 대단히 커다란 구멍이었다.

먼저 그들은 금 단위당 얼마나 많은 달러를 발행할 수 있는지 그 비율을 정확히 규정하지 않았다. 미국이 적자재정과 무역적자를 메우기 위해 아무리 많은 달러를 찍어 내더라도 이를 규제할 방도가 없었던 것이다.

둘째, 비록 미국 국민들은 금을 사적으로 보유할 수 없었지만 세계에는 아직도 금시장이 존재하고 있었으며, 브레튼우즈의 금시장과 나란히 운영되고 있었다.

적자 전쟁

베트남전은 미국 국민이 세금 외에 다른 경제적 희생을 요구받지 않은 최초의 대규모 전쟁이었다. 국민은 전쟁채를 살 필요가 없었다. 소비자경제를 전쟁경제 체제로 바꾸어야 한다는 강요를 받지도 않았다. 실제로 린든 존슨 대통령은 과세를 통해 전쟁비용을 충당하기를 거부했으며, 브레튼우즈 체제는 지급준비율을 요하지 않았기 때문에 그는 베트남전을 처음부터 끝까지 적자재정으로 치를 수 있었다. 그것은 진정한 적자 전쟁이었다. 거기에 더해 '위대한 사회Great Society' 정책을 내세운 존슨 대통령은 해외에서 치르는 전쟁과 본국에서 진행되는 사회 프로그램 비용을 충당하기 위해 큰돈을 빌리는 수밖에 없었다.

그러나 베트남에서 적자 전쟁을 치르는 동안, 프랑스 대통령인 샤를 드골은 브레튼우드 체제의 허점을 이용해 조용히 미국 달러에 대한 공격에 나서고 있었다.

드골 vs. 달러

그 어떤 국가의 수장도 동맹국의 통화 경쟁력을 이처럼 공개적으로 공격하지는 않았다. 1944년에 확립된 국제 통화체제에 대해 이처럼 혹독한 비판을 가한 저명한 정치가도 없을 것이다. 지난 주 샤를 드골은 금본위제로 돌아가야 한다고 주장했다. 드골이 그의 주장을 펼치기 직전 미국의 재무차관보인 더글러스 딜론Douglas Dillon은 미국의 지불적자 수준이 예상보다 훨씬 대폭 상승했음을 처음으로 공식 인정했다. 미국의 적자 규모는 30억 달러로, 법적으로 미국은 이런 채무에 대해 요구가 있는 즉시 금으로 지불해야 할 의무를 지고 있다. 연준은 미국의 금 공급량이 지난 주 1억 달러 하락하여 26년 만에 최저인 151억 달러에 그쳤다고 발표했다.(1964년 미국의 예상 적자 규모가 미국 금 보유량의 20퍼센트에 달한다는 사실에 주목하라.) 프랑스는 지난 달에 1억 5000만 달러를 금과 교환했고, 앞으로 1억 5000만 달러를 더 교환할 예정이다.

—《타임Time》, 1965년 2월 12일 금요일자

프랑스는 누구의 눈에도 실패할 것이 자명했던 규제 장치인 런던 골드 풀London Gold Pool에서 탈퇴하고 달러를 금으로 교환하기 시작했다. 런던 골드 풀은 중앙은행들이 금 가격을 35미국 달러로 유지하기 위해 시장에 수십 톤의 금을 공급하는 장치였다. 1967년 11월에는 영국이 파운드화를 평가절하하여 금 대란을 야기했다.

골드 풀은 한계에 다다랐고, 금의 유출량은 스무 배로 늘었다. 그 해가 끝날 무렵에는 1천 톤이 넘는 금이 금고를 빠져나갔다. 골드 풀의 판매량은 수년 동안 하루 평균 5톤이었고, 1968년 3월에는 하루에 거의 200톤을 소화하기조차 했다!

아래의 그래프 3을 보라. 기본적으로는 그래프 2와 같지만 그 뒤로

21년간의 통계치를 보탠 것이다. 1960년대 중반과 후반에 통화가 급작스럽게 대규모로 창조되었음을 볼 수 있으며, 1957년부터 71년 사이 미국의 금 보유량 중 절반 이상이 재무부 금고를 떠나 해외로 유출된 것을 알 수 있다.

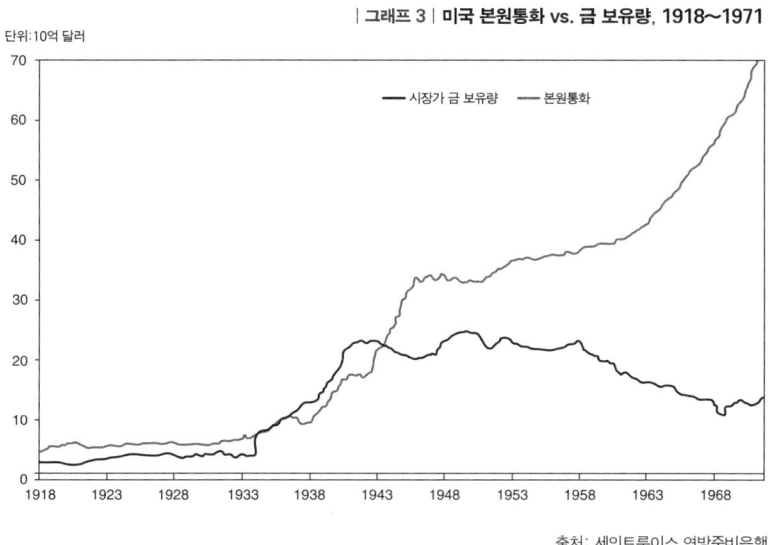

| 그래프 3 | 미국 본원통화 vs. 금 보유량, 1918~1971

출처: 세인트루이스 연방준비은행

골드 풀은 문을 닫았고, 금 자유시장은 그들끼리 가격을 결정할 수 있게 되었다. 한편 중앙은행의 금 공시가는 여전히 35달러로 유지되었다. 금은 달러를 꽁꽁 묶어 놓은 채 원투 펀치를 날린 것이다! 이번 라운드도 금의 대승으로 기록되었다. 그렇지만 싸움은 아직 끝나지 않았다.

브레튼우즈 체제의 붕괴

1971년 즈음이 되자 브레튼우즈 체제는 자유시장과 대중의 의지에 압도되어 참패하고 말았다. 금은 다시 정부를 압박했고 1971년 8월 15일, 리처드 닉슨 대통령은 금 교환 창구를 닫아야만 했다. 미국 달러는 더 이상 금 태환이 불가능해졌으며 이로써 각국의 모든 통화가 자유변동환율제로 이동하게 되었다. 그리고 역사상 최초로, 미국의 통화는 100퍼센트 완전한 불환화폐로 구성되었다. 브레튼우즈 체제에 의해 전 세계의 모든 통화가 달러를 통해 금에 고정되어 있었기 때문에, 지구상 모든 화폐 역시 불환화폐로 변했다. 실질적으로 이는 미국의 파산선고와도 같았다. 금은 이번 전투에도 이겼고, 이제 공개시장에서 새로운 가치로 평가받을 수 있는 자유의 몸이 된 것이다.

한편 세계 주요 국가들과 중앙은행들이 달러본위제의 확립에 착수하면서 이제 달러는 금 대신 국제무역의 기본통화가 되었다. 브레튼우즈 체제가 1971년에 붕괴하자 달러는 모든 재정적 제재에서 벗어나게 되었으며, 이제 미국은 종이 '금'이 필요할 때마다 마음껏 찍어낼 수 있는 강력한 권한을 보유하게 되었다.

이렇게 거대한 특권을 지닌 나라는 그 전에도 그 후에도 없었다. 얼마 안 가 미국의 정치가들은 그것을 그들의 타고난 권리인 양 여기기 시작했다. 이 특권은 미국이 유례없는 수준의 재정계획과 무역,

그리고 적자재정과 수지불균형을 유지할 수 있도록 도와주었다.

또한 이는 미국이 자국 국민들에게 세금을 부여할 수 있게 해 주었을 뿐만 아니라 그들의 적자지출 때문에 발생한 인플레이션을 통해 타국 국민들에게도 세금을 부과하는 능력을 부여했다. 통화 인플레이션에는 국경이 없다. 따라서 새로운 달러 지폐가 발행될 때마다 세계 곳곳에 보급된 모든 다른 달러들의 가치는 상대적으로 감소한다.

그렇다. 이제 달러는 금의 경제적 족쇄에서 풀려나게 되었다. 그러나 풀려난 것은 달러뿐만이 아니었다. 금 또한 이제는 달러로부터 자유로웠다. 1971년 8월 15일 금은 국제적으로 통용되는 자유로운 '돈'이 되었고, 더 이상 어느 나라의 법률에도 묶일 필요가 없었다.

금 가격의 상승

브레튼우즈 체제가 무너진 뒤, 1960년대에 베트남전과 위대한 사회 정책의 비용을 충당하기 위해 차용했던 모든 부채(통화 인플레이션)는 결국 1970년대에 가격 인플레이션이라는 형태로 우리에게 돌아왔다. 우연히도 닉슨이 미국에서 금본위제를 폐지한 1971년 8월 15일은 그가 자유시장 제도의 충실한 신봉자라는 지위에서 내려와 임금 동결과 물가 통제를 지시한 날이기도 했다. 임금과 물가 수준은 90일 동안 고정되었다. 역사는 다시금 반복되고 있었다. 수 세기 전 똑같은 실수를 저지른 디오클레누스는 로마 경제를 무너뜨리지 않았던가. 그러나 이후 실업률이 치솟으면서 애초에 90일로 예정되었던 물가 동결은 그 뒤로 1,000일 동안이나 지속되었다.

나는 저녁 뉴스에서 과수원 주인들이 공들여 키운 복숭아를 길가에 상자째 쏟아 버리며 시위를 벌이던 모습을 기억한다. 복숭아의 판매가가 그들이 이제까지 복숭아를 재배하는 데 들어간 비용에 턱없이 못 미쳤기 때문이다. 낙농업자들이 텅 빈 벌판에 수천 갤런의 우유를 쏟아붓고, 축산농민들이 살아 있는 병아리 수천 마리를 커다란 쓰레기 트럭에 버리는 화면 위로 무미건조하게 깔리던 월터 크롱카이트Walter Cronkite(미국 CBS의 전설적인 간판 앵커 — 옮긴이)의 목소리도 기억한다. 물자가 바닥을 드러내고 상점의 선반들은 텅텅 비어 갔다. 정부가 관리하는 시장은 제대로 기능하지 못한다는 사실이 다시 한번 확연하게 드러난 셈이었다. 닉슨의 노력은 대실패로 끝났고, 재무부 장관 조지 슐츠George Shultz는 대통령에게 말했다.

"적어도 물가 통제와 임금 동결은 해답이 아니라는 우리의 원래 입장이 옳았다는 걸 납득시키는 데에는 성공했군요."

1973년 10월, 욤 키푸르 전쟁(4차 중동전쟁)이 발발했다. 서방의 많은 국가들이 이스라엘의 편에 서자 그에 대한 항의로 석유수출국기구Organization of the petroleum exporting countries, OPEC는 산유량을 축소하고 미국 등 이스라엘 지원국으로 향하는 선박의 출항을 금지했다. 대부분의 사람들은 이 사건이 1970년대에 인플레이션을 유발한 주요 원인이라고 여긴다. 글쎄, 이번에도 틀렸다.

비록 아랍국들의 행동이 이스라엘을 지원하는 서방 국가들을 규탄한다는 목적을 띠고 있었다 할지라도, 실제로 그보다 더 큰 그림은 1960년대 중반 미국이 온 세상을 달러의 물결로 휩쓸기 시작한 이래 달러의 구매력이 계속해서 하락하고 있었다는 데 있다. 사실 원유가의 상승분은 OPEC이 브레튼우즈 체제하에서 받던 가치 수준을 회복하는 것에 불과했다.

1973년, 중동에서 미국의 최대 우방 중 하나인 이란의 샤Shah는 《뉴욕타임스》에 이렇게 말했다.

"물론 (원유가는) 오를 겁니다. 당신들도 우리한테 판매하는 밀 가격을 300퍼센트 올렸잖습니까. 설탕도, 시멘트도. 당신들은 우리 원유를 사서 석유로 정제한 다음 그걸 다시 우리한테 팔지요. 그러면서 우리가 팔았을 때보다 수백 배나 가격을 올려 받습니다. 그러니 당신네들도 우리 원유를 좀 더 비싸게 사 가는 게 공평합니다. 예를 들어…… 한 열 배쯤이 적당하겠군요."

원유가는 달러로 환산했을 때에는 엄청나게 상승했지만 금으로 계산했을 때에는 오히려 가격이 한참 떨어졌다. 원유가가 인상되는 이유는 예나 지금이나 원유생산국이 달러의 소멸된 구매력을 메워야 하기 때문이다.

그러나 이 시점에서도 미국인들은 여전히 금을 소유할 수 없었다. 그러던 중 마침내 1971년 제임스 율리시즈 블랜차드 Ⅲ세James Ulysses Blanchard Ⅲ의 주도하에 미국 국민들의 정당한 권리를 되찾기 위한 움직임이 진지하게 꿈틀대기 시작했다. 블랜차드는 금 소유 합법화를 위한 전국위원회National Committee to Legalize Gold의 공동설립자로서, 기자회견을 열고 개인 소유가 금지된 금괴를 공중에 휘두르며 연방정부의 법적 노력을 공개적으로 비웃었다. 1973년에는 복엽비행기에 "금을 합법화하라."는 배너를 매달아 닉슨 대통령의 취임식 위를 맴돌게 했다. 블랜차드는 의회가 금의 합법화 법안을 승인하도록 끊임없이 로비를 거듭한 끝에 마침내 1974년 12월 31일 그 결실을 맺을 수 있었다. 제럴드 포드 대통령이 일반 국민이 다시 금을 소유할 수 있게 허용하는 법안에 서명한 것이다.

이제 금은 자유롭게 거래될 수 있게 되었지만 화폐로서의 지위는 잃었다. 금은 1차 상품이었다. 적어도 처음에는 그랬다. 사람들은 너무나도 오랫동안 종이화폐에 익숙해진 나머지 대부분 금에 대한 관심을 잃었고, 종이를 신뢰했다.

온스당 35달러였던 금의 가격은 달러와 결별하면서 급속도로 상승하기 시작했다. 그러나 1971년에 금 1온스당 50달러를 부르면 미친 사람 취급받기 일쑤였고, 100달러를 불렀다가는 그 자리에서 쫓겨나거나 정신병원에 신고가 들어갈 수도 있었다. 하지만 1974년에 금 시가는 온스당 200달러까지 치솟았고 1978년 후반에는 200달러 선을 깨뜨리면서 금과 금의 거래 방식에 대한 대중의 인식에 본질적인 변화를 유발하게 되었다. 금은 또다시 화폐처럼 기능하고 있었다.

1979년 6월, 《타임》지는 "우리는 금괴를 믿는다."는 제목의 기사를 발행했다.

"재빨리 돈을 벌고 싶어 하는 투기꾼들, 길게 내다보는 투자자와 인플레이션을 두려워하는 평범한 저축자들이 지난 주 온스당 277.15달러의 최고가를 기록한 금을 앞다투어 매입하고 있다. 금 시세는 한여름 즈음 300달러까지 오를 것이라는 예측이 실현되어 가고 있다."

사람들은 코인숍(동전 및 메달을 전문으로 판매하는 상점 — 옮긴이) 앞에 길게 줄을 늘어섰다. 상품거래소에서는 전화기가 쉴 새 없이 울려댔다. 미국 전역에 금 열풍이 몰아쳤다. 그러나 금값이 300달러를 넘어서자 주류 전문가들과 언론은 상한가가 머지않았다는 경고음을 내보내기 시작했다. 만약 계속해서 금을 사들이다가는 곧 커다란 손해를 보게 될 것이라는 충고였다.

그러나 그들의 예측은 빗나갔다. 금 열풍은 모퉁이를 돌아 21세기 골드러시로 이어졌다. 1980년 1월 《타임》지에 실린 "귀금속을 향한 대중들의 달음박질"이라는 기사는 이렇게 말한다.

"그것은 역사상 가장 화려하고 눈부신 상승세였다. 그리고 오늘날과 같은 불안과 갈등의 시기에 모두가 갈망하는 노란색 금속을 소유하고 싶다는 심리를 유혹적으로 자극했다. 미국은 물론 유럽에서도 수천 명의 사람들이 눈알이 튀어나올 것 같은 시세가 빽빽이 적힌 신문기사와 한 시간마다 떠들어 대는 라디오 뉴스에 현혹되어 금은방과 코인숍 앞에 앞다투어 줄을 섰다."

당시에 지역뉴스를 보던 기억이 난다. 카메라가 헬리콥터를 타고 그 지역 코인숍 앞에 길게 늘어선 줄을 공중에서 비췄다. 그 가게는 대도시 시내의 블록 한가운데 위치해 있었는데, 문 앞에서 시작된 줄은 그 블록을 지나, 모퉁이를 지나, 옆 골목에까지 길게 이어져 있었다. 「스타워즈」와 「지옥의 묵시록」을 보기 위해 사람들이 극장에 몰려들었을 때와 거의 맞먹을 정도였다.

나는 그때 다른 사람들과 달리 금을 구매하지 않았다. 나는 겨우 스물네 살이었고, 막 시작한 사업에 정신이 팔려 있던 차였다. 그렇지만 우리 아버지는 금을 구입하셨다. 내 친구들의 아버지들도 모두 마찬가지였다. 그분들은 대중이 한쪽으로 우르르 몰려가면 그 뒤를 따르는, 그다지 현명하지 못한 투자가였다. 그렇게 떼로 몰려다니는 대중은 언제나 너무 늦게 사기 마련이다. 1975년 1월부터 1978년까지만 해도 금을 100달러에서 200달러 사이에 살 수 있는 기회는 그야말로 널려 있었다. 그렇지만 그 기회를 붙잡은 사람은 거의 없었다. 대중이 뛰어든 것은 금 가격이 400달러 선을 넘어섰을 때였다.

사실 기본 전략은 대단히 간단하다. 낮은 가격에 사고 높은 가격에 팔아라. 정말로 낮은 가격에 샀다면 가격이 최고조에 이를 때까지 기다릴 필요도 없다. 1970년대에 금을 온스당 200달러 이하에 산 투자가들은 겨우 몇 년 사이에 훌륭한 실적을 올렸고 600달러 이상으로 팔 기회를 오랫동안 누렸다. 반면에 다우지수가 세 배로 상승하려면 몇 년이나 기다려야 할까? 금을 가지고 있었다면 당신은 고작 1년 사이에 그런 경험을 하고도 남았을 것이다. 하한가에 있던 금을 사서 상한가에 팔았다면 겨우 3년도 안 되는 사이 자그마치 8.5배를 벌었으리라. 만약 미국이 아닌 해외에서, 브레튼우즈 체제의 끝물 무렵인 1971년에 금을 샀더라면 심지어 스물네 배나 되는 돈을 벌었을 것이다.

역사적으로 볼 때 정부와 금융권은 늘 일정량의 금과 은을 가지고 있었다. 그런 다음 그들은 일을 '쉽게' 만들기 위해 우리 대신 무거운 금과 은을 맡아 창고에 쌓아 두고는 우리에게는 화폐라고 불리는 영수증을 발행해 주었다. 문제는 그들이 계속해서 영수증을 찍어 냈다는 데 있다. 그들은 쉴 새 없이 영수증을 발행하고 또 발행했고, 그러던 어느 날 대중들이 누구나 영수증을 갖고 있다는 진실을 깨닫게 되자 금과 은의 가격은 그 영수증을 모두 합친 것보다도 더 높이 치솟게 되었다.

그래프 4는 그래프 2, 3과 기본적인 구조는 동일하지만 1985년까지 좀 더 긴 기간을 다루고 있다. 검은색 그래프는 미국 연방준비금의 가치(재무부에서 보유하고 있는 금의 양×금 시가)를 가리킨다. 앞에서 본 다른 그래프와 가장 큰 차이가 있다면 1960년대부터 두 개의 회색선이 표기되어 있다는 점일 것이다. 아래쪽에 있는 회색 그래프는 지난 두 그래프에서 본 것과 똑같은 미국의 본원통화이다. 반면 위쪽에 있는 회색 그래프는 미국의 본원통화에 신용대출 잔액(아직 지불하지 않은 신용카드 지출분)을 합친 것이다. 나는 이런 신용 잔액을 통화량에 포함시켜야 한다고 주장한다. 신용카드 사용분은 비록 실재하지 않는 통화이긴 하지만 서명을 하는 순간 현실화되어 은행에 빚을 지게 되고,

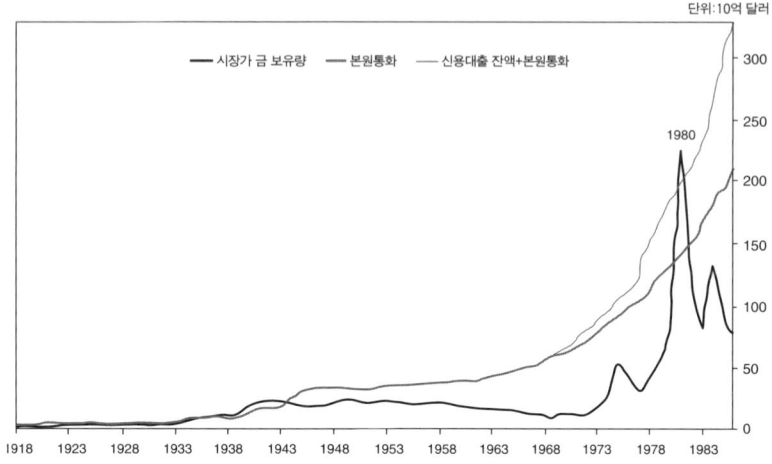

| 그래프 4 | 본원통화와 신용대출 잔액 vs. 금 보유량, 1918~1985

출처: 세인트루이스 연방준비은행

그것으로 상품이나 서비스를 구입할 수 있기 때문이다. 상품 또는 서비스의 판매자가 그 달러를 손에 넣는 순간 그것은 은행에 귀속되지 않는 일반적인 달러가 되어 다른 상품이나 서비스를 구매할 수 있게 되고, 따라서 가격 인플레이션의 원동력이 된다. 이 유령 달러는 누군가 그것을 벌어들여 그것으로 신용카드 사용액을 지불할 때까지 계속 통화로 유통될 것이다. 이런 신용 잔액이 불어나면 통화량 역시 증가한다.

이 놀라운 그래프를 통해 당신은 기원전 407년 아테네에서 처음 가치균형을 맞춘 이래 2,400년 동안 제 할 일을 해 온 금이 다시금 똑같은 활약을 했음을 확인할 수 있을 것이다. 1959년부터 1971년 사이 미국의 금 보유량은 절반 가까이 줄었지만 자유시장과 공공의 의지는 금이 그 가치를 회복할 때까지 계속해서 가격을 상승시켰다. 금 시세는 재무부가 보유한 금의 가치가 총통화의 가치인 1350억 달러를 초과할 때까지 계속해서 상승했고, 나아가 총 통화가치와 신용대출 잔액을 합친 1950억 달러를 넘어 2250억 달러에 달할 때까지 끊임없이 증가했다.

그렇다. 금이 또 한번 해냈다. 브레튼우즈 체제하에 온스당 35달러였던 금값은 스물네 배나 뛰어올랐고(2,328.5퍼센트), 스스로를 평가절상하여 1934년 1월 이후 발행된 모든 종이화폐의 가치를 대변할 수 있게 되었다. 비록 짧은 시간이나마 미합중국은 다시 금본위제로 돌아갈 기회를 잡게 된 것이다.

그러나 투자가들에게는 연준과 미국 정부가 금본위제로 돌아가지 않기로 선택한 것이 호재로 작용했다. 만약 미국이 금본위제로 회귀했다면 인류 역사상 가장 거대한 부의 이전은 발생하지 않을 것이며, 따라서 그 부가 당신에게 이전될 가능성 역시 존재하지 않을 것이기 때문이다. 하지만 그 일은 이미 일어나고 있으며, 당신은 이제 거대한 부를 거머쥘 기회를 목전에 두고 있다. 계속 읽어 보라.

Chapter 6

증시의 흥망성쇠

인간은 무리 지어 생각하는 동물이다. 미칠 때에는 집단적으로 미쳤다가 제정신으로 돌아올 때에는 한 사람씩 천천히 돌아온다.

— 찰스 맥케이, 『대중의 미망과 광기』

1987년, 미증시가 폭락했다. 이 사건은 흔히 '검은 월요일 Black Monday'로 알려져 있는데, 나는 개인적으로 '불가사의한 월요일'이라고 부른다. 왜냐하면 그날 정확히 무슨 일이 일어났는지 아는 사람이 아무도 없는 듯 보이기 때문이다. 1987년 그날 주가는 역사상 유례없는 어마어마한 하락폭을 기록했고, 많은 이들이 그 원인으로 컴퓨터로 거래하는 프로그램 트레이더들을 지목했다. 어떤 사람들은 이 무자비한 주가폭락이 과대평가된 주가를 바로잡기 위한 필연적인 결과라고 해석하거나 또는 유동성 부족을 탓하기도 한다. 내가 아는 그보다 더 그럴싸한 설명은 그전에 발생했던 급격한 증시 상승이 1929년의 주식시장 붕괴 직전의 상황과 소름이 끼칠 정도로 흡사했다는 것이다. 소문이 퍼져 나가면서 집단 심리와 광기가 상황을 지배하게 된 것이다.

주식시장 붕괴의 진정한 원인을 찾으려면 1970년대 후반 및 1980년 대초반으로 거슬러 올라가야 한다. 1979년 8월, 연방준비제도 의장으로 임명된 폴 보커Paul Vocker는 천정부지로 치솟는 인플레이션을 따라잡고 금값을 통제하려면 실질금리(인플레이션을 감안한 이자율)를 인상해야 한다는 사실을 깨달았다.

금리 인상은 그렇지 않아도 부진하던 경기를 더욱 악화시켰고, 1981년 로널드 레이건이 백악관에 입성할 즈음이 되자 미국 경기는 대단히 힘겨운 상황에 처해 있었다. 이에 1983년 3월 연준은 30개월 이상 예금에 대한 지급준비금 예치 의무를 폐지함으로써 경기를 자극하고. 9월에는 이 기준을 18개월까지 완화시켰다. 1983년 1월부터 1985년 1월까지, 2년 사이 통화량은 21퍼센트나 증가했다. 이처럼 통화량이 최고조에 이른 상황에서 연준은 1984년 후반에 11퍼센트가 넘던 금리를 1986년 후반에는 약 6.25퍼센트까지 인하했다.

그렇게 풀린 화폐들은 어디론가 갈 자리를 찾아야만 했다. 따라서 경기가 로켓처럼 하늘 높이 솟아오르기 시작했다. S&P 500지수는 100포인트에서 338포인트까지 세 배 이상 훌쩍 뛰어올랐다. 아주 짧은 기간 동안 주가는 극단적인 저평가에서 극단적인 고평가로, 극에서 극으로 이동했던 것이다.

투자대중은 인류가 역사상 겪은 모든 거품경제와 시장붕괴 직전에 그러했듯이 집단적인 황홀경에 빠져들었다. 행복감에 젖은 대중은 또다시 시장이 언제까지고 상승할 것이라는 맹목적인 믿음에 몸을 맡겼다. 하지만 지나친 경제성장은 인플레이션을 부른다. 연준은 인플레이션을 억누르기 위해 단기금리를 인상했고, 이는 시장에 부정적인 영향을 미쳤다.

10월 14일 수요일, 대대적인 폭락이 시작되었다. 금요일이 되자 다우지수는 10퍼센트 이상 추락했고 1987년 10월 19일 월요일에는 주주들 대다수가 한꺼번에 매도에 나섰다. 시장은 그토록 어마어마한 양의 주문을 동시에 처리할 수가 없었고, 대부분의 사람들은 어차피 주식을 팔수가 없었다. 매수할 사람이 없었기 때문이다. 다우지수는 22.6퍼센트 하락했으며 단 하루만에 5000억 달러 이상의 부가 다른 곳으로 이전되었다. 사태는 미국 내에만 국한되지 않았다. 오스트레일리아와 캐나다, 홍콩, 영국의 증시 역시 각각 41.8퍼센트, 22.5퍼센트, 45.8퍼센트, 그리고 26.4퍼센트 하락했다.

이 같은 대대적인 주가 폭락이 범세계적인 공황이나 금융위기, 또는 둘 모두를 한꺼번에 가져올지도 모른다는 데 겁을 먹은 연준은 통화량을 증가시키는 방식으로 사태에 개입했지만, 이 조치는 이미 전국 곳곳에서 일어나고 있던 부동산 붐을 미니버블로 부풀리는 부작용을 일으켰다.

부동산 롤러코스터

그동안 집값은 하늘 높은 줄 모르고 치솟고 있었다. 내 친한 친구 중 한 명의 경우 LA에 70년대에 6만 4000달러를 주고 구입한 집이 한 채 있었는데, 1986년에는 그 집 시세가 자그마치 42만 5000달러까지 올랐다. 1988년 즈음에는 1년 전 주식시장 거품으로 인해 새롭게 유입된 통화가 집값을 더욱 상승시켰다. 1989년 후반에 집값을 다시 감정했을 때, 내 친구는 130만 달러라는 대답을 들었다. 겨우 4년 동안에 집값이 두 배나 뛴 것이다! 지역 주민들은 미친 듯이 부동산을 거래했다. 거리마다 "집 팝니다" 간판이 내걸렸으며, 모두가 부동산을 팔고, 부동산을 사고, 부동산에 관해 떠들거나 아니면 아예 부동산 중개인이 되는 듯 했다.

연준은 투기 열풍을 막기 위해 1988년 내내 그리고 1989년의 첫 사분기에 금리를 6.5퍼센트에서 거의 10퍼센트까지 인상했다. 효과는 탁월했다. 그러나 부동산 거품이 터지면서 불어온 불황의 바람은 동부해안에서 시작해 전국을 휩쓸며 서쪽으로 퍼져 나갔다. 그러던 중 1990년 8월 2일, 이라크가 쿠웨이트를 침공했고 1991년 1월 17일 미국은 '사막의 폭풍' 작전에 돌입했다. 우리는 또다시 적자지출로 지탱할 수밖에 없는, 감당 못할 전쟁에 뛰어든 것이다.

부동산 시세는 계속해서 하락했고 미국은 불황에 접어들었다. 이에 대응해 연준은 정기예금 계좌에 대한 지급준비금 비율을 3퍼센트에서 0퍼센트로 줄이고 1992년에는 보통예금에 대한 지급준비율을

12퍼센트에서 10퍼센트로 낮췄다. 같은 기간에 금리는 8퍼센트에서 3퍼센트 이하로 대폭 인하되었다. 그러나 이번에는 그에 대한 반응이 즉각적으로 나타나지 않았고, 미국 경제는 계속해서 침체되었다. 아이러니하게도 그 뒤로 거의 20년이 지나 이 책을 집필하는 시점에는 미국은 또 다른 대통령을 선출했고 다시금 중동전쟁에 발목 잡혀 있으며, 부동산 가격은 급격히 하락하고 있고 금리가 2퍼센트 혹은 그 이하로 인하된다는 소문이 돌고 경제는 하염없이 추락 중이다.

1989년에 집값이 130만 달러까지 오른 내 친구 이야기로 돌아가 보자. 그녀가 사는 지역의 부동산 가격 역시 급격히 하락했다. 그녀의 이웃 중 한 명은 그 지역에 열네 채의 주택을 건축하던 영세 건축업자였는데, 집값이 떨어지고 주택거래가 중단되자 결국 파산에 이르러 열네 채의 집을 모두 은행에 넘길 수밖에 없었다. 은행은 주택 그 자체를 원했던 게 아니었다. 그들은 주택융자금을 회수하길 원했다. 따라서 은행은 열네 채의 집을 한꺼번에 부동산 시장에 내 놓았고, 빠른 시일 내에 팔리도록 유난히 낮은 가격을 제시했다. 그럼에도 불구하고 그 집을 사려는 사람은 없었다. 그리고 또 몇 달이 지나 두 개의 다른 은행이 압류한 주택들을 시장에 내놓았다. 그 집들도 역시 팔리지 않았다. 이제는 모두가 어떻게든 집을 팔기 위해 경쟁적으로 낮은 가격으로 내놓기 시작했다.

1992년이 되자 마침내 내 친구가 사는 지역의 부동산 경기가 바닥을 쳤다. 그녀와 길 건너 맞은편 집에 사는 이웃 한 명은 1992년이

되어서야 가까스로 42만 5000달러에 집을 팔 수 있었다. 내 친구의 집은 부지도 더 넓고 전망도 좋지만 가격이 50만 달러에도 미치지 못했다. 겨우 3년 사이에 백만 달러가 넘던 집값이 절반 이하로 떨어진 것이다. 그 지역의 주변 집값은 평균 60퍼센트 이상 하락했다.

1989년 부동산 거품이 절정에 달했을 무렵, 내 친구와 같은 블록에 있는 집 한 채가 백만 달러에 거래된 적이 있었다. 지금 그 집은 거의 폐가나 다름없는 형편이다. 내 눈으로 직접 확인해 봤으니 거짓말이 아니다. 페인트는 벗겨지고 잔디밭은 누렇게 말라 가고, 게다가 1950년대 초반에 처음 건축된 이래 단 한 번도 리모델링을 하지 않았다. 새 주인은 처음 그 집을 구입했을 때 20만 달러(20퍼센트)의 선금을 내고 남은 80만 달러를 할부로 지불하기로 계약했는데, 불행히도 그 뒤로 집값이 빠른 속도로 하락하기 시작했다. 결과적으로 지금 그 집의 시세는 40만 달러까지 떨어졌으며, 이는 즉 집주인이 처음 그가 갖고 있던 자산의 두 배인 40만 달러를 손해 봤다는 얘기다.

거기다 엎친 데 덮친 격으로 연방기금금리(우리나라의 콜 금리에 해당하는 은행 간 단기금리 ― 옮긴이)마저 그 사람이 1989년에 집을 샀을 때보다 거의 10퍼센트나 하락해 1993년에는 겨우 3퍼센트에 불과했다. 그러나 은행은 80만 달러의 주택융자가 걸려 있지만 지금은 40만 달러 가치밖에 없는 주택에 대해 재융자를 해 줄 마음이 티끌만큼도 없기 때문에 이 불쌍한 친구는 80만 달러의 주택융자금에 12퍼센트나 되는 이자율을 감당해야 하며, 심지어 주택담보대출 금리가 6퍼센트

이하로 떨어졌는데도 재융자를 받을 수가 없다. 그래서 그는 자그마치 10년 동안 집값이 처음 그가 이 집을 구매한 가격을 넘어설 때까지 꼼짝없이 손해를 보며 살아야 했다.

하지만 1990년대 초반에 부동산을 구입한 사람이라면 손쉽게 그 자산을 손에 넣어 현금소득을 올릴 수 있었을 것이다. 그 뒤로 얼마 지나지 않아 부동산 시세가 과거 그 어느 때보다도 치솟기 시작했으니 말이다.

1991년부터 1992년 사이에 연준이 지급준비율과 금리를 주물럭거렸던 조치들이 마침내 1995년에 부메랑으로 돌아오기 시작했다. 1995년, 통화량이 급작스레 폭발하면서 경제가 승승장구하기 시작했다. 1995년부터 2005년까지 10년 동안 통화량은 약 120퍼센트나 상승했으며, 이 10년 동안 공급된 통화량은 지난 83년 동안에 걸쳐 공급된 통화량을 초과했다. 이제 미국에는 역사상 그 어느 때보다도 더 많은 화폐가 한꺼번에 유통되게 되었고, 이는 역사상 가장 커다란 부동산 붐과 더불어 채권, 파생상품, 소비消費, 부채, 그리고 주식 부문에 거품경제를 유발했다.

닷컴폭탄의 세례

그러나 그 모든 거품들 중에서도 최근 붕괴한 부동산 거품을 제외하고 가장 크고 허무했던 것은 바로 1990년대 후반에 일어난 기술 거품이었다.

다들 그때 일을 아직 기억하고 있을 테니 자세한 이야기를 길게 늘어놓을 필요는 없으리라.

처음에는 그저 시의적절한 제품을 내놓은 정직한 회사들이 차츰 성장해 나가는 좋은 스토리였을 따름이었다. 그러다 그들의 신속한 성장과 거대한 수익에 눈독을 들인 다른 회사들이 기술 분야에 뛰어들었고, 분위기가 가속화되자 집단적으로 이성을 잃은 대중들이 아무 기반도 없는 허무맹랑한 회사에 돈을 쏟아붓기 시작했다. 간단히 말해 아이디어만 있다면 누구든 한데 모여 회사를 차리고 상장을 한 다음 페라리를 사고 자기 집 뒤뜰에 골프장 코스를 만들고 주식을 마치 화장실 휴지처럼 발행했다 뿌리면 되던 시절이었던 것이다.

그리고 마지막으로 앨런 그린스펀$^{Alan\ Greenspan}$이 이끌던 연준이 Y2K 버그로 시장이 붕괴하는 것을 예방하기 위해 유동자금을 퍼부으면서 닷컴 기업들은 그야말로 무시무시한 속도로 부흥하기 시작했다.

광기에 사로잡힌 투기꾼들이 너무나도 많은 자본을 끌어들이는 바람에 곧 투자구조는 다단계식 피라미드 형상을 띠게 되었고, 이러한 상향식 구조를 지탱하기 위해서는 계속해서 통화공급량을 늘려 나가야만 했다.

결론적으로 닷컴 회사들은 '닷컴폭탄$^{dot\text{-}bomb}$'이라는 별명만을 남긴 채 나락으로 떨어졌다. 닷컴거품의 붕괴는 물론이요, 엔론과 월드컴, 글로벌 크로싱 같은 기업들이 줄줄이 무너지면서 경제적인 여파가 몰아쳤다. 많은 투자가들이 퇴직연금과 집, 그리고 저축금을 공중으로 날렸다.

자, 지금쯤은 짐작하겠지만 여기서 얻을 수 있는 교훈은 이렇다. 만약 시장에 다른 모든 사람들과 함께 합류한다면 이미 늦은 것이다. 반대로 시장이 근본적으로 저평가되고 있을 때 뛰어들어 최대로 고평가될 때까지 기다린다면, 그래서 최고가에 판매한다면, 당신은 성공할 수 있다.

나스닥의 경우에는 1,000포인트 이하로 기술주를 샀다가 1년도 안 돼 3,500포인트 이상으로 팔 수 있는 기회가 14년 동안 지속되었다. 타이밍을 잘 맞춰 4,000 또는 4,500포인트 이상으로 매도할 수 있었다면 더할 나위 없이 훌륭한 수익을 올렸을 것이다. 그렇지만 불행히도 대부분의 사람들은 그때가 되어야 비로소 판세에 뛰어들기가 십상이다. 조금 후에 거품이 터지고, 그렇게 전 재산을 잃고 삶이 황폐해지는 것이다.

새로운 시장이 떠오르기 전 저평가된 자산군을 찾기 위해서는 많은 훈련과 분석이 필요하다. 올바른 것을 준비하는 소수의 사람들만이, 그리고 스스로 생각할 수 있는 사람들만이 그런 기회를 창조할 수 있다. 대부분의 투자자들은 다른 사람들과 똑같은 곳에서 조언과 정보를 얻는다. 그들은 텔레비전 앞에서, 또는 대형 투자사나 이미 부자가 된 친구나 이웃, 혹은 최악의 경우 신문에서 정보나 조언이 날아오기를 기다린다.

닷컴러시가 최고조에 달했을 때 언론의 부추김에 휘말려 주식을 산 대부분의 투자가들은 화려한 프레젠테이션에도 금세 혹하는 경향이 있었다. 그들은 '새로운 패러다임'을 믿었고 "기술주는 계속 상승하리라."는 말을 믿었다. 그들은 또한 나스닥이 3,000포인트가 넘은 후에야 기술주를 매수했고, 2,000포인트 아래로 하락했을 때조차도 반전이 일어나길 꿈꾸고 있었다.

하지만 이 점을 명심하라. 경제적 변동이 발생했을 때 부는 사라지는 것이 아니라 다른 부문으로 이동할 뿐이다. 그러한 부의 이전이 발생할 경우, 풍부한 지식으로 무장한 투자자들이 얻을 수 있는 기회는 그야말로 무궁무진하다. 1999년 나스닥이 수직으로 곤두박질쳤을 때처럼, 일이 잘못된 순간 방향을 바꿀 만한 배짱을 가진 투자가들은 다른 이들이 겪는 끔찍한 고통을 피할 수 있을 뿐만 아니라 심지어 그것을 새로운 자산을 벌 기회로 활용할 수조차 있다. 나는 '가격'과 '가치'의 차이를 구분할 줄 아는 똑똑한 투자자들에 대해 말하는 것이다. 가격은 아무 의미도 없다. 중요한 것은 바로 가치다.

| 2부 |

오늘

GUIDE TO INVESTING IN
GOLD AND SILVER

Chapter 7

가치란 무엇인가?

1970년대에 브레튼우즈 체제가 막을 내린 뒤로 달러는 치사하고 더럽고 표리부동하며 비열한 거짓말쟁이가 되었으며, 지금 현재도 마찬가지다.

내가 이 장을 쓰는 지금, 다우지수는 13,000포인트에서 14,000포인트를 향해 열심히 달려가는 중이다. 우리는 얼마 전 역사상 최대의 부동산 거품이 붕괴하는 모습을 목도했다. LA에 있는 내 친구 집은 또다시 가격이 하락하고 있으며 그 주변의 부동산 시세 역시 15퍼센트가량 떨어졌다.

당신이 이 책을 읽는 동안 다우지수는 15,000 혹은 심지어 20,000포인트를 넘어가게 될지도 모르며, 그때가 되면 당신은 이렇게 중얼거릴 것이다. "14,000? 하, 그게 언제 적 이야기야?" 혹시나 다우가 10,000포인트로 하락하게 될 경우에는 이렇게 생각할 것이다. "14,000이라고? 그래, 그때가 좋았지." 그렇지만 다우지수나 부동산 시세가 오르든 내리든 그런 건 중요하지 않다. 달러의 가격이 어떻든 간에, 가치라는 측면에 있어 다우와 부동산은 이미 수년 전부터 붕괴하고 있었기 때문이다.

다우가 무너지고 있다!

2006년 10월 4일, 다우지수가 2000년에 기록된 최고치인 11,750 포인트를 넘어서자 경제전문지들은 앞 다투어 한 목소리로 소리쳤다. "다우지수, 사상 최고치를 기록하다!" 그러나 실제로 다우의 가치가 상한가를 기록한 것은 1999~2001년이었으며 이후로는 계속 하락세에 있다. 하지만 인플레이션이 포트폴리오에 미칠 수 있는 보이지 않는 손실을 꿰뚫어 보는 훈련을 받지 않은 사람들은 이 사실을 눈치채지 못할 것이다. 성공을 바라는 투자가라면 이런 맹점이 존재한다는 사실을 염두에 두고 항상 경계를 게을리하지 말아야 한다.

주식, 채권, 혹은 부동산이나 원자재든 당신이 투자하고 있는 분야가 가파른 상승세를 타고 있는 듯 보인다면 잠시 멈춰 서서 자문해야 한다. "왜 이런 일이 일어나는 거지?" 부동산과 주식이 지나치게 솟구치고 있다면 그것들이 다른 부문에 있어야 할 통화까지 모두 빨아들이고 있는 건 아닐까? 다우지수가 상승하고 있는 것처럼 보이는 유일한 이유는 연준이 너무나도 많은 달러를 공급한 탓에 모든 자산군이 상승하고 있기 때문이다. 바로 달러만 제외하고 말이다! 만일 모든 것이 상승하고 있다면, 다시 말해 더욱 비싸지고 있다면, 이는 달러의 가치가 하락하고 있다는 얘기와도 같다.

따라서 이러한 상황에서 진정한 가치를 파악하는 유일한 길은 방정식에서 달러를 제거하는 것이다. 당신은 각각의 자산군을 달러가 아니라 다른 자산군과 비교해 봐야 한다.

먼저 나는 주식시장의 척도로 다우지수를 이용하기로 했다.(사실 다우는 다른 모든 주식시장 중에서 가장 높은 실적을 올리고 있기 때문에 어찌 보면 이는 증시에 유리한 선택이다. 하지만 이번만큼은 한 손을 묶고 싸움에 임하도록 하자.) 나는 다우를 다른 모든 부문과 비교하기 위해 다우지수를 다른 자산군의 가격으로 나눴다.

아래 보이는 각각의 그래프는 '상품'으로 측정한 다우의 가격이다. 예를 들어 다우 한 주를 사려면 원유는 몇 배럴, 금은 몇 온스가 필요할지를 계산한 것이다. 다우지수를 구매력으로 계산한 결과, 우리는 주식의 달러 가격은 상승하고 있지만 반면에 구매력은 계속해서 하락하고 있음을 알 수 있다. 아래 제시하는 자료들은 모두 2008년 4월을 기준으로 한다.

2002년 1월 이래 달러는 다른 화폐에 비해 31.25퍼센트 추락했다. 한편 점점 더 많은 투자가들이 화폐를 버리고 진짜 돈으로 옮겨 감에 따라 화폐(달러)로 측정한 돈(금)의 가치는 계속해서 상승했다.

그래프 7은 당신에게 익숙한 방식으로, 즉 달러로 측정한 다우지수이며, 그래프 8은 화폐가 아닌 진짜 돈과 비교한 것이다. 1999년에는 다우 한 주를 사려면 45온스의 금이 필요했다. 내가 이 책을 쓰는 지금은 겨우 15온스로도 충분하다. 이를 반대로 표현해 보자. 만일 당신이 1999년에 다우 한 주를 팔았다면 45온스의 금을 살 수 있었을 것이다. 그런데 이 책을 쓰는 지금은 15온스밖에 살 수가 없다. 따라서 진짜 돈과 비교한다면 다우는 3분의 2나 되는 가치를 잃고 67퍼센트나 폭락한 셈이다.

| 그래프 5 | 미국 달러

| 그래프 6 | 금

| 그래프 7 | 달러로 측정한 다우지수

| 그래프 8 | 금으로 측정한 다우지수

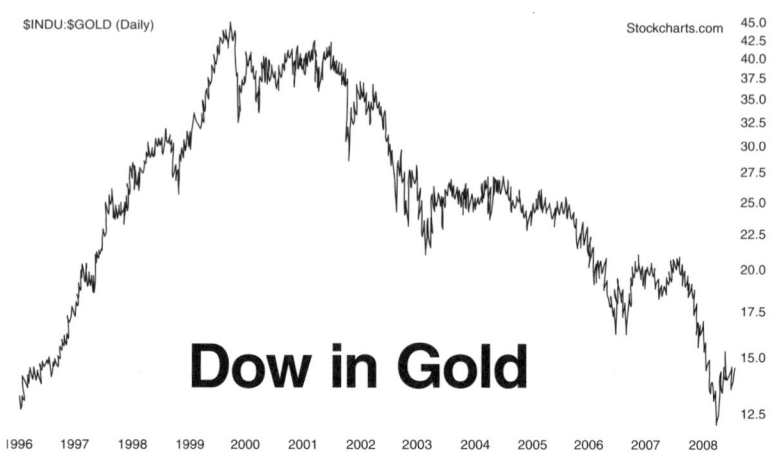

나는 9번과 10번 그래프를 좋아하는데, 다우 한 주로 상품을 얼마나 많이 살 수 있는지(대략 평균적으로)를 간단히 보여 주기 때문이다. 그래프 9는 다우지수를 상품지수로 나눈 것이며, 그래프 10은 다우지수를 농산물가격지수로 나눈 것이다. 여기서 상품이란 당신이 구입하는 물건 또는 당신이 구입하는 물건의 원자재를 가리키며, 농산물가격지수는 주로 당신이 먹고 입는 물건에 중점을 둔다. 따라서 이 그래프는 구리와 천연가스, 석유에서부터 가축과 곡물, 목화, 설탕, 오렌지주스에 이르기까지 다양한 물건들을 망라한다. 이 두 개의 그래프는 만일 당신이 1999년에 다우 주식을 현금화했더라면 똑같은 상품을 오늘날에 비해 세 배나 더 많이 살 수 있었을 것임을 보여 준다.

그리고 여기, 아마도 가장 중요할 그래프가 있다. 그래프 11은 다우주식 한 주로 우리의 대표적인 에너지 자원인 원유를 얼마나 많이 살 수 있을지를 알려 준다. 만약 당신이 1999년에 다우 한 주를 팔았다면 원유 800배럴을 살 수 있었을 것이다. 그러나 내가 글을 쓰고 있는 지금에는 100배럴이 고작이다. 원유로 측정할 때 1999년 이후 다우의 가치는 87.5퍼센트 하락했다. 하지만 잊지 말아야 할 점이 있다. 원유는 단순히 가솔린으로만 활용되는 것이 아니다. 원유는 현존하는 원자재 중에서도 쓰임새가 가장 다양하며, 약품과 비료, 플라스틱, 심지어 아스팔트와 자동차 타이어를 만드는 데에도 사용된다.

| 그래프 9 | 상품으로 측정한 다우지수

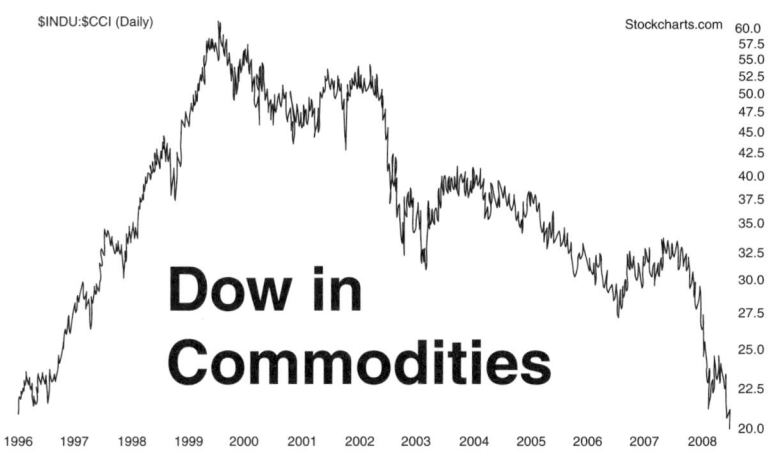

Chapter 7 가치란 무엇인가?

| 그래프 10 | 농산물로 측정한 다우지수

| 그래프 11 | 원유로 측정한 다우지수

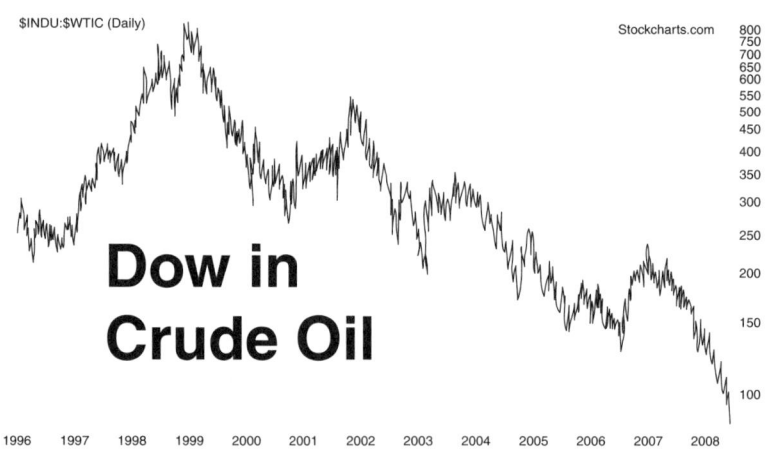

| 그래프 12 | 산업용 금속으로 측정한 다우지수

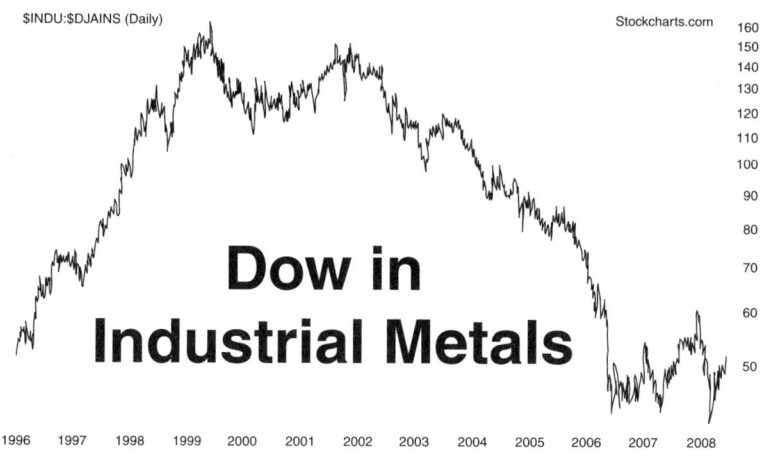

　자동차 이야기가 나와서 말인데, 자동차는 플라스틱과 더불어 철과 아연, 구리, 납 같은 금속으로 만들어진다. 그래프 12는 다우존스 산업용 금속 현물가격지수와 비교했을 때, 다우지수가 75퍼센트 하락했음을 보여 준다. 믿기 힘들지도 모르지만, 이것이 바로 미국 자동차 회사들이 쇠락하고 있는 이유 중 하나다. 같은 기간 동안 GM과 포드 사의 주가를 보라. 이들 회사 역시 비슷한 수준으로 하락했는데, 그것은 자동차 회사들의 경비는 증가한 반면 수익은 감소했기 때문이다.

　그래프 13은 다우지수(가장 아래 그래프)와 금(중간), 은(가장 위쪽 그래프)의 상대적인 실적을 보여 준다. 그래프의 시작점은 귀금속 시장이 막 상승세에 들어선 2001년이다. 세 그래프는 모두 왼쪽의 영점에서 시작되어 각 부문의 상대적인 실적을 퍼센티지로 표시하고 있는데, 2001년과 비교할 때 다우존스는 15퍼센트 상승한 반면 금과 은은 각각 250퍼센트와 300퍼센트씩 상승했다!

| 그래프 13 | 다우존스지수와 금, 은의 실적 비교

강도야, 강도! 경찰 아저씨!

도대체 왜 이런 일이 일어나는 것일까? 어째서 사람들은 부동산과 다우의 가치가 상승하고 있다고 믿고 있는데, 실은 계속 떨어지고 있는 것일까?

미니애폴리스 연방준비은행에 따르면 2000년에서 2008년에 걸쳐 소비자물가지수^{CPI}로 측정한 총 인플레이션율은 약 22퍼센트이다. 그러나 불행히도, CPI는 그다지 신뢰할 만한 지표가 아니다. 그 이유를 설명하자면 다음과 같다.

인플레이션을 수치화할 때, 노동통계국$^{Bureau\ of\ Labor\ Statistics,\ BLS}$은 특정 상품 및 서비스의 가격을 몇 년 동안 추적 기록한다. 이러한 방법은, 당연하지만 동일한 제품의 실제 가격을 대상으로 할 때 효과적이다. 문제는 BLS가 더 이상 실제 거래 가격을 사용하지도, 동일한 상품을 수년 동안 계속해서 모니터하지도 않는다는 데 있다. 가령 특정 상품의 가격이 1년 사이에 급격하게 변화한다면(짐작하겠지만, 이런 일은 백악관의 주인이 누구든 간에 달갑지 않은 법이다.) 그 상품은 장바구니 물가 품목에서 누락되어('제외') 다른 품목으로 대체되거나 혹은 완전히 새로운 가격이 부여된다.('품질조정')

품목 제외의 진실을 파악하기 위해서는 BLS와 주류 미디어가 내놓는 자료들을 보다 깊이 들여다볼 필요가 있다. 얼마 전 BLS가 이른바 '새롭고 개선된' 측정 지표라고 주장하는 '핵심 소비자물가지수$^{Core-CPI}$'를 발표했을 때, 그 목록에는 우리의 생존에 절대적으로 필요한 두 가지 품목이 제외되어 있었다. 바로 식료품과 에너지다. 우리 중 대다수가 알고 있는 인플레이션 통계치는 보통 이 핵심 CPI를 중심으로 하는데, 그것은 언론 보도가 이를 중심으로 이루어지기 때문이다. 그들은 식료품과 에너지 가격이 시기를 쉽게 타고 변동이 심하기 때문에 이를 제외하면 인플레이션율을 보다 일관성 있게 측정할 수 있다고 주장한다. 가령 미국 에너지 관리청Energy Information Administration 에 따르면 21세기 초반 가솔린의 평균 가격은 1.29달러였다. 따라서 2000년에서 2008년 정부의 총 인플레이션 지수인 22퍼센트를 적용하면 2008년 가솔린 가격은 1.57달러여야 한다.

품목 대체의 경우에는 BLS의 웹사이트에 명시된 문구를 인용하는 것만으로도 효과적일 터다. 레이건 정부 때 가격 인플레이션이 급물살을 타기 시작하자 정부는 CPI를 내가 CP거짓말CP-Lie라고 부르는 것으로 대체하기 시작했다. 집값이 그들이 원치 않는 수준까지 극도로 상승하자 BLS는 우리가 실제로는 주택을 보유하지 않는다고 전제하기 시작했다. 우리는 그저 우리 자신으로부터 집을 대여하고 있을 뿐이라는 것이다.

"1983년 2월 25일 노동통계청BLS은 도시지역 소비자물가지수Consumer Price Index for All Urban Consumers, CPI-U에 중요한 수정을 가했다. 이는 주택소유 비용을 임대비용과 대등하게 간주함으로써 주거비 계측 방식에 변화를 가져왔으며 이 새로운 주거비 계측법은 1985년 사회보장혜택과 연동된 도시지역 임금소득자 및 사무직 근로자 소비자물가지수Consumer Price Index for Urban Wage Earners and Clerical Workers, CPI-W에 반영되었다."

이러한 변화는 부동산 가격이 임대비용보다 더 빠른 속도로 상승할 때마다 표면적으로 인플레이션을 낮추는 효과를 가져왔다.

그렇지만 내가 공화당을 비판하고 있다고는 생각하지 마라. 민주당이고 공화당이고 CP거짓말을 좋아하는 것은 마찬가지이기 때문이다. 그것은 마치 그들이 일을 대단히 훌륭하게 해내고 있는 것처럼 보이게 만든다. 민주당의 측정 방식은 "쇠고기가 너무 비싸지면 닭고기를 먹겠지."이며, 그것이 바로 빌 클린턴 행정부 당시 BLS가 써먹은 방법이기도 하다. 그들은 1959년 이래 물가지표 품목으로 사용해 왔던 쇠고기 등심을 제외하고 그 자리를 닭가슴살로 대체했다. 쇠고기 등심보다 닭가슴살의 가격이 더욱 저렴한 까닭에 CP거짓말의 수치를 낮출 수 있기 때문이다.

품질조정의 속임수를 들추는 일에 관해서라면 애덤 해밀턴$^{Adam\ Hamilton}$만한 전문가도 없을 것이다. 그는 질크닷컴$^{Zealllc.com}$에 게재한 그의 기사 "거짓말, 빌어먹을 거짓말, 그리고 CPI"에서 이렇게 지적했다. "BLS의 통계학자들은 찻잎이나 염소 뼈다귀나 다름없는 수학적 도구를 이용해 서로 다른 제품들의 '진정한 품질에 맞춘' 가격을 '산출'하는 그야말로 초현실적인 상황을 만들어 냈다." 품질조정이란 향상된 품질을 보완하기 위해 만들어 낸 개념이다. 간단히 말해 당신이 올해 구매한 자동차가 작년에 출시된 자동차보다 5퍼센트가 더 비싸지만 대신에 안전제어장치가 구비되어 있다면 그들은 개선된 품질을 고려해 인상된 가격분을 상쇄시킨다. 따라서 BLS에 의하면, 이 두 자동차의 가격은 동일하다.

어떤 사람들은 어째서 하필 '노동' 통계청에서 이런 계산을 하는지 궁금할 것이다. 노동과 이런 숫자놀음은 아무 관계도 없는데 말이다. 그보다는 통계청Bureau of Statistics 쪽이 이런 일에 더욱 적합하지 않을까? 맞는 말이다. 실제로 이런 통계는 통계청(내가 주로 BS라고 즐겨 부르는)이 책임지는 편이 훨씬 나을 거다.

만약 그들이 CP거짓말이 아니라 진짜 CPI를 사용한다면 가격 인플레이션은 어떻게 달라질까? 그림자 정부 통계Shadow Government Statistics, Shadow-Stats.com의 존 윌리엄스John Williams와 나우앤드퓨처닷컴Nowandfuture.com의 바트Bart는 정부 예산을 분석하고 그 통계적 허위를 밝혀내는 것을 직업으로 삼고 있는데, CPI를 이용한 기존의 통계 버전을 힘들게 재구성했다. 당신 뒷주머니의 지갑을 꺼내 한번 살펴본다면 이들의 말이 옳다는 사실을 쉽게 깨달을 수 있을 것이다.

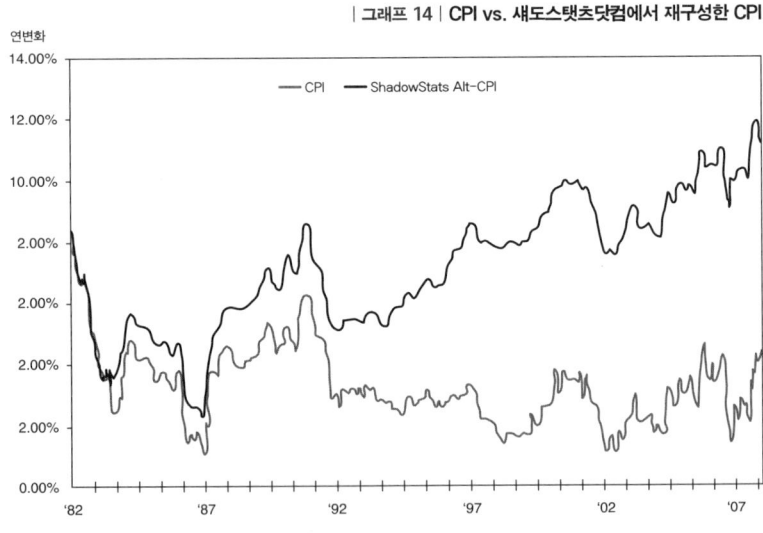

| 그래프 14 | CPI vs. 섀도스탯츠닷컴에서 재구성한 CPI

출처: ShadowStats.com

여기 존 윌리엄스가 작성한 CPI 그래프를 소개한다.(그래프 14) 위쪽의 검은색 그래프는 재구성한 CPI이고, 아래의 회색 그래프는 공식적으로 사용되는 CP거짓말이다.

나는 인플레이션을 통화량(돈money이 아니다.)의 팽창이라고 규정한다. 물가 상승은 인플레이션 그 자체가 아니라 인플레이션의 결과로 나타나는 증상일 뿐이다. 새로 발행된 화폐들은 이미 시중에 유통되고 있는 통화를 희석시키고, 따라서 그 가치를 하락시킨다. 이런 일이 발생하는 이유는 증가한 통화량이 기존의 상품 및 서비스의 양과 균형을 맞추려 하기 때문이다. 즉 가격이 올라가는 것이다. 소비자상품의 내재적 가치는 예전과 똑같기 때문에 그것을 구입하는 데 필요한 화폐의 양이 증가하는 것뿐이다.

연방준비제도는 통화량을 측정하는 데 다른 방법을 사용한다. 가장 광범위한 통화지표는 M3라고 불리는데, 1959년 1월부터 매달 M3를 발표하던 연준은 2006년 3월 23일 별안간 M3를 우리로부터 숨기기로 결정하고 이 데이터를 공표하는 것을 중단했다. 그 이유가 뭘까? 혹시 앞으로 통화량을 현저하게 팽창시킬 의도로 그런 건 아닐까?

2008년 즈음이면 미국의 M3 통화량은 약 14조 달러에 이르게 된다. 자, 이제 두 눈이 튀어나올 소식이 있으니 마음을 단단히 먹도록. 2000년 이래 연준은 M3 통화량을 112퍼센트나 증가시켰다! 다시 말해 2000년 이래로 어떤 부문이든지 112퍼센트 이하의 투자소득을 올린 사람이 있다면, 미안하지만 당신은 이제까지 손해를 본 셈이다.

이는 즉 다우존스지수가 지난 세기와 같은 가치를 지니려면 14,000이 아니라 25,000포인트 이상이어야 한다는 이야기와도 같다. 게다가 M3는 지금도 매년 약 18퍼센트의 비율로 증가하고 있는 중이다. 몇 년 후면 아마 물가상승률도 이 수치를 따라잡게 될 것이다.

그래프 15를 주목하라. 오늘날의 통화공급율은 1970년대 귀금속이 현저한 강세를 보이던 시기보다도 훨씬 능가하고 있다! 하지만 이것도 내가 곧 역사상 가장 빠르고 거대한 강세시장이 시작될 것이라고 믿는 수많은 이유 중 하나일 뿐이다.

이처럼 통화량에 대해 자세하게 이야기를 늘어놓는 이유는 당신의 눈을 뜨게 하기 위해서다. 달러는 진정한 가치를 가리는 연막일 뿐이며, 연준은 모든 일이 순조롭게 잘 풀리고 있다고 당신의 어깨를 두드리면서 동시에 다른 한 손으로는 당신의 주머니에서 합법적으로 돈을 훔쳐 가고 있다.

자, 여기 놀라운 그래프 16을 보라. 그래프 16은 1774년부터 2007년까지 미국의 누적 인플레이션을 그리고 있다. 우리가 진짜 돈을 사용하던 시절에는 인플레이션이 거의 0에 가까웠다는 점에 주목하라. 여기서 볼 수 있듯이, 연방준비제도의 개념을 도입할 경우 공식 인플레이션율은 실질 인플레이션율보다 현저하게 낮아진다. 두 그래프가 만나는 지점은 그들이 CPI를 가지고 장난을 치기 시작한 시점이다. 아래 그래프는 CP거짓말이며, 하늘 높은 줄 모르고 치솟는 위쪽의 검은색 그래프는 진짜 CPI를 표시하고 있다.

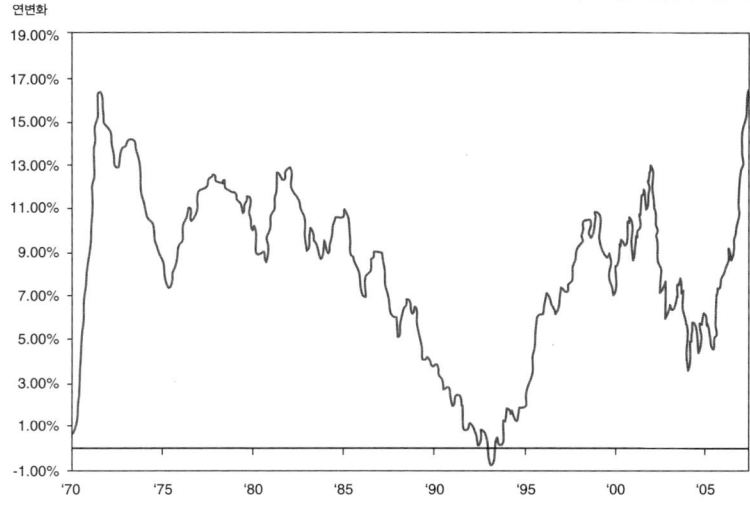

| 그래프 15 | M3 성장률과 섀도스탯츠닷컴의 예상치

출처: ShadowStats.com

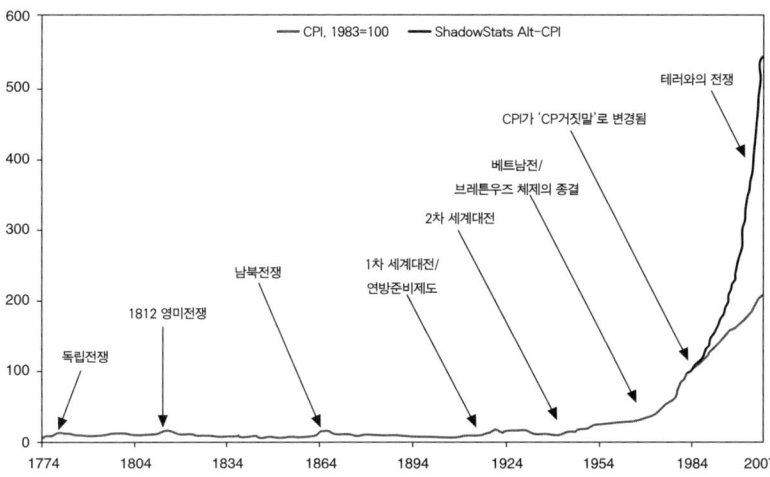

| 그래프 16 | 인플레이션, 1744~2007

출처: ShadowStats.com

Chapter 7 가치란 무엇인가? 123

숨겨진 세금과 보이지 않는 붕괴

세금은 기본적으로 두 종류로 분류된다. 대중이 볼 수 있는 것과 볼 수 없는 것이다. 인플레이션세inflation tax는 그중에서 두 번째에 속한다. 정치가가 경쟁자들보다 더 많은 것을 주겠다고 약속할 때마다, 대중이 무언가를 공짜로 얻는다고 여길 때마다, 우리 정부가 적자지출을 하고 우리가 오늘 쓰기 위해 내일의 자산을 빌릴 때마다, 그것은 인플레이션세라는 형태로 우리의 등 뒤에 달라붙어 은밀하게 그리고 교묘하게 우리의 부를 앗아 간다. 그리고 이러한 사실을 이해하고 활용하는 것이야말로 투자자가 가질 수 있는 최고의 이점이라 할 것이다.

그래프 17을 보면 핵심을 간단히 이해할 수 있다. 표에서 검은색 선의 그래프는 1914년 연준이 처음 문을 열었을 때부터 1929년의 주가 대폭락과 1932년의 눈부신 성장을 거쳐 오늘날까지 이어지는 다우존스지수를 나타내고 있다. "잠깐만, 그러면 저기 있는 다른 선은 뭐야?" 그건 친구여, CP거짓말(짙은 회색 그래프)과 재구성된 CPI(밝은 회색 그래프)가 연동된 인플레이션을 반영한 다우지수라네.

보이지 않는 인플레이션세를 반영할 경우, 다우지수는 1966년에 길고 느린 하락세에 접어들어 그 뒤로 26년 동안 꾸준히 가치를 상실했음을 알 수 있다. 그렇지만 여러분 중에 1966년의 불경기에 대해 들어 본 사람은 아무도 없을 것이다. 그러나 내 장담컨대 그 일은 분명히 실제로 일어났으며, 1970년대에 투자자들의 수익을 급격히

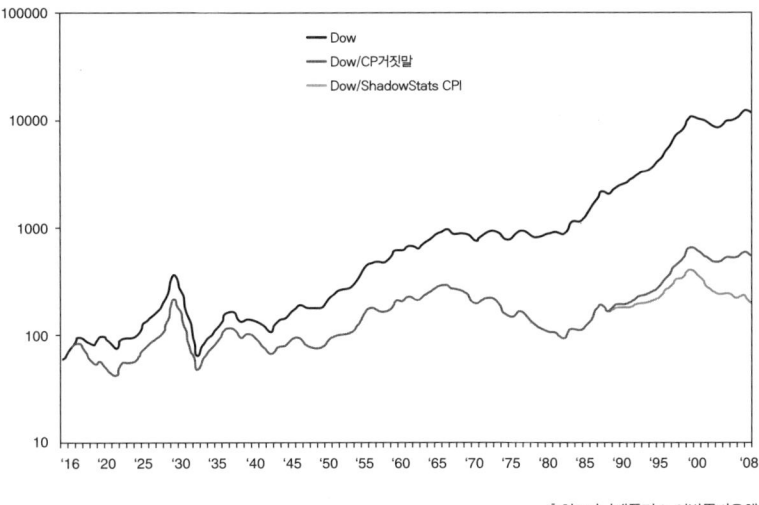

| 그래프 17 | 1914~2008 다우지수

출처: 미니애폴리스 연방준비은행

소멸시킨 인플레이션의 주 원인이기도 했다. 경제학자들은 그것을 두고 '보이지 않는 시장붕괴'라고 일컫는데, 왜냐하면 투자자들은 무엇이 그들을 덮쳤는지 끝까지 알지 못했기 때문이다.

1966년부터 1982년 사이에 다우는 한 번도 1,000포인트를 넘어서지 못했다. 만일 당신이 1966년에 다우에 10만 달러를 투자했다면 1982년까지 당신의 10만 달러는 여전히 10만 달러로 남아 있었을 것이다. 하지만 거기에 인플레이션을 반영할 경우, 1982년에 당신은 10만 달러를 가지고도 1966년의 CPI 기준으로는 겨우 3만 4000달러어치의 상품이나 서비스밖에 구입할 수 없다. 66퍼센트나 되는 가치가 사라진 것이다. 인플레이션세가 보이지 않는 시장붕괴를 일으킬

Chapter 7 가치란 무엇인가?

수 있는 이유도 바로 이 때문이다.

1966년에서 1982년 사이에 다우에 투자한 많은 사람들이 안전하고 믿음직한 투자를 하고 있다고 믿었다. 그들은 주가가 오랜 시간 동안 안정적으로 상승하고 있다는 전문가들의 말에 혹해 넘어갔고, 그러는 동안 그들이 가진 화폐의 가치는 매년 평균 6.52퍼센트씩 감소하고 있었다.(16년 동안 도합 66퍼센트) 이 책의 뒤에서 보게 되겠지만, 현명한 투자자들이라면 인플레이션이 그들의 포트폴리오에 미치는 부정적인 영향을 일찌감치 눈치채고는 그들이 가진 돈을 달러의 약점을 극복할 수 있는 다른 투자처로 이동시켰을 것이다. 그게 뭔지 짐작이 가는가? 작은 힌트를 주자면, 그렇다, 바로 이 책의 제목과 연관이 있다.

미국의 일반 주식시장은, 당신이 어떠한 기준을 따르느냐에 따라 1999년부터 혹은 2001년부터 무너지고 있다. 다우지수는 '가격'에 있어서는 상승하고 있는 듯 보여도 '가치'는 하락중이다. 만약 다우를 제외한 다른 모든 것들의 가격이 다우보다 빠른 속도로 상승하고 있다면 그것은 다우가 상대적으로 하락하고 있다는 의미로 이해해야 할 것이다. 사실 내가 아는 한 다우지수의 하락을 가리키지 않는 경제 지표는 없다. 물론 달러는 제외하고 말이다. 1966년부터 1982년 사이에 보이지 않는 시장붕괴가 있었던 것처럼 지금 내가 이 책을 쓰고 있는 지금도 보이지 않는 붕괴가 진행 중이며, 지난번과 마찬가지로 그 원인은 보이지 않는 인플레이션세에 있다.

보이지 않는 시장붕괴는 명목화폐 제도의 산물이며 그리고, 혹은 무분별한 통화창조의 결과이기도 하다. 그것은 사람들이 급속히 팽창한 통화량에 눈이 멀어 이제껏 과대평가된 자산군이 진정한 가치로 회귀하거나 또는 그보다도 더 가치를 잃고 있음을 보지 못할 때 발생한다. 이러한 현상은 보수적인 부분지급준비금 제도하의 금본위제에서는 발생할 수가 없다. 따라서 보이지 않는 시장붕괴는 존슨이 브레튼우즈 체제를 이용해 베트남전에 필요한 재정을 충당하기 전까지는 미국에서 발생하지 않았고, 닉슨 대통령이 브레튼우즈 체제를 종결시키고 1971년 금본위제를 포기했을 때 가속화되었다. 그러나 동시에 이는 인류 역사상 한 국가가 명목화폐를 유통시키기 위해 자산담보화폐를 포기했을 때마다 무수히 발생한 일이기도 하다. 우리는 이미 존 로의 프랑스와 독일 바이마르 공화국의 초인플레이션이라는 사례를 살펴보지 않았던가. 그것들도 그저 헤아리지 못할 정도로 수많은 사건들 가운데 단 두 개의 실례에 불과하다. 패턴은 늘 똑같다. 절대 바뀌지도 않는다. 그러므로 만약 당신이 그 패턴을 이해할 수 있다면 대단히 유용하게 활용할 수 있으리라.

가격 대 가치

그렇다면 이제 다음과 같은 질문을 던져야 할 것이다. 이런 상황에서 투자가들은 어떻게 수익을 올릴 수 있을까? 인플레이션을 극복할 방법이 있기는 한가?

물론이다! 사실 현명한 투자가라면 이 같은 상황에서 더욱 탁월한 결과를 창출할 수 있다. 그게 어떻게 가능하냐고? 왜냐하면 당신은 충분한 정보를 알고 있는 반면 다른 일반 대중들은 지금 무슨 일이 벌어지고 있는지 제대로 파악조차 못하고 있기 때문이다. 일단 경제 주기가 변화하고 있고 그러한 상황을 정확히 파악할 수만 있다면 이제 당신에게 남은 일은 성공을 거두는 것뿐이다. 현 상황을 냉정하고 합리적으로 판단하고 초기에 입지를 선점한 다음 대중이 눈이 뜨길 기다려 기세를 탄 파도를 탈 수만 있다면 상상조차 할 수 없었던 어마어마한 부를 벌어들일 절호의 기회를 잡을 수 있다.

자, 여기서 당신의 머릿속을 맴돌고 있을 또 다른 질문 하나. 무언가의 진정한 가치는 어떻게 꿰뚫어볼 수 있는가? 달러의 거짓말을 간파하려면 어떻게 해야 할까?

그에 대한 답변은 이렇다. 달러로 가치를 평가하는 것을 그만두라. 달러는 진정한 가치를 알려 줄 수 없다. 왜냐하면 달러는 '진실'을 말하지 못하기 때문이다. 알 프랑켄Al Franken의 말을 빌자면 "달러는 거짓말하는 거짓말쟁이다."

사람들은 항상 내게 이렇게 묻는다. "금값이 어디까지 올라갈까요?" 그들은 내가 달러로 답해 주길 바란다. 일단 그런 사고방식부터 당장 바꾸라! 진정으로 중요한 것은 금의 가격이 얼마나 될 것인가가 아니라 금으로 얼마나 많은 것을 살 수 있을 것인가이다. 만일 내가 "금 1온스당 백만 달러가 될 겁니다."라고 말하면 대부분의 사람들은 "끝내주네요!"라고 환호성을 지르며 당장 달려 나가 최대한 많은 금을 긁어모을 것이다. 그렇지만 내가 거기에 "하지만 그때가 되면 커피 한 잔이 10억 달러가 될 거예요."라고 덧붙이면 그들은 머뭇거리며 이렇게 말할 것이다. "어디 보자. 그렇다면 커피가 금 1000온스보다 더 나간다는 거네요. 그게 뭐야." 이런 상황에서라면 사람들은 금이 아직 어느 정도의 가치를 지니고 있을 때 모조리 팔아 버릴 것이다. 때가 되면 아무리 백만 달러가 나간다고 한들 실질적으로는 아무 가치도 없을 테니 말이다.

나는 왜 '진정한 가치'를 강조하는 것일까?

왜냐하면 그것이야말로 특정 자산군이 고평가 혹은 저평가되었는지 알 수 있는 유일한 방법이며, 투자자에게 있어 그보다 더 중요한 지식은 없기 때문이다.

그렇다면 진정한 가치는 어떻게 측정할 수 있을까? 위에서 말한 것처럼 첫 번째 단계는 달러에 의존하는 것을 그만두고 내재적 가치를 지닌 것을 이용해 다른 비교 대상의 내재적 가치를 측정하는 것이다.

예를 들어, 당신이 갖고 있는 주택의 가치는 얼마나 될까? 물론 당신 집의 부동산 시세야 잘 알고 있을 것이다. 하지만 가치는 어떨까? 당신은 당신 집의 가치를 알고 있는가?

가치를 알아내는 방법은 다음과 같다. 대부분의 주민들은 자신이 사는 동네의 부동산 시세가 대충 얼마나 되는지 알고 있고, 따라서 거기에 맞춰 주택의 가치를 매긴다. 이제 이 집값을 최근의 다우지수로 나눈다면 당신은 몇 주*의 다우로 당신의 집을 살 수 있는지 알 수 있다. 금값으로 나눈다면 얼마나 많은 금으로 당신의 집을 살 수 있는지 알 수 있을 것이고, 원유가로 나눈다면 몇 배럴의 원유로 집을 살 수 있는지 알 수 있을 것이다.

어쩌면 이런 게 모두 쓸데없는 정보처럼 보일지도 모르겠다. 그러나 화폐 이외의 다른 기준을 이용해 당신이 가진 것의 가치를 측정하고 그것을 역사적 관점에서 분석한다면, 당신은 시간이 지남에 따라 가치가 상승하는 것은 실제로 거의 존재하지 않는다는 사실을 알게 될 것이다. 그렇다. 화폐나 통화로 측정한다면 모든 것의 가치가 올라가는 듯 보이지만 실제로 그것은 '가격'이 오르는 것에 불과하다. 진정한 가치로 측정한다면 모든 것은 그저 오르락내리락을 반복하고 있을 뿐이다. 만일 그 흐름을 그래프로 그려 본다면 거의 모든 것의 가치는 고평가에서 저평가로, 그리고 저평가에서 고평가로 계속해서 반복해 움직인다는 사실을 알 수 있을 것이다. 일단 이런 가치의 순환주기 패턴을 알고 나면 가장 중요한 것은 정확한 정보가 된다.

혹시 지금 속으로 이런 생각을 하고 있는가? '한때 고평가 되던 것을 저평가되게 만드는 것은 무엇인가?'

대중이 하나의 자산군에서 다른 자산군으로 급격히 옮겨 갈 때, 가치는 변화한다. 대중은 일반적으로 '가장 잘나가는' 자산군의 뒤를 쫓는다. 《타임》과 《뉴스위크》의 표지에 실리고, 늦은 밤 시간 TV에서 '부자가 되기에 가장 좋은 방법'이라는 광고가 계속해서 번득이면 모두가 시류에 편승해 뛰어드는 것이다. 이렇게 '잘나가는' 자산군은 다른 자산군들로부터 자본을 빨아들인다. 다른 곳에서 자산을 끌어온 자산군은 고평가되고, 인기가 없는 자산군은 저평가된다. 원리는 이렇게 단순하다.

  2차 세계대전 이후 1966년까지 가장 잘나가는 자산군은 주식과 부동산이었다. 1966년부터 1980년까지는 원자재(그리고 더 이상 화폐로 통용되지 않는 금)였고, 1980년부터 2000년까지는 다시 주식과 부동산으로 돌아왔다. 그리고 세기말에 가장 잘나가는 자산군은 금과 원자재였다. 뛰어난 금융 IQ를 지닌 이들은 이런 순환주기를 재빨리 눈치챌 뿐만 아니라 그런 정보를 이용해 자산을 불리는 능력 또한 탁월하다.

  이제까지 진정한 가치와 금과 은의 역사에 대해 살펴보았으니, 이번에는 머지않아 금과 은의 가치를 눈부시게 끌어올리게 될 원동력에 대해 알아보자.

Chapter 8

먹구름

새로 건축된 건물들이 사방으로 뻗어나갔고 번영이라는 실체 없는 환상의 빛이 전국을 뒤덮었다. 그 빛에 눈이 먼 사람들은 저 지평선 너머에서 검은 먹구름이 거센 폭풍우를 몰고 빠른 속도로 다가오고 있음을 전혀 눈치채지 못했다.

— 찰스 맥케이, 『대중의 미망과 광기』

이 책의 첫머리에서 우리는 완전한 경제폭풍이 다가오고 있다고 말한 바 있다. 이 장에서는 그 폭풍을 품고 있는 먹구름에 대해 이야기할 것이다. 솔직히 말하자면 나는 이 장을 빠뜨리고 넘어가고 싶었다. 이미 세상에는 파멸과 전조를 이야기하는 책들이 너무 많고, 나는 이 책에 밝고 긍정적인 기운을 불어넣고 싶었기 때문이다. 그러나 그렇게 한다면 너무나도 무성의한 짓이 될 것이다. 왜냐하면 이 장과 다음 장이야말로 귀금속의 진정한 가치, 즉 구매력이 다가오는 미래에 어째서 증가할 수밖에 없는지 그 원인을 설명할 것이기 때문이다.

　내가 이 장을 쓰기 위해 처음 조사를 시작했을 때, 상당히 겁이 났다는 사실을 인정하고 넘어가야겠다. 막다른 궁지에 몰린 듯한 느낌마저 들었다. 바로 그때 나는 로버트 기요사키를 만났고, 그와의 만남은 단번에 나를 일으켜 세워 주었다. 기요사키는 위기가 크면 클수록 보다 큰 기회로 이끌어 준다고 말했다. 나는 방공호 안에 숨어 있다가 위기가 끝나고 세상이 폐허가 된 뒤에야 기어 나올 수도 있고, 아니면 거센 폭풍우 속에서 높은 수익을 올릴 수도 있었다. 내가 로버트를 존경하는 이유도 여기에 있다. 그는 자기가 가진 지식과 지혜를 자기 자신을 위해서가 아니라 다른 사람들을 가르치고 돕기 위해서 활용한다. 그는 금융에 관한 지식을 가르치고 교육함으로써 다른 사람들의 삶을 더욱 좋은 방향으로 이끌어 나갈 수 있길 바란다. 그리고 나 역시 그에게 전적으로 공감하는 바이다.

폭풍이 오고 있다

　옛날 영화를 보다 보면 체크무늬 셔츠와 멜빵바지를 입은 나이든 농부가 지푸라기를 잘근잘근 씹으며 아득한 지평선을 내다보면서 이렇게 중얼거리는 장면이 나온다. "폭풍우가 오려나 보군." 그 농부는 그런 걸 도대체 어떻게 아는 것일까? 아마 평생 동안 농사일을 하다 보니 폭풍우가 올 조짐을 읽을 줄 알게 되었을 터다. 만약 우리에게도 현명한 농부가 있어 저 멀리 우리의 경제 지평선을 내다본다면 그도 똑같은 말을 할 것이다. 어쩌면 빨리 가축들을 안전한 곳으로 몰아넣고, 헛간 문을 잠그고 창에는 덧창을 대라고 충고할지도 모른다. 이 경제폭풍은 매섭고 무서울 것이다. 그렇지만 장담컨대, 만일 당신이 현명한 늙은 농부의 경고를 귀담아듣고 가진 것들을 안전한 곳으로, 특히 귀금속의 형태로 옮겨 놓는다면 폭풍이 지나고 나면 밝고 눈부신 하늘을 맞이할 수 있으리라.

이미 말했지만 나는 진심으로 이 장을 생략하고 싶었다. 그렇지만 이번 장이야말로 본서에서 가장 중요한 부분이다. 지금부터 이야기할 여러 문제점들은 금과 은의 가격을 천정부지로 치솟게 해 줄 것이며, 또한 한데 결합하여 달러의 종말을 부추기게 될 것이다. 달러의 관 뚜껑을 고정시키는 마지막 못질은 아닐망정 관 뚜껑이 되기에는 모자람이 없을 것이다.

나는 여기서 국제 무역의 불균형과 적자예산, 무분별한 통화창조에 관해 이야기할 것이다. 그러나 그중에서도 달러를 죽일 가장 치명적인 살인무기는 바로 미국의 총 부채와 미적립 부채이다.

태산 같은 빚더미

2007년 3월 16일, 미 의회는 국가 부채 상한선을 8조 2000억 달러에서 9조 달러로 조정하는 법안을 통과시켰다. 하지만 그 뒤로 고작 몇 달이 지난 지금 미국의 부채는 이미 8조 9800억 달러에 달했고,

지난 6년 동안 벌써 네 번이나 인상안을 승인한 의회는 또다시 상한선을 9조 8000억 달러로 조정했다. 한도를 8500억 달러나 증가시킨 이번 인상안도 아마 몇 달도 채 못 갈 것이다. 2008년이면 미국의 국가부채가 10조 달러를 넘어설 것으로 보이기 때문이다. (실제로 미국의 국가 부채는 2008년에 10조 달러를 넘어섰고 2012년 현재는 15조 달러를 초과한 상태다. ─옮긴이) 이는 즉 2007년 이후 미국에서 태어난 신생아들은 세상에 나온 순간 일인당 3만 달러의 빚을 지게 된다는 얘기다. 게다가 이 불쌍한 어린아이들은 과거 세대의 무분별한 적자지출(빚)만을 짊어지게 되는 것도 아니다. 그런 적자지출이 미래 세대에게 떠맡긴 사회보장 비용과 메디케어(미국의 의료보험 제도 ─ 옮긴이) 비용은 또 어쩐단 말인가?

미적립 부채

사회보장제도나 메디케어 같은 사회복지 프로그램들은 모두 미적립 부채Unfunded Liability다. 미적립 부채란 간단히 말해 정부가 우리 국민들에게 미래의 어느 시점에 지불해 주겠다고 약속한 것들이다. 여기서 '미적립unfunded'이란 우리 정부가 그 약속을 했을 때, 그 돈을 어떻게 지불할 것인지 알아내지, 아니 심지어는 생각조차 하지 않았음을 의미한다.

전前 감사원장인 데이비드 워커David Walker는 미국의 미적립 부채가 2000년에는 20조 달러, 2006년에는 50조 달러로 증가할 것이라 내다보았다. 2000년에 미국의 국민총생산^{GDP}, 즉 1년 동안 미국의 국민 경제가 생산한 모든 재화와 서비스의 총액(국가 경제의 측정 기준)은 10조 달러였고, 2006년에는 12조 5000억 달러였다. 이 말인즉슨 미국의 미적립 부채가 2000년에는 총 GDP의 두 배이며 6년 뒤에는 네 배가 될 것이라는 의미다. 이 기간 동안 경제는 25퍼센트 성장한 반면 미적립 부채는 150퍼센트나 증가했다. 미적립 부채라는 괴물이 미국 경제보다도 여섯 배나 더 빠른 속도로 성장하고 있는 것이다.

오늘날 미적립 부채의 총 규모는 미국 가계 순자산의 95퍼센트에 육박하며, 몇 년 후에는 총 가계 순자산을 초과할 것으로 예측된다.

이 같은 상황을 우려한 다정한 할아버지 마이클 호지스$^{Michael\ Hodges}$는 『할아버지의 경제보고서$^{Grandfather\ Economic\ Report}$』를 출간했다. 독자 여러분도 이 보고서를 꼭 읽어 보길 권한다. 대단히 훌륭한 책이기 때문이다. 호지스는 단순히 미적립 부채를 연구하는 데 그치지 않고 보다 광범위한 분석을 통해 주 정부 및 지방정부의 부채와 가계 부채, 기업 부채, 금융부문 부채, 미 연방부채(국가 부채라고도 일컬음)를 파악했는데, 이렇게 계산한 미국의 총 부채 수준은 그야말로 무시무시하다.

호지스에 의하면 미국의 부채 문제는 얼마나 심각할까? 현재 미국의 부채는 160조 달러에 이르며, 지금 이 시간에도 경제성장률을 능가하는 속도로 불어나는 중이다. 이는 가구당 백만 달러 이상에 해당되는 액수이며, 미국에 거주하는 모든 남녀노소가 55만 달러의 빚을 지고 있다는 뜻이기도 하다. 심지어 어제 태어난 갓난아기까지도 말이다!

"세상에 태어난 걸 축하한다, 얘야. 자, 여기 청구서 받으렴!"

160조 달러가 얼마나 어마어마한 액수인지 잘 와 닿지 않는 분들을 위해 간단히 설명해 보자면, 1년 365일 스물네 시간 내내 매 1초마다 1달러를 쓸 경우 160조 달러를 모두 사용하려면 인류가 이 지구에 존재한 시간보다 스물네 배나 더 긴 시간이 필요하다. 또 1달러짜리 지폐 열여섯 장을 바닥에 나란히 놓은 다음 그 위에 돈을 한 장씩 쌓아 올린다면 100조 달러를 쌓았을 즈음이면 열여섯 개의 돈 무더기가 모두 달에 닿아 있을 것이다. 그런 다음 남는 지폐로는 로스앤젤레스를 완전히 파묻어 버릴 수 있다. 이렇게 많은 국가 부채가 남아 있는데 도시 하나 묻는 데 지진이 왜 필요하단 말인가?

워싱턴의 우리 정치가들이 정신이 나가기라도 한 걸까? 우리 모두가 미쳐 버린 걸까? 우리는 지금 평생 오르지 못할 빚구덩이 속에서 허우적대고 있는가? 대답은 모두 '그렇다'이다.

이성의 목소리

감사원장을 거쳐 세계 최대의 규모를 지닌 경제체제의 회계 및 감사를 책임지는 회계감사원장(head of Government Accountability Office, GAO)의 직책을 맡기도 했던 데이비드 워커는 벌써 몇 년째 미국의 무분별한 적자 지출 정책에 대해 공공연히 공격적인 발언을 가하고 있다. 그는 미국의 재정정책이야말로 국가의 존속을 위협하는 가장 큰 위험요소라고 믿는다. 그가 CBS 방송국의 「60분⁶⁰ Minutes」에 출연했을 때 한 이야기를 들어 보라.

"저는 미국의 안전을 위협하는 가장 큰 적은 아프가니스탄이나 파키스탄의 어두운 동굴에 숨어 있는 누군가가 아니라 바로 지금 우리들이 실행하고 있는 무책임한 재정 정책이라고 생각합니다."

실제로 워커는 정부의 무모한 재정 정책에 환멸을 느낀 나머지 2008년 3월 12일에 사임하고 말았다. 워커는 미국의 미적립 부채라는 괴물에 대해 이렇게 말한다.

문제는 앞으로 수십 년 동안 강력한 경제성장을 이끌거나 현존하는 사회보장 프로그램을 지탱할 노동력이 부족하다는 겁니다. 대부분의 산업국가와 마찬가지로 우리 미국 역시 상근노동을 하며 세금을 내고 연방정부의 사회보장 프로그램에 기여할 노동력이 점차 줄고 있습니다. 하지만 사회보장제도와 메디케어, 메디케이드의 수혜를 받아야 할 퇴직자들의 숫자는 점점 늘고 있지요. 사회보장제도와 메디케어, 메디케이드 체제를 재정비하지 않는다면 연방정부의 모든 예산이 거기 쓰이게 될 겁니다. 그리고 2040년 즈음이 되면 우리 정부는 사회보장금 수표를 발행하고 거대한 부채의 이자를 지불하는 것만으로도 허덕이게 되겠지요.

워커가 지적하는 문제들은 모두 미국의 연결재무제표聯結財務諸表에서 확인할 수 있다. GAO의 웹사이트인 www.gao.gov나 재무부 웹사이트인 www.fms.treas.gov에서 내려 받을 수 있으니 참조하라. 나는 매년 이 보고서를 내려 받아 책상 위에 놓고 참고자료로 사용한다.

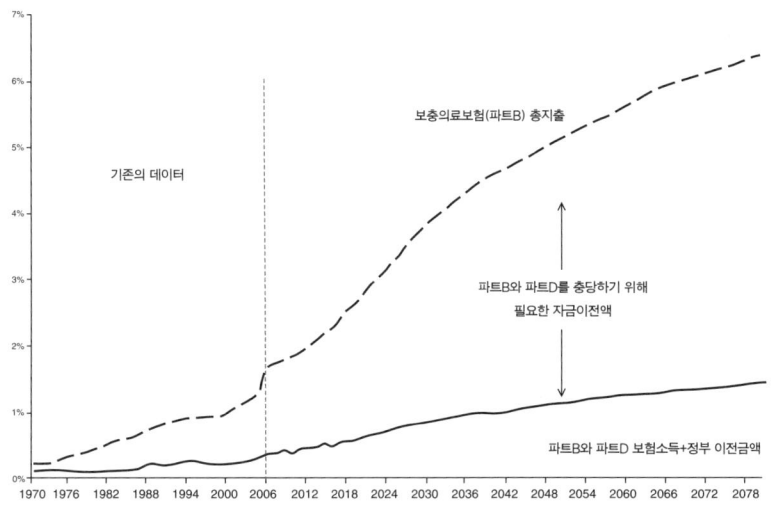

| 그래프 18 | GDP 비율로 나타낸 메디케어 파트B/파트D의 보험소득과 정부 이전소득, 그리고 총지출액, 1970~2081

출처: 메디케어&메디케이드 서비스 센터(Centers of Medicare&Medicaid Services)

그래프 18은 해당 보고서에서 발췌한 것으로, GDP에서 메디케어 비용이 차지하는 비율을 그린 것이다. 실선은 정부의 메디케어 예산소득 추정치이며 점선은 메디케어 지출 추정치이다. 2006년에 기록된 지출(점선)의 급격한 증가는 데이비드 워커가 그의 강연에서 여러

번 언급했던 메디케어 처방약 지원 프로그램이라는 '획기적인 사건' 덕분이다.

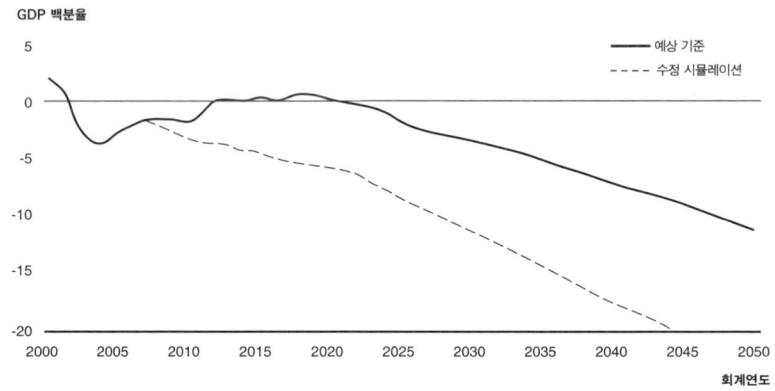

그래프 19는 2012년까지 균형예산을 회복하겠다는 조지 W. 부시 행정부의 계획안(실선)과 그보다 현실적인 데이비드 워커의 예측(점선)을 그래프로 나타낸 것이다. 그러나 나는 워커가 이 그래프를 기준으로 사용했다는 사실에 놀랄 수밖에 없었다. 왜냐하면 저 기준선 자체가 애초에 허황된 수치를 토대로 하고 있기 때문이다.

그래프가 2000년의 흑자재정에서 시작된다는 점에 주목하라. 클린턴 임기 말기에 미국정부의 재정이 흑자라고 암시하는 것부터가 새빨간 거짓말이다. 연방 정부는 숫자상으로 마법을 발휘할 수 있는 현금주의 회계제도를 사용하기 때문에 실제로는 흑자가 아니었다. 클린턴 정부 마지막 해에 미 정부의 부채는 686억 달러까지 증가했고, 따라서 '실질' 적자 역시 686억 달러였다. 클린턴은 우리를 오도했다. 나는 클린턴이 모니카 르윈스키에 대해 청문회에서 한 말장난을 가리키는 게 아니다. 실제로 2000년 미국 정부는 적자를 기록하고 있었다. 왜냐하면 부채가 증가하고 있었기 때문이다.

그렇다고 내가 클린턴만 두들겨 패고 있다고 생각한다면 오산이다. 내 정치적 입장은 당파를 완전히 초월하고 있기 때문이다. 자, 어쨌든 2000년에 미 정부는 균형예산과는 거리가 멀어도 한참 먼 곳에 있었다. 다시 말해 우리는 저 그래프가 플러스가 아니라 마이너스 영역에서 시작한다고 가정해야 한다는 의미다. 이후 실행된 부시의 감세정책은 우리를 9퍼센트 하락 구덩이로 깊숙이 빠뜨렸고, 2005년에는 적자 수준이 318억 달러에 이른다. 그러나 실질 부채는 7602억 달러로 증가했으며, 이는 부시가 대통령에 취임했을 당시보다 11배가 넘는 수치다. 거기에다 부시는 메디케어 처방약 지원 프로그램에 8조 달러를 들이부었다. 그저 펜을 한번 휘두른 것만으로 조지 W. 부시와 의회는 메디케어의 의무가입 비율을 거의 40퍼센트 가까이 증강시킨 것이다.

어리석은 재정정책에 관해서라면 민주당이고 공화당이고 모두 유죄를 면할 수 없다. 사실 이 같은 현상이 출현하기 시작한 것은 레이건 시대였다.(그래프 20)

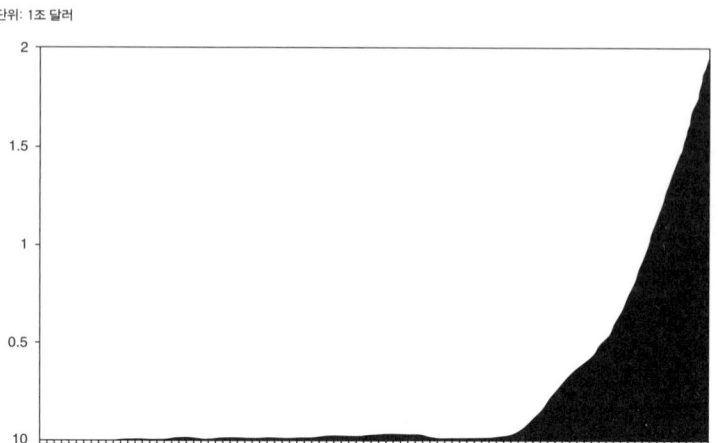

| 그래프 20 | 사회보장기금 재정

출처: 미 사회보장국

　레이건은 1981년에 캠프-로스^{Kemp-Ross} 세법을 승인함으로써 불과 2년 사이에 적자 수준을 790억 달러에서 2080억 달러로 자그마치 2.5배나 증가시켰다. 다음 해, 1983년이 되면 사회보장기금이 지불불능 상태에 이르리라는 예측이 제기되자(특이한 점은 1982년에 사회보장제도 부문은 5억 980만 달러의 흑자를 기록했다는 것이다.), 이 문제를 해결하기 위한 위원회가 구성되었고, 1983년에 로널드 레이건은 사회보장제도를 '살리기' 위한 수정안에 서명했다. 1984년에는 사회보장부문의 지출 성장 속도가 정상적인 궤도를 되찾게 되었으며 세입은 급격히 상승하기 시작했다.

　이제 사회보장기금은 '초과' 자산으로 변모했고 미국 재무부는 이

남는 자산을 빌려 채권^{IOU}로 대체했다. 정부가 차용한 이 자산은 다시 일반재정으로 분류되어 지출되었다. 간단히 말해, 정부는 쿠키단지 하나에서 쿠키를 꺼내 다른 단지에 넣었던 것이다.

몇 년이 지나자 정부가 훔칠 수 있는 자금이 1년에 200억 달러에서 300억 달러까지 쌓이게 되었다. 이제 연방정부에서 일하는 숫자의 연금술사들은 소득세를 감면하고 사회보장세를 인상한 다음 그 자산을 훔쳐다 감세로 인한 적자를 메우는 데 사용했다. 그러면서 그걸 '신탁^{trust}' 기금이라고 불렀다! 아, 하지만 걱정하지 마라. 정부는 이런 부채에는 신경 쓸 필요가 없다고 말한다. 왜냐하면 기본적으로 그것은 우리가 우리 자신에게 지고 있는 빚이기 때문이다. 사실 그들은 우리가 은퇴를 하고 나면 그 빚이 우리를 먹여 살려 줄 것이라고 믿고 있다. 오, 행운을 비는 바이다!

아, 그리고 이 같은 제도는 또한 사회보장 수혜에 대해 세금을 매길 수 있게 해 주었다. 말하자면 당신이 이미 지불한 것을 돌려받는 데 대해 다시 세금을 내야 한다는 이야기다. 이게 바로 이중과세라는 것이다. 그리고 이런 말도 안 되는 것을 통과시킨 사람이 바로 미국 보수주의를 대표하는 인물이다.

그러나 정부에게 약탈당하고 있는 것은 사회보장제도만이 아니다. 미국 정부의 재무제표에는 '부처 간 채무'라는 항목이 따로 있다. 그 항목은 이렇게 시작된다. "'부처 간 채무' 항목은 재무제표의 통합에 따라 삭제되었다." 2006년 미국 정부 부처 사이의 총 채무는 3조

6600억 달러나 된다.

진정한 재정적자 수준을 알기 위해서는 가장 최근 연도의 국가부채에서 지난해 국가부채를 빼면 된다. 거기에 부처 간 채무를 더하고 정부가 편리하게도 간과하고 있는 미래의 부채를 보탠다. 그러면 실질적자를 알 수 있는데, 대중에게 공개되어야 하는 것은 바로 이런 적나라한 수치임에도 불구하고 불행히도 현실은 그렇지 못하다.

매년 우리가 얼마나 깊은 수렁에 빠지고 있는지 정확한 실질적자를 계산해 본다면, 정부의 대외적인 발표보다 최소한 두세 배는 된다는 사실을 발견할 수 있다. 미래 채무를 포함하며 모든 공개기업이 사용하는 회계표준기준 GAAP를 사용하면 우리의 국가 부채는 정부가 우리에게 말하는 것보다 스무 배는 된다고 생각하면 된다. 이런 공식을 사용하면 2007년 회계연도의 적자 수준은 약 4조 달러에 이른다.

예언자의 말에 귀를 기울이라

로버트 기요사키는 1935년 사회보장제도가 처음 실시되었을 당시에는 퇴직자 1명당 42명의 노동인구가 존재했다는 점을 지적한다. 오늘날에는 그 비율이 3.3명에 불과하며 2030년에는 고작 2명에 그칠 것이다. 이는 베이비붐 세대가 나이가 들기 때문에 발생하는 일이다. 개인 재정에 영향을 끼칠 또 다른 요인은 개인퇴직계좌[IRA]를 탄생시킨 바로 그 법률이 앞으로 역사상 가장 거대한 주식시장 붕괴를 야기할 것이라는 점이다. 베이비붐 세대가 퇴직을 함에 따라 그들은 우리의 IRA로부터 자금을 빼가게 되고, 따라서 주식의 매도량은 늘어나지만 주식을 매입할 수요는 부족하다. 공급은 상승하지만 수요가 낮을 때 가격은 하락한다. 이게 바로 가장 기본적인 경제적 지식이 아닌가. 투자가라면 반드시 『부자 아빠의 미래 설계』를 읽어 봐야 한다. 그 책은 은퇴하는 베이비붐 세대가 어떻게 당신의 재정적 미래에 영향을 끼칠지 귀중한 통찰력을 제시한다. 진심으로 이 책을 강력하게 추천하는 바다. 앞으로 다가올 폭풍 속에서 살아남고 싶다면 그런 지식은 거의 필수사항이나 다름없다.

이 문제에 통달해 있는 또 다른 인물은 론 폴Ron Paul 상원의원(2012년 현재는 미국 텍사스 주의회 하원의원)이다. 10선 의원인 그는 특히 재정정책에 깊은 관심과 애정을 품고 있으며 1976년부터 거의 모든 금융위원회와 재정위원회에 몸을 담고 있다.

나는 마침내 그와 인터뷰를 하는 영예를 가질 수 있었는데, 폴 의원은 내가 던진 조금 까다로운 질문에 대해서도 놀랍도록 솔직하게 대답해 주었다. 그가 미국의 미적립 부채에 대해 뭐라고 했는지 들어보자.

워낙 규모가 방대하다 보니 그걸 제대로 이해할 수 있는 사람도 없을 겁니다. 수십억, 수조 달러가 걸린 문제니까요. 우리가 아는 것이라고는 이 문제는 도무지 해결이 불가능하며, 머지않아 사단이 날 거라는 겁니다.

난 어르신들에게 늘 이렇게 말하죠.

"수표는 받게 될 겁니다. 무슨 일이 있어도 사회보장제도 덕분에 연금 수표는 받게 될 거예요. 그리고 해가 갈수록 액수는 늘어날 겁니다. 그렇지만 인플레이션을 잊으면 안 됩니다. 실질소득은 매년 같거나 오히려 감소할 겁니다. 네, 수표는 꼬박꼬박 받게 될 겁니다. 그렇지만 문제는 이겁니다. 대체 그 돈으로 무엇을 할 수 있을까? 전기세가 두 배로 올라도 수표의 액수는 두 배로 오르지 않을 겁니다. 여러분은 고생을 하게 될 거예요."

나는 이 나라가 점점 더 가난해지고 있으며, 결국엔 사회보장제도가 끝장날 거라고 생각합니다. 왜냐하면 지금처럼 영원히 돈을 찍어 내거나, 적자예산을 돌리거나, 외국 정부가 우리에게 돈을 빌려 주지는 않을 테니까요. 그건 다 부질없는 환상일 뿐입니다. 우리가 처한 상황은 정말로, 정말로 심각합니다.

이것이 우리의 현실이다.

중국이라는 상점

대부분의 사람들은 미국이 적자재정을 메우기 위해 세계 각국으로부터 돈을 빌리고 있다고 생각한다. 그 어느 때보다도 심각한 인플레이션율을 관리하고 있는 연준 의장 벤 버냉키Ben Bernanke는 2005년에 "세계의 저축 과잉과 미국의 경상수지 적자The Global Saving Glut and the US Current Account Deficit"라는 제목의 연설을 하기조차 했다. 이 연설을 듣고 있노라면 마치 미국을 제외한 다른 나라들이 저축을 너무 많이 하는 나머지 남는 돈을 주체할 길이 없어 미국에게 빌려 주고 있는 듯 보인다.

사람들은 미국의 경상수지 적자로 인해 해외로 유출된 달러가 다시 미국으로 대출되어 돌아온다고 생각한다. 그렇지만 그건 전적으로 사실은 아니다. 미국에 많은 외국인 투자가 이루어지고 있는 것은 사실이지만 그렇다고 그것이 우리가 생각하는 수준만큼은 아니기 때문이다. 그렇다면 적자재정의 상당 부분을 충당하고 있는 미국 채권을 구입하는 데 사용되는 그 모든 화폐들은 대체 어디서 나오는 것일까? 그것은 바로 미국의 주요 무역 상대국들이 만들어 낸 것이다.

중국이 가장 좋은 실례가 될 것이다. 미국에 사는 누군가가 중국제 상품을 살 때마다 판매자는 그 상품을 중국의 기업가에게 미국 달러를 주고 구입한다. 중국의 사업가는 그 달러를 중국에 있는 거래처 은행의 당좌예금에 예치하고, 은행은 달러를 위안으로 환전해 준다. 이제 중국의 그 거래처 은행은 달러는 풍족하게 남는 반면 위안이 부족하다. 그래서 그들은 남는 달러를 중국 인민은행People's Bank of China, PBC에 판매하고 위안화를 사 온다.

두 국가 사이에서 동등한 수준의 교역이 이루어지는 한 여기까지는 아무런 문제도 없다. 그렇지만 한 국가는 지속적으로 경상수지 적자를 기록하는 한편 다른 한 국가는 흑자를 기록한다면, 예를 들어 지금의 미국과 중국과 같은 상황이 지속된다면 문제가 발생하게 된다. 중국의 경우에는 달러가 해외로 나가는 것보다 훨씬 빠른 속도로 국내로 유입되기 때문에 초과분의 미국 달러를 보유하게 된다. 따라서 국제 무역 및 환전과 관련된 국제 규칙에 따라 이들은 남는 미국 달러를 외환시장^{Forex}에 내보내고 대신 위안을 사 온다. 이로 인해 외환 시장에는 많은 양의 달러가 남아돌고 동시에 위안화가 부족해지면서 미국 달러의 가격이 떨어지고 중국 위안의 가격은 높아지게 된다. 그러면 중국제 상품의 가격이 비싸져 수출량이 감소하는데, 이것은 중국 정부가 가장 원치 않는 일이기도 하다.

따라서 중국은 국제 무역과 환율게임에서 우위를 차지하기 위해 규칙을 교묘하게 악용한다. PBC는 남는 달러로 달러표시 자산을 구입함으로써 미국 달러를 중립화시킨다. 그중에서도 미국의 재무부 채권처럼 이자를 발생시키는 자산은 위안화의 환율 상승과 달러의 하락을 막아 준다.

이러한 방법은 과도한 통화량 공급을 막기 위한 '중립화^{neutralizing} 또는 불태화^{sterilizing} 정책'이라 불리는데, 흥미로운 사실은 1920년대에 금의 유입량이 증가하자 미국 역시 달러의 가치를 인위적으로 낮추고 수출을 증대시키기 위해 이 같은 방법을 사용했다는 점이다. 이러한 조치는 대공황을 가져온 가장 큰 원인이기도 했다.

자, 그렇다면 PBC가 남는 달러로 미국의 재무부 채권을 구입하고 사업가의 거래처인 지방은행에 판매해야 할 위안화를 외환시장에서 구입하지 않았다면, 대체 PBC는 어디서 위안화를 가져오는 것일까? 리처드 던컨$^{Richard\ Duncan}$의 뛰어난 저서인 『세계 경제의 몰락: 달러의 위기The Dollar Crisis』에서는 이렇게 설명하고 있다.

미국이 해외 저축에 의존해 경상수지 적자를 메우고 있다는 인식이 널리 퍼져 있으나 그것은 틀린 말이다. 적어도 지난 수년 동안 미국의 경상수지 적자는 주로 외국의 중앙은행이 창조한 돈으로 충당되고 있다. 따라서 미국이 재정적자를 메우기 위해 세계 다른 국가들의 저축분을 모두 써 버렸다는 주장은 그리 중요하지 않다. 진정 중요한 것은 미국과 교역을 하는 국가의 중앙은행들이 그 적자를 감당하고 있다는 사실이다. 특히 아시아의 중앙은행들은 미국의 경상수지 적자를 메우기 위한 돈을 창조하는 데 한결같은 의지와 능력을 보여 준 바 있다.

앞에서도 말했지만, 미국은 지금의 중국과 마찬가지로 1920년대에 통화의 초과유입량을 불태화한 전적이 있다. 역사는 반복된다. 똑같은 게임이되, 다만 몇 가지 변형이 가해질 뿐이다. 아니, 사실은 상당히 많은 변형이 가해졌다고 표현해야 할 것이다. 유럽이 미국에게 금을 지불했을 때, 연준은 늘어난 금의 양에 맞춰 통화량을 늘리는 대신 금을 금고 안에 저장해 두었고, 따라서 인플레이션을 예방하고 미국산 상품의 가격을 낮춰 무역흑자를 유지할 수 있었다. 이는 통화를 크게 수축시키는 결과를 낳았다. 세계는 미국산 상품을 값싸게 구입하고, 금은 연준의 블랙홀 안으로 빨려 들어갔으며, 따라서 전 세계의 통화량이 축소되는 것이다.

그러나 중국이 과도한 통화유입량을 불태화했을 때에는 반대로 통화를 팽창시키는 결과를 낳았다. 중국이 미국의 국채를 구입하기 위해 달러를 사용할 때마다 PBC는 그와 동등한 양의 위안을 허공에서 마구 만들어 냈다. 이것들은 완전히 새로운 화폐다. 이 고성능통화^{高性}$^{能通貨,\ high-powered\ money}$는 본원통화라고도 불리는데, 일단 일반은행으로 흘러들어가고 나면 부분지급준비금을 위한 준비자산으로 사용되기 때문이다. 부분지급준비금 제도는 누군가가 은행에 1달러를 예금하면, 은행은 그 달러를 인출에 대비해 보관하고(지급준비율 10퍼센트의 경우) 나머지 9달러를 새로 창조하여 이를 대부할 수 있음을 의미한다. 나는 이것을 '토끼돈'이라고 부르는데, 마치 토끼가 새끼를 치듯 기하급수적으로 번식하기 때문이다.

중국 통화의 인플레이션은 지난 20년 동안 자국의 재정과 주식시장, 그리고 제조업 부문을 성장시켰지만 이제는 마침내 소비자층에도 영향을 미치기 시작했다. 가격 인플레이션이 폭발하면서 생활비가 상승하자 불만을 가진 노동자들이 베이징 지방정부에 최저임금을 인상해 줄 것을 요구하기 시작한 것이다. 이는 다시 말해 기업들이 상품 가격을 올려 다시 그 책임을 소비자들에게 넘겨야 한다는 것을 의미한다. 근로자들의 생활비는 다시 상승할 것이고, 똑같은 패턴이 끊임없이 반복되리라. 그러나 통화 인플레이션으로 인한 가격 상승은 단순히 중국 내부의 문제가 아니다. 머지않아 중국의 주요 수출대상국인 미국으로 그 여파가 퍼져 나갈 것이기 때문이다.

얼마 전 나는 한 구직자와 인터뷰를 했다. 그녀와 그녀의 남편은

1983년부터 중국에서 상품을 수입하는 수입업체를 운영하고 있었는데, 상당한 성공을 거두고 있었다. 그러다 얼마 전부터 중국산 제품의 가격이 급등하기 시작했다. 가격 상승 속도가 어찌나 빠른지 심지어는 수입해 온 상품에 가격표를 부착하기도 전에 이미 가격이 오를 정도였다. 그리하여 그녀의 회사는 가격 경쟁력을 잃었고, 그녀는 직장을 구하는 처지로 전락했다. 스코틀랜드 왕립 은행Royal Bank of Scotland의 중국 전문가인 벤 심펜토퍼Ben Simpfendorfer의 말처럼, "중국이 지난 10년 동안 디플레이션의 영향하에 있었다면, 다음 10년 동안은 인플레이션의 영향을 받게 될 것이다."

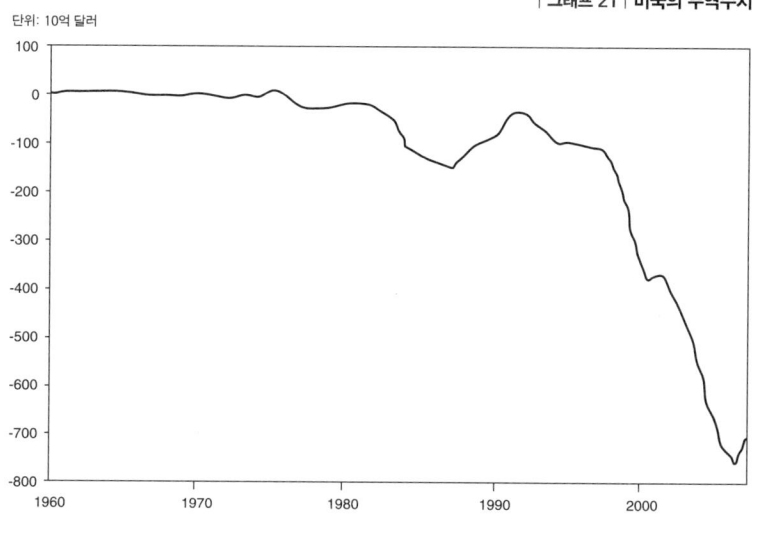

| 그래프 21 | 미국의 무역수지

출처: 미국 통계국

Chapter 8 먹구름

이 모든 일들이 자유시장체제하에서 발생한 일임을 기억하라. 무역수지 불균형을 맞추려는 미 정부의 지대한 노력에도 다시금 자유시장이 승리를 거둔 것이다. 중국은 수출을 유지하기 위해 통화가치를 낮게 고정했다. 통화가치를 낮게 유지하기 위해서는 계속해서 새로운 통화를 창출해 내야 한다. 통화량이 증가하면 생활비가 상승한다. 그로 인한 임금 상승은 내수용이든 외수용이든 자국 상품의 가격을 인상시키고, 미국 내 중국 제품의 가격이 인상되면 미국 소비자들의 수요와 소비가 감소한다. 그리고 이러한 과정은 무역불균형이 해소될 때까지 계속해서 반복될 것이다.

명목화폐 제도하에서 이런 게임이 펼쳐진 결과, 1971년에 달러가 금본위제를 포기한 뒤 미국의 무역수지 누적 적자는 도합 7조 달러까지 증가했다.(그래프 21) 미국은 이런 대규모 적자를 외국의 중앙은행들이 발행하는 명목화폐 덕분에 버텨 오고 있으며, 그러는 동안에도 해외 중앙은행들은 미국의 부채를 산더미처럼 쌓아 올려(재무부 채권) 달러의 가치를 인공적으로 지탱하고 있다. 현재 미국은 그 많은 부채를 감당할 수가 없기 때문에 만약 미국의 무역상대국이 미국 채권을 전 세계 시장에 뿌리기 시작하면 모든 신용거품이 한꺼번에 붕괴하여 결과적으로 전 세계가 경제 불황의 늪에 빠지게 될 것이다. 정부와 중앙은행이 자유시장을 속이기 위해 안간힘을 쓰면 쓸수록, 일단 시정 과정이 시작되면 더욱 크고 쓰라린 고통이 기다리고 있을 것이다. 귀금속과 마찬가지로, 이기는 것은 자유시장이 될 것이다.

일본의 돈 폭탄

높은 수출을 유지하면서도 통화가치를 낮게 고정시키는 방법이 또 하나 있다. 2003년에 일본은 1989년의 증시폭락 이후 아무리 해도 벗어날 수 없는 길고 지겨운 디플레이션 속에서 허우적거리고 있었다. 상황을 타계하기 위해 일본 정부는 2차 세계대전 이후 가장 대규모의 통화창조에 착수했다. 2002년 11월, 프린스턴 대학의 경제학과 교수 재임 시절 일본의 경기침체에 관해 논문을 발표하기도 했던 연준 의장 벤 버냉키는 일본과 같은 심각한 장기 불황을 예방하기 위해서라면 헬리콥터에서 돈을 뿌리는 일도 불사하겠다는 유명한 연설을 한 적이 있었다.

그리고 2003년 1월 일본은 그의 충고를 받아들였다. 그 뒤로 15개월 동안 일본은 35조 엔을 발행하여 3200억 미국 달러를 구입하고, 엔화의 환율을 낮추고 달러의 환율을 인상함으로써 수입을 인위적으로 억제했다. 그런 다음 그들은 새로 발행한 엔화를 이용해 미국 재무부 채권을 사들였다. 이러한 조치는 일본 경제를 급격히 회복시켰고 미국의 경제그래프에는 최단 기간의 불황기(2001년~2003년)라는 기록을 남겼다. 그리고 미국을 역사상 가장 거대한 부동산 거품으로 몰고 갔다. 금리가 유례없는 수준으로 떨어지면서 신용대출이 쉬워지자 사람들은 앞다투어 주택을 투자용으로 사들이기 시작했던 것이다. 그 결말이 어찌 되었는지는 굳이 말하지 않아도 다들 알고 있으리라 믿는다. 미국 부동산시장과 주택저당증권의 폭락에 관해서라면 모두 아직 그 여파를 통감하고 있을 테니 말이다. 모든 일이 끝났을 때, 일본의 돈 폭탄은 전 세계 국민총생산의 1퍼센트에 달했다.

1차 세계대전 때와 마찬가지로, 전 세계의 통화량이 급격히 폭발했다. 심지어 일부 국가들은 이렇다 할 이유도 없이 마구 화폐를 찍어 내고 있는 듯 보일 정도였다. 일례로 러시아의 M2(통총화)는 2006년 4월부터 2007년 4월 사이 52.7퍼센트나 증가했다.

국제 차용증서

여기서 자주 간과되는 사실은 외국의 중앙은행이 보유하고 있는 통화준비금이 실제로는 화폐가 아니라 채권이며, 그것도 대부분 미국의 재무부 채권US IOU라는 점이다.

나는 세계 각국의 통화제도를 이해하는 데 상당한 어려움을 겪었는데, 공부를 하다 보면 고개를 갸웃거리게 되는 게 한두 번이 아니기 때문이다. 그러나 다행스럽게도 나는 어느 날 무심코 접한 비유 덕분에 각각의 점들을 연결할 수가 있었다.

자, 머릿속에 커다란 방을 하나 그려 보라. 그 방에는 미국의 재무부 장관과 연준 의장, 외국의 재무부 장관 및 중앙은행과 일반은행의 은행장, 그리고 잘나가는 월스트리트 전문가들이 앉아 있다. 그리고 이 모든 사람들이 서로 바쁘게 차용증서IOU를 만들어 최대한 빨리 서로에게 주거니 받거니 교환하고 있다. 이것이 바로 오늘날 세계의 통화 제도이다.

그런데 이 제도의 기반은 각 국가의 재무부나 재정부, 또는 뭐라고 부르든 간에…… 어쨌든 여기서는 일단 정부라고 치자. 각 정부의 재정을 책임지고 있는 부처가 발행하는 국채이다. 이런 국공채는 해당 국가의 통화제도의 근간을 구성하는 기본 채권인데, 채권이란 간단히 말해 "난 당신에게 X량의 화폐와 X량의 이자를 빚지고 있다[IOU]."는 의미다.

수많은 집단들이 이런 국채를 구입한다. 한편 국가가 새로운 화폐를 발행하고자 할 때 정부는 그들의 중앙은행에 채권을 판매한다. 중앙은행은 실은 비어 있는 그들의 당좌예금 계좌를 기반으로 정부에게 달러나 유로, 엔 등 정부가 원하는 화폐로 수표를 써 주고 그 대가로 국채를 구매한다. 이제 수표에 의해 화폐가 창조되었고, 이 화폐는 후에 국채를 상환할 때 사용될 수 있다. 따라서 이 국채는 새로 창조된 화폐에 대한 차용증서, 즉 IOU가 된다. 그러나 이 통화는 또한 후에 국채가 만기가 되었을 때 교환할 수 있는 보관증으로도 해석할 수 있으므로 동시에 국채에 대한 IOU이기도 하다. 무슨 소린지 이해가 가는가? 나도 마찬가지다. 무슨 소린지 도통 알 수가 없다. 그건 이게 다 미친 소리이기 때문이다. 만약 당신이나 내가 이런 짓을 한다면 우린 모두 사기죄로 잡혀 갈 거다.

이제 정부는 사람들에게 돈을 지불하고 상품을 구입함으로써 빌려온 화폐를 시중에 유통시킨다. 사람들은 그 화폐를 은행에 예치하고, 따라서 은행과 다른 금융기관들은 더 많은 화폐를 보유하게 된다. 주택을 사고 싶은 사람들은 은행에 가서 서류에 서명을 하고 주택융자를 받는다. 주택융자 또한 "나는 당신에게 X량의 화폐와 X량의 이자를 빚지고 있다."라고 말하는 IOU다. 은행은 당신이 빌린 액수를 장부에 기입함으로써 또다시 새로운 화폐를 창조하고, 동시에 그것은 당신이 대출계좌에 진 빚으로 기록된다. 은행의 대차대조표에 부채는 자산으로부터 걸러지고, 수입과 지출은 장부상 균형이 완벽하게 맞아 떨어지며, 은행은 행복하다. 하지만 은행은 실제로 그들이 갖고 있던 화폐를 빌려 준 것이 아니다. 그저 장부상에 숫자를 만들어 낸 것에 불과하다. 은행이 당신에게 빌려 준 화폐는 당신이 융자 증서에 서명을 한순간 현실로 튀어나온 것이며, 그런 식으로 은행은 방금 전 세계 통화량을 한층 증가시킨 것이다.

주택저당증권과 파생상품 괴물

그런 다음 은행은 주택융자를 한데 모아 주택저당증권MBS라고 불리는 채권IOU로 변환한다. MBS에 관해서는 아마 뉴스에서 언급되는 것을 들어 본 적이 있을 것이다. 주택저당증권은 서브프라임 모기지 사태의 주범으로 대단히 복잡한 금융상품인데(나는 심지어 이것을 '금융 흑마술'이라고 부른다.), 채무와 관련해 금융기관들의 리스크를 줄일 목적으로 고안되었다. 그러나 불행히도 이것들은 리스크를 제어하기는커녕 오히려 리스크를 전 세계로 퍼뜨리는 결과를 낳고 말했다. 당신에게 주택융자를 해 주는 은행들은 그 대출채권을 보유하는 경우가 거의 없다. 그들은 고객으로부터 확보한 대출채권을 월스트리트에 팔고, 그러면 월스트리트는 그것을 포함한 다른 권리를 모아 MBS로 변환한 다음 이를 전 세계의 투자가들에게 판매한다. 즉, 라스베이거스와 네바다에서 주택차압이 발생하면 노르웨이의 한 마을이 통째로 파산에 이를 수도 있는 것이다.

우리의 통화 위기는 연준이 금리를 너무 오랫동안 낮게 유지한 데서 비롯된다. 그러한 조치는 대규모의 통화 및 신용 창조를 야기했고, 이는 달러의 가치를 하락시키고 부동산 가격을 기형적인 수준으로 인상하는 결과를 낳았다. 신용 가치가 하락하고 통화량이 팽창하자, 많은 은행들이 깔끔한 옷차림만 하고 있다면 누구에게나 마구 대출을 승인해 주기 시작했다. 그런 다음 은행들은 그 대출채권을 월스트리트에 팔았고, 월스트리트의 천재들은 평범한 할부상환융자와 서브프라임 융자를 모두 MBS로 묶어 투자가들에게 팔았다.

은행들은 대출 기준을 무분별하게 남발하며 할부금을 감당할 수도 없는 사람들에게까지도 주택융자를 해 주었다. 갑자기 부자가 된 착각에 빠진 사람들은 마치 주택이 현금인출기라도 되는 것처럼 집을 담보로 돈을 빌려 써 대기 시작했는데, 그 대상은 주로 시간이 지나면 가치가 하락하는 텔레비전이나 자동차 같은 것들이었다. 그리고 바로 그때, 전혀 예상치 못했던 사건(최소한 터무니없는 저금리에 정신이 나간 사람들에게는 그랬다.)이 발발했다. 대출 서류에 분명히 금리가 변경되는 시점이 명시되어 있었음에도 막상 그때가 닥치자 갑자기 할부금을 내지 못하게 되었던 것이다. 이후로 무슨 일이 생겼는지는 여러분도 잘 알고 있으리라. 주택압류와 차압의 물결이 밀려왔다. 주택저당증권은 무용지물이 되었고 사람들은 많은 돈을 잃었으며 정부는 서둘러 구제금융을 시도했다. 그러는 동안 금융기관은 공황에 빠졌으며 신용은 바닥을 쳤다.

주택저당증권은 내가 파생상품 괴물이라고 부르는 것의 일종이다. 파생상품은 그 가격과 가치가 기초자산의 가격 변동에 따라 결정된다. 예를 들어 MBS의 가격을 결정하는 것은 그 토대를 이루는 부동산이다.

파생상품은 세계 금융체제를 위협하는 가장 큰 괴물일지도 모른다. 그리고 분명 우리의 머리 위로 다가오고 있는 폭풍우 중에서도 가장 검고 위험한 먹구름이다. 게다가 그 잠재적인 문제와 위험이 너무나도 깊숙이 잘 감춰져 있기에, 그것이 앞으로 얼마나 큰 파괴력을 발휘하게 될지 우리는 알지 못한다. 파생상품의 대다수는 거래소를 통해 거래되는 것이 아니라 사적인 계약에 의해 장외에서 창출된다. 이는 즉 그것들이 증권거래위원회 같은 정식 기관의 기준과 규제 아래 있지 않다는 얘기다. 파생상품은 세계 최대의 금융시장이다. 2008년 파생상품의 시장 규모는 두 배 이상 성장해 1000조 달러를 초과한 상태다. 즉 그 규모가 전 세계 국민총생산량의 스무 배에 이른 것이다.

데이지 체인

많은 파생상품이 만기를 설정해 두고 있다. 따라서 기간이 완료되기 전에 새로운 당사자를 끌어들여 새로운 계약을 설정해야 하는데, 이런 과정을 데이지 체인화$^{daisy\ chaining}$라고 한다.

이처럼 파생상품이 수많은 계약 단계를 거치게 되면 몇몇 계약자들은 자신의 리스크가 증가했다는 느낌을 받을 수 있다. 그래서 그는 리스크를 줄이기 위해 반대쪽에 돈을 거는 도박을 시도한다. 여기서 가장 큰 문제는 파생상품의 고리의 끝에 누가 있는지 아무도 모른다는 것이다. 어쩌면 거기에는 파산해 지불 능력이 없는 파나마의 한 회사가 있을지도 모른다. 만약 그럴 경우에는 도미노 현상이 발생하고, 데이지 체인에 얽힌 각각의 투자자들은 다음 상품에 대한 지불불능 상태에 빠지게 된다.

이와 흡사한 일이 1998년에 발생했다. 롱텀 캐피털 매니지먼트$^{Long\ Term\ Capital\ Manageement,\ LTCM}$라는 고^{高}레버리지 헤지펀드 상품이 불운의 주인공이었다. 원래 LTCM은 대단히 특별한 존재였다. 이사회는 월스트리트의 총아들로 구성되어 있었고, 노벨 경제학상을 수상한 두 명의 경제학자가 옵션 가격과 리스크를 계산하고 투자 위험을 최소화하기 위한 공식을 개발했다.

앞에서도 말했듯이 LTCM은 레버리지가 대단히 높았기 때문에 자산규모는 겨우 40억 달러임에도 불구하고 1조 2500억 달러에 달하는 파생상품에 투자를 하고 있었다. 이는 당시 미국 정부의 1년 예산과 맞먹는 금액이다. 그러다 1998년 여름, 예상치 못했던 지정학적 요인이 노벨상을 뒤에 업은 투자공식을 무용지물로 만들어 버리고 말았다. 1997년 태국에 통화 위기가 닥친 것이다. 자유시장이 달러에 환율을 고정시키려는 정부의 노력을 무마시키는 바람에 바트화의 거대한 평가절하가 발생했고, 이는 태국의 증시를 무너뜨렸다. 소위 아시아 금융위기라고 불리는 이 사건은 실질적으로 일본을 제외한 모든 동남아시아 지역의 경제와 증시를 초토화키고 아시아의 기적에 종지부를 찍었다. 1998년에는 러시아가 환율 고정에 실패해 루블화가 무너졌고, 러시아는 모든 대외 채무에 대해 디폴트를 선언했다. 이처럼 혼란스러운 경제상황이 LTCM의 투자를 악화시키면서 그들의 자산은 40억 달러에서 6억 달러로 급격히 감소했다. 그리고 그들은 1조 2500억 달러의 투자를 책임지고 있었다. 지불불능의 조짐이 일면서 앞서 설명한 도미노 현상이 현실적인 가능성으로 다가오기 시작했다. 뉴욕 연방준비은행은 주요 투자가들과 상업은행을 모아 컨소시엄을 조직하고 펀드를 구입해 구제금융을 실시했다.

대부분의 평범한 일반 대중은 전 세계 금융체제가 며칠 동안 얼어붙어 있었다는 사실을 결코 깨닫지 못했다. 문제는 '어쩌면' 이런 일이 다시 발생할지도 모른다는 것이 아니다. 문제는 '언제' 이런 일이 다시 발생할 것인가이다. 게다가 다음에도 그러한 '구제'가 있을 것이라는 확신도 없다. 세계 최고의 투자가 워렌 버핏[Warren Buffett]은 파생상품의 위험성에 대해 아주 멋지게 요약한 바 있다.

파생상품은 마치 갇혀 있던 병에서 풀려난 사악한 요정과 같다. 놈들은 그 해악이 드러나는 사건이 터지기 전까지 숫자와 종류에 있어 기하급수적으로 불어날 것이다. 중앙은행과 정부는 이러한 계약들이 가져올 위험을 통제하기는 커녕 그것들을 효과적으로 감시하고 규제할 방법마저도 아직 제대로 찾지 못하고 있다. 내가 보기에 파생상품은 금융권의 대량살상무기이며, 그 위험이 아직 보이지 않는 곳에 숨어 있을지는 몰라도 그 잠재력은 치명적이다.

롱텀캐피털 매니지먼트의 실패는 세계경제에 너무나도 치명적인 위협을 가했기 때문에 구제금융을 시도할 수밖에 없었다. 그리고 이제 연준과 세계 각국의 중앙은행은 서브프라임 모기지 사태를 해결하기 위한 긴급구제에 힘쓰는 중이다.

2007년 여름, 금융권의 노력만으로는 더 이상 서브프라임 모기지로 인한 문제들을 감출 수 없게 되면서 마침내 언론의 보도가 시작되었다. 8월이 되자 연준은 금리를 0.5퍼센트 인하했고 유럽중앙은행 European Central Bank, ECB은 일반 은행에 낮은 이율로 대출을 해 주는 방식으로 통화를 풀어 시장에 유동성을 주입했다. 같은 달 후반, 캘리포니아에 위치한 컨트리와이드 은행 Countrywide Bank 지점에서 작은 공황이 발생했다. 그 은행은 많은 서브프라임 모기지를 운영하고 있었는데, 예금주들이 갑자기 예금인출을 요구하고 나섰던 것이다. 9월에 연준은 다시 금리를 0.5퍼센트 인하했다. 10월에는 영국 전역에서 예금인출 사태가 발생했다. 영국 내에서 8번째 규모를 지닌 노던 록 은행Northern Rock Bank이 MBS 사태로 신용경색에 빠져 영국의 중앙은행인 영국은행Bank of England으로부터 자금을 빌리고 있다는 소문이 팽배해진 까닭이었다. 《USA 투데이USA Today》는 이렇게 보도했다.

"경제 불안의 가장 두드러진 징조는 불경기 특유의 긴 대기열이다. 노던 록이 긴급융자를 받기 위해 영국 중앙은행을 방문한 다음 날인 금요일 아침, 노던 록 은행지점 밖에는 그런 고객들의 줄이 길게 늘어섰다." 800억 달러의 긴급융자는 영국의 납세자들에게 1인당 거의 1500달러의 부담을 안겨 주었다.

같은 달 연준은 금리를 0.25퍼센트 하향조절하고 12월에 또다시 0.25퍼센트를 인하했다. 연준과 ECB, 영국은행을 비롯한 중앙은행들은 다시 400억 달러의 저금리신용차를 창출했지만 그것만으로는 역부족이었다. 2007년 12월 19일 ECB는 또다시 350억 유로를 경제체제에 쏟아부었다. 달러로 환산하면 거의 5000억 달러에 해당하는 액수였다. 다음 해 1월 22일, 연준은 금리를 0.75퍼센트 하향조절하고 30일에는 다시 0.5퍼센트 인하했다. 다시금 전 세계의 통화량이 폭주하기 시작했다.

그러던 중 3월 5일, 칼라일 캐피털 펀드Carlyle Capital Fund가 작은 문제에 봉착했다. 패니메이Fanni Mae와 프레디맥Freddie Mac으로부터 매수한 MBS가 거의 쓸모없는 종잇조각에 불과하다는 사실을 깨달은 것이다. 사실 이는 그리 심각한 문제가 아니었다. 그러나 문제는 그들 역시 LTCM처럼 레버리지가 대단히 높은 투자를 하고 있었다는 데 있었다. 칼라일은 투자금의 각 32달러당 31달러를 차용하고 있었던 것이다.

사태는 더욱 심각한 상황으로 달려가기 시작했다. 그들이 빌려 온 화폐 중 상당량이 베어스턴스^{BearSterns}의 소유였고, 공교롭게도 베어스턴스는 MBS를 발행하고 판매하는 주요공급자로서 이미 그들이 보유한 MBS의 상당 부분에서 손해를 보고 있던 차였다. 2008년 3월 12일 수요일, 칼라일이 지불불능을 선언하자 채권자들은 남은 자산을 모두 동결시켰다.

주요 채권자인 베어스턴스는 더 이상의 MBS를 필요로 하지 않았다. 소문이 흘러나가자 베어스턴스 또한 무너졌다. 3월 14일 금요일에는 《USA 투데이》에 기사가 실렸다.

"주택저당증권에 노출된 위험성의 규모에 관한 소문이 퍼지고 과연 그들이 잠재적인 손실을 구제할 충분한 준비금을 지니고 있는지 의문이 제기되면서 베어스턴스는 절름발이가 되었다. 투자가와 고객들이 앞다투어 몰려들어 그들의 돈을 요구했으며 그 결과 대량인출 사태가 발생했다."

3월 16일 일요일에 연준은 긴급히 금리를 0.25퍼센트 낮췄고 3월 18일에는 다시 0.075퍼센트를 인하했다. 그리고 결국에는 연준의 가장 큰 주주이기도 한 JP 모건 체이스$^{J.P.\ Morgan\ Chase}$에게 1년 전에 비해 95퍼센트 하락한 가격으로 베어스턴스의 경영권을 넘겨 줌으로써 두 회사를 합병시켰다.

하지만 이야기는 여기서 끝나는 게 아니다! 연준은 모건이 베어스턴스를 인수하기 전에 그들이 보유한 MBS 중에서도 가장 쓸모없는 것들을 먼저 사들였던 것이다. 그리고 그 300억 달러의 부담은 우리 미국의 납세자들이 고스란히 떠안게 되었다.

베어스턴스는 겨우 시작일 뿐이다. 이런 식의 구제금융은 계속해서 점점 더 빈번해질 뿐만 아니라 그 규모 또한 방대해질 것이다. 그 결과 통화량은 증가하고 우리가 힘들게 번 현금의 가치는 더더욱 낮아진다.

통화 게임

조금 냉정하게 느껴질지도 모르겠지만 이것만은 말해 둬야겠다. 현재의 통화 제도는 당신에게 불리하게 만들어져 있다. 만약 당신이 열심히 일해 은행에 저축하는 평범한 시민이라면, 이 제도하에서 당신은 가장 큰 바보 멍청이다. 그리고 최고의 똑똑이이자 최후의 승자는 새로운 통화를 창조하는 금융권이다. 그들은 당신이 가난해지면 가난해질수록 점점 더 부자가 된다.

금융권이 그토록 부유한 까닭은 간단하다. 화폐가 새로 만들어질 때마다(불법적으로 화폐를 위조하든, 아니면 은행제도 내에서 합법적으로 화폐를 발행하든) 현존하는 화폐의 일부 가치는 새로 만든 화폐로 이전된다. 즉 새로운 통화가 창조될 때마다 그것을 만들어 낸 사람이 최대의 구매력을 보유하게 된다는 의미다. 왜냐하면 그들은 아무 비용도 지불하지 않고 새로운 통화를 창출하기 때문이다. 나아가 그들은 새로운 화폐를 필요로 하는 사람들에게 그것을 대출해 주고, 나중에 돌려받을 때에는 이자까지 더해 돌려받게 된다. 간단히 말해 이 화폐창조자들은 빈손으로 이미 당신이 갖고 있던 화폐의 가치를 훔쳐 새로운 화폐를 발행한 다음, 새로운 화폐를 다른 이들에게 빌려 주고 거기다 이자까지 붙여 더 많은 화폐를 돌려받게 되는 것이다.

이 과정에서 두 번째로 높은 가치를 손에 넣는 것은 새로운 화폐를 빌리는 채무자들이다. 새로운 화폐를 사용해 무언가를 구입하기 전까지 그들이 가진 화폐는 아직 시중에 풀리지 않기 때문이다. 그러나 일단 그들이 무언가를 구입하게 되면 새로운 화폐는 통화량에 유입되게 되고 따라서 이미 현존하는 화폐의 가치를 떨어뜨리며, 그 결과 우유와 휘발유 가격이 오르게 된다. 이제 당신은 그런 일상용품을 사려면 더 많은 화폐를 지불해야 한다. 한편 새로 발행된 화폐를 빌린 사람들은 그런 인상분을 낼 필요가 없기에 당신보다 이익을 보게 된다. 즉 새로운 화폐가 통화량에 유입되기 전에 은행에서 빌린 돈으로 그 물건을 구입하기 때문에 더 싼 가격을 지불하는 것이다. 그들은 오늘 빌려서 내일 가치가 떨어진 달러로 갚는다.

세상물정에 도가 튼 투자가들은 이런 시스템을 최대한 활용한다. 주식시장에서 마진을 이용하든 부동산 투자를 하든, 통화창조의 힘은 이런 레버리지를 현명하게 사용하는 사람들에게 거대한 부를 이전해 준다. 그러나 집이나 자동차를 사기 위해 대출하는 평범한 시민들, 특히 현금차입형 재융자를 하는 사람들은 자신이 가진 부를 은행에 넘겨 줌으로써 스스로를 점점 더 가난하게 만들고 있을 뿐이다.

통화창조는 또한 저평가된 자산군을 고평가로 만들 수 있는 방법 중 하나이기도 하다. 새로 창조된 화폐가 특정 자산군에 투입되면 통화량이 불어나 경기가 활발해지게 된다. 부가 창출되고 활기가 넘치게 되는 것이다. 그러나 그것은 대개 파도가 최고조에 달했을 때, 다시 말해 하락세에 들어가기 직전의 징조다. 이 과정에서 어마어마한 양의 부가 거품이 치솟는 자산군으로 이동하면서 자본이 빠져나간 자산군은 저평가에 돌입한다. 이때 현명한 투자가들은 폭등한 자산군에서 자본을 빼내 저평가된 자산군에 투자한다.

이렇게 돌아가는 시스템을 정상이라고 할 수 있을까? 물론 아니다. 그렇지만 우리는 어쩔 수 없이 이런 체제 안에서 살아가야 하며, 따라서 그러한 원리를 이해하고 이용할 수 있는 사람들은 강력한 힘을 얻게 된다. 이 같은 시스템은 그것을 이해하지 못하는 이들에게서 부를 빼앗아 이해하는 사람들에게 이전하기 위해 고안된 것이다. 론 폴 의원이 말했듯이 명목화폐제와 용이한 신용대부는 '가난한 사람들과 중산층에게 세금을 부과하는' 제도일 뿐인 것이다.

이 모든 것이 한 점에서 만나

이 장에서 우리는 적자예산과 미적립 부채, 무역불균형, 부분지급준비금제도와 그 결과로 나타난 세계 통화량의 폭발, 마치 영화「스타워즈」 속의 죽음의 별처럼 우리를 굽어보는 파생상품 괴물, 그리고 신용에 기반을 둔 우리의 금융체제에 관해 알아보았다. 이 모든 것들은 오늘 우리의 지평선에 먹구름을 드리우고 있고, 내일이면 거대하고 완전한 경제폭풍이 되어 우리를 덮칠 것이다.

그러나 여기서 다룬 이야기들조차도 실은 단순한 수박 겉핥기에 불과하다. 오늘날 전 세계 금융체제가 대면하고 있는 문제들을 모두 다루자면 수십 권의 책은 족히 쓸 수 있으리라. 게다가 이 모든 일들이 동시에 일어나고 있다는 점도 잊어서는 안 된다. 테러리즘이 세계 곳곳을 강타하고 미국의 대외정책은 다른 국가들이 등을 돌리게 만들고 있으며, 원유 공급량은 감소하고 있는 반면 지구상 절반의 인구가 서구사회와 같은 수준의 부와 에너지를 원하고 있고, 지구의 온난화는 우리의 문지방 앞에 와 있으며 미국 정부와 대부분의 미국민들은 비유적으로 말하자면 신용카드를 초과한도액까지 긁어 댄 주제에 퇴직을 앞둔 지금, 언제까지고 서로에게 기대 살아갈 수 있을 것이라고 생각한다.

걱정과 불안이 지배하던 시절, 투자가들은 미국 국채라는 안전한 투자처를 확보하기 위해 고군분투했다. 그러나 나는 이제 그들이 학살당할 때가 왔다고 믿는다. 한때 신뢰했던 미국 정부의 신용이 바닥으로 추락할 때('만약'이 아니다. 이는 반드시 발생할 일이다.), MBS 같은 미국의 채권은 기가 막힐 정도로 저렴해질 것이며, 거기에 올인한 투자가들은 결국 패배자가 될 것이다. 1970년대와 80년대, 채권이 이른바

'재산몰수 증명서'라고 조롱당하던 시절이 기억나는가? 우리의 기억력은 얼마나 형편없는지!

이 장의 첫머리에 등장했던 현명한 농부를 떠올려 보라. 그는 폭풍우가 다가오고 있음을 감지하면 소들을 안전한 외양간에 몰아넣고 최악의 상황에 대비한다. 우리도 경제적인 면에서 그와 똑같이 행동해야 한다. 우리의 머리 위로 다가온 검은 폭풍은 금융IQ가 그리 높지 못한 이들에게는 혹독할지 몰라도 귀금속 투자가들에게는 희소식이 될 것이다. 그렇다고 옆으로 한 발짝 물러나 우리 세금을 낭비하고 지킬 수도 없는 약속을 남발한 정치가들에게 박수를 쳐 줘야 한다는 말은 아니다. 결국 워싱턴은 지난 역사로부터 배우길 거부하고 자폭의 길을 끝까지 걸어가려는 듯 보이니 말이다.

나는 그들을 막기 위해 최선을 다하고 있다. 나는 소리 높여 그들의 정책에 반대하고 의원들에게 편지를 써 보냈으며 이 책을 썼다. 그렇지만 만약 내가 그들을 막지 못한다면 나는 어리석은 정치가들로부터 나 자신을 보호하고, 할 수만 있다면 그것을 활용해 돈을 벌고 싶다. 왜냐하면 그렇게 낭비된 모든 달러들과 새로 발행된 달러들은 단 두 가지를 제외한 모든 형태의 통화량을 팽창시키기 때문이다. 그들이 인쇄할 수 없는 유일한 화폐는 바로 금과 은이다.

역사는 항상 반복된다. 어떤 나라에서건 통화 가치가 희석되면 모든 통화는 다시금 상대적으로 유통량이 적은 귀금속의 뒤를 좇게 되고, 그리하여 금과 은은 다시금 화폐의 통화량에 맞춰 스스로 가치를 재평가하게 된다. 인류가 문명을 이룩한 이래 모든 제국에서 그러했듯이 미국에서도 곧 이런 일이 발생할 것이다. 그리고 일찌감치 미래를 내다본 당신은 상상을 초월하는 거대한 부를 거머쥘 수 있으리라.

Chapter 9

완전한 경제폭풍

앞 장에서 나는 경제폭풍이 다가오고 있다고 말했다. 그것은 완전한 폭풍이 될 것이며, 그것을 막기 위해 우리가 할 수 있는 일은 아무것도 없을 것이다. 일단 모든 사건들이 한 점으로 귀결되면 신속한, 그리고 처절한 경제적 파멸만이 있을 뿐이다. 경제폭풍의 파괴력은 자연이 낳은 진짜 폭풍우만큼 압도적이지는 않겠지만 그만큼 냉정하고 무자비할 것이다. 그리고 혹시나 정부가 당신을 구원해 줄 것이라고 기대하고 있다면, 참으로 커다란 착각이라고 충고하는 바이다.

우리의 정치체제는 4년보다 더 멀리 내다보고 생각하고 또는 계획을 세우는 사람들에게 불리한 구조로 이루어져 있다. 오늘날 정치가들이 당선될 수 있는 유일한 길은 경쟁자들보다 더 많은 공짜를 약속하는 것뿐이기 때문이다. 그러나 대중은 그들이 약속하는 공짜가 실은 공짜가 아니라는 사실을 간파하지 못하고 있는 듯 보인다.

정치가의 입장에서는 어떤 분야가 됐든 예산을 절감해야 한다고 주장하는 것은 정치적인 자살행위나 다름없다. 만약 당신이 군 예산을 감축하자고 제안한다면 우파는 당신이 반미주의자이며 침대 밑에 테러리트를 숨겨 두고 있다고 비난할 것이다. 복지 예산을 감축하자고 주장하면 미국 은퇴자협회American Association of Retired Persons, AARP가 해일처럼 들고 일어나 당신에게 반대표 폭탄을 던질 것이다. 그리고 만일 당신이 메디케어와 메이케어 예산을 줄이자고 한다면, 글쎄, 미국의 전국민이 자리를 박차고 일어나 당신을 손가락질하며 고함을 질러댈 것이다.

"의료보험은 오늘날 우리에게 있어 가장 중요하고 심각한 문제라고요!"

문제는 모든 것들이 우리에게는 가장 중요하고 심각한 문제라는 것이다. 바로 그 때문에 우리 경제를 지탱하는 데 필수적인 힘든 선택과 조치들이 아직도 이뤄지지 않고 있는 것이다.

무엇보다 먼저 우리는 우리가 아직도 자유시장 자본주의 체제하에 있다는 환상에 젖은 사회주의 사회가 되어 가고 있음을 이해해야 한다. 우리는 우리가 정부 그 자체라는 사실을 잊고 있다. 정부는 바닥없는 주머니를 차고 있는 박애주의 기관이 아니다. 문제가 발생할 때마다 사람들은 이렇게 말한다. "정부가 나서서 뭔가 조치를 취해야 해!" 그들은 마치 정부가 모든 이들의 안전망을 제공해 줘야 하는 듯 말한다. 대형 헤지펀드 회사들은 자기 몸뚱이에 비해 지나치게 투자를 해 놓고도 정부가 그들을 구제해 줘야 한다고 믿는다. 주택소유자들은 융자금을 감당할 수 없는 상황이 닥치면 정부가 나서서 그들의 집이 압류되는 것을 막아 줘야 한다고 생각한다. 우리는 정부가 '뭔가 조치를 취할' 때마다 민간 부문에 두 배의 비용을 지우면서 그 지출비용에 비해 영향력은 절반밖에 발휘하지 못한다는 사실을, 그리고 그 비용이 결국에는 직접세나 인플레이션세를 통해 우리 대중에게 청구된다는 사실을 깨닫지 못하는 듯 보인다. 즉 궁극적으로 돈을 내는 것은 우리 자신이라는 얘기다.

우리가 직면한 가장 심각한 문제 중 하나는 우리가 우리의 화폐를 사용할 곳을 결정하는 데 있어 잘못된 사람을 고용, 달리 말해 선출한다는 점이다. 솔직히 나는 투표를 통해 우리의 부를 재분배하고 그리하여 경제를 운용하는 책임을 지게 된 워싱턴의 관료들 가운데 99퍼센트는 경제 전반에 문외한일 것이라고 장담한다. 그리고 혹시 그렇지 않은 사람이 있더라도 우리 경제에 대해서는 아무 신경도 쓰지 않을 것이다. 어차피 그들의 임기는 기껏해야 2년이나 4년, 6년이면 끝나기 때문이다.

우리는 돌아오지 못할 강을 건넜다. 이제 우리가 할 수 있는 일은 상황을 주시하고 최악의 사태에 대비하는 것뿐이다. 미국이라는 배의 선장이었던 조지 W. 부시는 미국을 감세와 메디케어 처방약 지원 프로그램, 그리고 이라크전으로 몰고 갔다. 그러나 타이타닉의 선장과는 달리 그는 배와 함께 가라앉지 않았다. 차가운 물속으로 가라앉은 것은 결국 평범한 사람들이다.

성경책에나 나올 법한 사상 초유의 홍수가 밀려오고 있다. 우리 경제가 이 폭풍을 이겨 낼 수 있을 정도로 크고 탄탄한 방주라고 생각하는가? 천만의 말씀이다. 나 역시 배 전체를 살리고 싶은 마음이 굴뚝같지만 그런 일은 불가능하다. 우리는 스스로 살 길을 찾아야 한다. 그나마 좋은 소식은 당신과 당신 가족을 구할 기회가 아직은 남아 있다는 사실이다.

『부자 아빠의 미래 설계』에서 로버트 기요사키는 어떻게 당신만의 방주를 건설할 것인지, 그리하여 어떻게 정부의 무분별한 경제 정책이 일으킨 거대한 홍수를 무사히 견뎌 낼 것인지에 대해 귀중한 성찰을 제시해 주었다. 만약 당신이 그 책을 읽었다면 그가 2002년에 예언한 것들이 오늘날 사실로 다가오고 있음을 알아차렸으리라.

목전으로 다가온 경제폭풍으로부터 스스로를 보호하는 길은 당신이 가진 자산을 파도를 막아 낼 자산군으로 이동시키는 것이다. 그리고 그러한 안전한 자산군이 무엇이냐고 묻는다면, 나는 이 책의 제목인 금과 은이라고 답하겠다. 이제 자신이 가진 부를 지키고 나아가 더욱 불리고자 하는 투자자들에게 어떻게 귀금속이 안전한 항구를 제시해 줄 수 있는지 자세히 알아보자.

큰 정부, 그리고 인플레이션

현재 미국이 직면하고 있는 가장 큰 문제는 크고 강력한 정부이다. 그것은 끊임없이 많은 먹이를 필요로 하는 괴물이다. 루스벨트가 뉴딜 정책을 시행하기 전까지 연방정부가 미국 경제에서 차지하는 비율은 겨우 3퍼센트에 불과했다. 현재 연방정부의 경제 규모는 미국 전체의 26퍼센트에 달한다. 거기에 주 정부와 지방정부, 그리고 정부기관에 상품과 서비스를 공급하는 사업체까지 모두 합치면 미국 경제의 50퍼센트 이상을 차지하게 된다.

나는 곧 우리를 덮쳐 올 폭풍우에서 가장 크게 우려해야 할 것은 바로 우리를 구하려고 시도하는 정부라고 생각한다. 미국 정부는 너무나도 거대하며, 너무나도 크고 광범위한 영향력을 떨치고 있고 따라서 만약 무슨 일이 생기기라도 하면 정부가 안전망을 제공해 줄 것이라고 모두가 믿고 있기에…… 정부는 아마도 그렇게 할 것이다. 지난 장에서 엿봤듯이 이미 그러한 움직임은 오래전에 시작되었다. 하지만 사실 이것은 그들이 의도한 바가 아니다. 경제학자인 밀튼 프리드먼Milton Friedman은 이렇게 말했다.

정부는 세 가지 주요 기능을 지니고 있다. 군사적인 방어를 제공하고, 개인 간의 계약을 준수하도록 압력을 행사하며, 국민들을 그들 자신 혹은 그들의 사유자산에 대한 범죄로부터 보호하는 것이다. 비록 훌륭한 의도를 지니고 있다고한들 정부가 경제구조를 변경하거나 도덕성을 규제하거나 또는 특정 이

권리權을 옹호한다면, 비용은 비효율적이 되고 혁신이 사라지며 자유를 상실하게 된다. 정부는 참여자가 아니라 심판이 되어야 한다.

일반 국민들은 정부가 민간 금융기관을 긴급구제할 때 얼마나 많은 비용을 지불해야 하는지 잘 알지 못한다. 1980년대 후반에 저축대부조합 위기가 발생했을 때 미국 납세자들은 1500억 달러를 희생해야 했다. 1989년에 미국 인구는 겨우 2억 5000만 명이었다. 즉 어리석은 금융기관들이 저지른 문제를 해결하기 위해 모든 미국 국민들이 세금 또는 인플레이션을 통해 일인당 600달러(2007년의 달러 가치로 환산하면 1,000달러)를 내야 했다는 의미다. 하지만 앞으로 닥칠 일에 비하면 이 정도는 새발의 피에 불과하다.

우리 경제가 구조적으로 실패할 가능성을 내포하고 있는 이유는 일반 대중이 대형 은행과 큰 정부에 의해 농락당하면서도 아무런 조치를 취하고 있지 않기 때문이다. 이 같은 사실이 밝혀지는 데만도 수백 년이라는 세월이 걸렸다. 미국인이 자진해서 속아 넘어간 첫 번째 사기는 부분지급준비금제도였다. 두 번째는 부분지급준비 은행이 역피라미드상에서 부분지급준비 중앙은행의 위에 위치할 수 있도록 허용한 것이었다. 그리고 세 번째로 저지른 커다란 실수는 1972년 연방준비제도가 닉슨 대통령과 손잡고 미국 달러를 순수한 명목화폐로 바꾼 것에 대해 정부와 중앙은행에 대항하지 않은 일이었다. 그 결과는 인플레이션과 인플레이션, 그리고 그보다 더 심한 인플레이션으로 나타났다. (이 문제에 대해 더욱 자세히 알고 싶다면 머레이 N. 로스바드의 『연방준비제도를 고발한다』를 읽어 보길 권한다.)

많은 경제학자와 금융전문가, 그리고 자산관리자들이 달러본위제와 미국의 적자예산과 경상수지적자, 그리고 중앙은행에 의한 통화창조로 인한 경제 불안정이 점점 심각한 수준에 이르고 있으며, 어느 날 거대한 부의 이전으로 끝나게 될 것이라고 내다보고 있다. 문제는 그러한 부의 이전이 점진적으로 이루어질 것인가 아니면 급작스럽게 발생할 것인가이다. 어떤 이들은 그것이 특정한 사건을 계기로 불현듯 닥쳐 올 것이라고 믿는다. 그러나 부의 이전이 어떠한 형태로 이루어지든 간에 이득을 얻는 것은 금과 은, 그리고 귀금속이라는 보다 안전한 항구로 부를 옮겨 놓는 선견지명을 가진 이들일 것이다.

경제학자들 사이에서도 그 결과가 디플레이션일지 인플레이션일지 아니면 스태그플레이션일지 초인플레이션일지에 대해서는 이견이 분분하다.

디플레이션은 통화량이 수축하는 현상을 가리키며, 그 결과 통화 가치가 상승하고 물가가 하락한다. 디플레이션은 대공황 때처럼 대단히 급작스럽게 발생할 수도 있고 혹은 1990년대 일본의 경우처럼 더디게 발생할 수도 있다.

인플레이션은 통화량이 서서히 팽창함으로써 통화 가치가 조금씩 하락하고 물가가 상승한다.

스태그플레이션은 경제 침체기를 의미하는데, 1970년대처럼 성장률은 낮지만 높은 실업률과 높은 물가상승률이 함께 나타난다.

초인플레이션은 스테로이드를 맞은 것 같은 급격한 인플레이션이다. 심각한 인플레이션이 어느 시점에서 초인플레이션으로 분류되는지 그 경계선은 아직 불분명하다. 혹자는 인플레이션이 매달 20퍼센트에서 30퍼센트 수준으로 상승한다면 그때부터 초인플레이션이라고 불러야 한다고 말한다. 나는 그것이 통화에 대한 신뢰가 화폐를 발행하는 속도보다 더 빨리 떨어질 때, 그리하여 총 통화량의 가치가 통화량의 증가속도와 상관없이 축소되는 시점이라고 생각한다. 한편 국제 회계기준위원회International Accounting Standards Committees는 3년에 걸친 누적 인플레이션이 100퍼센트에 육박하거나 혹은 100퍼센트를 초과할 경우를 초인플레이션이라고 규정한다. 이 같은 정의에 따르면 연간 인플레이션율이 3년간 26퍼센트에 이르면 초인플레이션에 돌입하게 되는데, 우리는 이미 매년 통화량을 18퍼센트씩 증가시키고 있는 중이다. 하지만 내가 가장 좋아하는 초인플레이션에 대한 정의는 존 윌리엄스의 것이다. 그는 "초인플레이션은 가장 큰 은행권 지폐(미국의 경우 100달러)가 화폐가 아니라 화장실 휴지에 더 가까울 때"라고 말했다.

자, 그렇다면 앞으로 금과 은이 어떠한 활약을 벌이게 될지 몇 가지 가능한 시나리오를 훑어보자.

하지만 그전에 다음 문장을 마음 속 깊이 새겨 두기 바란다.

"금과 은이 오르지 않는 시나리오란 없다."

노란 벽돌길을 따라

■ **시나리오 1. 서행성 인플레이션**(현재와 비슷한 상태로 유지)

개인적으로는 가장 현실성이 떨어진다고 생각하는 시나리오다. 특별한 변화 없이 앞으로 계속 완만한 곡선이 유지되리라 예상하기에는 오늘날의 세계 경제가 너무나도 불안정하기 때문이다. 심지어 벤 버냉키마저 이 점에 있어서는 나와 같은 생각이다.

"미국이 이런 거대한 경상수지 적자 수준을 영원토록 유지할 수는 없습니다. 왜냐하면 미국의 외채상환 능력과 외국인 투자자들이 미국 자산을 계속 보유하려는 의지에는 모두 한계가 있기 때문입니다."

우리가 외국으로부터 무언가를 구입할 때마다 그들은 미국 재무부 채권이나 기업 채권, 주택저당증권, 또는 기업이나 기업체의 주식(소유 지분), 부동산과 같은 유형 자산의 형태로 IOU를 구매한다. 간단히 말해 미국은 세계 각국으로부터 상품을 사는 대신 미국의 일부를 넘기고 있는 것이다. 그리고 이것은 매우, 매우 심각한 문제다.

이미 우리는 앞에서 미국의 무역불균형 문제가 얼마나 깊고 심각한지 살펴본 바 있다. 내가 서행성 인플레이션의 실현 확률이 가장 낮다고 보는 이유는 무슨 일이 생기든 결국 미국 달러에 대한 신용은 바닥을 치게 될 것이기 때문이다. 그날이 오면 세계 각국은 그들이 보유한 미국 재무부 채권을 모두 현금화하고 싶어 할 것이다. 하지만 불행히도 우리는 그것을 갚을 만한 현금을 갖고 있지 않고 따라서 새로운 화폐를 찍어 내야 한다. 그러한 조치가 우리의 달러에, 그리고 세계 경제에 어떠한 영향을 미치든 그 결과가 가볍고 완만하며 일상적인 인플레이션으로 나타나지는 않을 거라는 것쯤은 여러분도 쉽게 짐작할 수 있으리라.

그러므로 모든 시나리오 중에서 나는 현상황 유지라는 시나리오가 유일하게 거의 불가능하다고 본다. 그러나 설사 내가 방금 묘사한 상황이 일어나지 않더라도, 그리고 우리가 지금까지 해 온 것처럼 그럭저럭 잘 헤쳐 나가더라도 세계 통화량은 여전히 기하급수적인 비율로 팽창할 것이며 따라서 모든 통화의 가치, 즉 구매력은 계속해서 떨어질 것이다. 여기서 모든 통화란 우리가 결코 창조할 수 없는 두 가지를 제외한 모든 것을 가리킨다. 바로 금과 은 말이다. 이 두 화폐는 대단히 과소평가되고 있는데, 이 점을 명심하라, 금과 은은 곧 다른 화폐들의 가치를 따라잡게 될 것이다.

■ **시나리오 2. 디플레이션**

디플레이션은 벤 버냉키가 가장 두려워하는 악몽이다. 나는 그가 저술한 『대공황 소론 Essays on the Great Depression』과 다른 수많은 연설들을 읽었는데, 버냉키의 글을 읽다 보면 설사 우리가 디플레이션을 겪더라도 금세 회복할 수 있을 것 같은 느낌이 든다.

그렇다면 연준은 어째서 그렇게 디플레이션을 두려워하는가? 왜냐하면 IOU를 기반으로 하는 통화제도는 본질적으로 완전하고 절대적인 붕괴를 겪을 위험성을 내포하고 있기 때문이다. 우리 자신의 과거, 즉 대공황을 조금만 깊게 들여다본다면 이 질문에 대한 대답을 손쉽게 찾을 수 있다.

디플레이션하에서 부채는 커다란 골칫거리다. 벤 버냉키 의장의 말을 들어 보자. "대공황의 가장 커다란 문제는 디플레이션의 확산뿐만 아니라 1920년대에 만연했던 심각한 국내 부채에 있었다."

간단히 설명해 보자. 당신의 한 달 소득은 100달러다. 그중에서 당신은 주택융자 및 자동차 할부, 신용카드 사용액 등 빚을 갚는 데 40달러를 사용한다. 나머지 60달러 중에서 50달러는 공과금과 식료품, 보험료, 자동차 유지비 등을 내는 데 사용하고 나머지 10달러로는 데이트를 하거나 영화를 보는 등 문화생활을 즐긴다. 이 정도면 꽤 즐거운 삶이 아닐 수 없다.

그러나 디플레이션이 닥치면 모든 것이 감소한다. 임금과 물가, 국민총생산, 통화량까지 말이다. 그러나 당신에게 있어 무엇보다 중요한 것은 어쨌든 당신의 소득이다. 예를 들어 대공황 시절에는 명목소득이 53퍼센트나 하락했다. 앞에서 든 비유를 들자면, 월급이 100달러가 아니라 겨우 47달러로 준 것이다. 아마 당신은 속으로 이렇게 생각할 것이다. '그래, 하지만 물가도 같이 떨어졌잖아? 그러니까 내 구매력도 똑같을 거야.' 글쎄, 대답은 '그렇다'이기도 하고 '아니다'이기도 하다. 물가는 소득과 함께 하락하지만 부채는 그렇지 않다.

'명목名目'이라는 것은 숫자가 고정되어 있다는 의미다. 따라서 당신은 아직도 매달 40달러의 빚을 갚아야 하지만 소득은 47달러에 불과하다. 영화는 포기해라. 자동차도 포기해라. 그리고 보험료는…… 말할 필요도 없을 것이다. 어쩌면 수도세나 전기세도 제대로 내지 못할지도 모른다. 빚을 갚고 남은 7달러로 일단 배부터 채워야 할 테니까.

이제 당신은 집을 팔아야 한다. 그렇지만 주택융자금이 아직 5천 달러나 남아 있고, 집값은 겨우 2천 달러밖에 되지 않는다. 당신은 당신의 집이 압류당하고, 자동차가 회수되고, 가구가 경매에 넘어가고, 법원이 당신의 저축을 모두 압수해 당신의 채권자에게 넘기는 모습을 참담한 심정으로 지켜보아야 한다. 평생 동안 열심히 뼈빠지게 일했

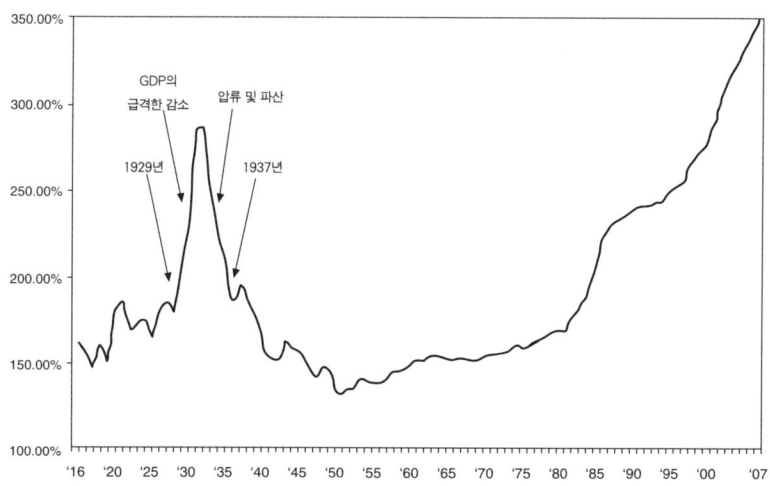

| 그래프 22 | 국민총생산 대비 신용시장부채

출처: 연방준비제도, 미 상무부 경제분석국, 인구조사국

건만, 하루아침에 집을 잃고 길바닥에 나앉은 신세로 전락한 것이다.

그래프 22는 GDP 대비 부채율이다. 다시 말해 미국 내에서 생산되는 모든 재화와 서비스(국민총생산) 가운데 부채의 비율이 얼마나 되는지를 보여 준다.

1929년 주식시장이 붕괴하자 GDP 역시 감소했다. 따라서 미국 경제가 대공황으로 치닫는 몇 년 사이 비록 아무도 새로 빚을 지지 않았더라도 GDP에서 부채가 차지하는 비율은 180퍼센트에서 280퍼센트로 크게 증가했다.

그러다 1933년부터 1937년 사이, GDP는 아주 조금 증가한 반면 부채 수준은 곤두박질친 것을 알 수 있다. 보다 피부에 와 닿게 설명하자면, 저 하강 그래프는 집안 대대로 내려온 가족 농장이 남의 손에 넘어갔음을 의미한다. 숫자상으로 1933년에서 1937년 사이의 저 그래프는 압류와 몰수, 파산, 그리고 부실대출의 유동화를 의미한다. 그러나 그 숫자 뒤에는 산산조각 나는 삶을 어찌할 도리 없이 지켜보기만 해야 했던 인간들이 존재한다.

통화량의 급격한 축소는 진짜 돈, 즉 공기 중으로 증발할 수 없는 금과 은을 화폐로 사용하던 시절에도 발생했다. 그렇다면 IOU에 전적으로 기대고 있는 현대의 통화제도하에서는 어떤 일이 벌어질 수 있을까? IOU는 오직 채무자가 갚을 능력을 지니고 있을 때에만 가치를 지닌다. 어쩌면 당신은 오늘날 우리의 GDP 대비 부채가 심지어 대공황 시절보다도 더욱 심각한 수준에 이르러 있음을 알아차렸을 것이다. 실제로 내가 이 책을 쓰고 있는 지금 미국의 부채 수준은 총국민소득의 350퍼센트에 달한다. 1929년의 180퍼센트가 엄청나게 심각한 줄 알았다고? 다시 생각해 봐야 할 때다.

디플레이션하에서는 정부 역시 일반 대중과 마찬가지로 고정된 채무와 소득(세금) 하락이라는 똑같은 고통을 겪는다는 점 또한 기억해야 한다. 국가 정부도 일반 국민들처럼 지급불능 상태에 빠져 파산할 수 있다.

벤 버냉키는 "반드시 예방해야 하는 미국의 디플레이션Deflation: Making Sure 'It' Doesn't Happen Here"이라는 연설에서 헬리콥터에서 돈다발을 뿌리는 한이 있더라도 디플레이션을 막겠다고 말했다. 그는 그 연설에서 디플레이션을 방지하기 위해서라면 연준은 무슨 짓이든 불사할 각오가 되어 있다고 확고하게 말했다. 그의 해결책은 더 많은 통화('돈'이 아니다.)를 계속해서 공급하는 것이었다. 심지어는 금리를 0퍼센트까지 낮추겠다고까지 선언했다.

자, 그렇다면 나는 왜 우리의 경제와 적자, 무역불균형, 미적립 부채, 그리고 벤 버냉키의 말에 이토록 많은 지면을 할애하는 것일까? 왜냐하면 이 모든 것들이 금과 은의 상승에 엄청난 영향을 미치기 때문이다. 이것들이야말로 역사상 가장 큰 부의 이전에 불을 댕길 가장 큰 요인들이기 때문이다. 금과 은의 가치가 어째서 필연적으로 오를 수밖에 없는지 이해하고 싶다면, 그리고 어째서 부의 이전이 그토록 거대한 규모로 발생할 것인지 알고 싶다면, 먼저 원인이 될 문제점을 인지하고 정부의 해결책이 얼마나 부질없는지 알아야 할 필요가 있다.

디플레이션에 대한 벤 버냉키와 연준의 해결책은 대단히 중요한 점을 시사한다. 그들은 자신들이 얼마나 디플레이션을 두려워하는지, 그리고 그것을 예방하기 위해 얼마나 오랫동안 준비해 왔는지를 알려 준다. 나는 버냉키의 연설에서 연준이 어떻게 새로운 통화를 창출하고 이를 경제에 유입시킬 것인지 몇 가지 핵심 요점을 뽑아 그래프로 그려 보았다. 이를 한번 자세히 들여다보자.

연방준비제도가 디플레이션과 맞서 싸우기 위해 제시하는 일반적인 해결안은 자산 구입을 통해 경제체제 안에 통화를 유입시키는 형태다. 디플레이션을 예방하기 위해서 연준은 구입하는 자산의 규모를 증가시키거나 또는 그 종류를 다양하게 확장시켜야 한다. 이를테면 주택저당증권과 회사채, 기업 어음, 은행대출, 주택융자, 또는 대외부채나 국가부채 등으로 말이다. 또한 그들은 공개시장 매수 프로그램을 통한 광범위한 감세 가능성을 열어 놓는다.

우리는 정부에 속해 있지도 않으면서 무에서 창조해 낸 화폐를 가지고 전 세계 자산의 상당부분을 사들일 수 있는 권한을 가지고 있는 연준이라는 민간 기업의 부도덕한 행동을 보고도 못 본 척 눈감아 줘야 한다. 그러나 결과야 어찌 되었든 연준이 디플레이션을 예방하는 데 혈안이 되어 있다는 점을 감안한다면, 설사 정말로 디플레이션이 발생한다 하더라도 그 기간은 대단히 짧을 것이다. 그렇다면 그것이 금과 은에 미치는 영향은 어떠할까?

앞으로 보게 되겠지만, 금은 디플레이션 시기에 엄청난 구매력을 얻을 수 있다. 사실 대공황 시기에 최상의 투자처는 바로 금광산 주식이었다. 그러나 지금은 상황이 조금 다르다. 대공황 당시에는 금과 은이 세계 통화제도의 근간을 이루고 있었지만 지금은 그 어떤 국가에도 속해 있지 않다. 금과 은은 통화와 별개로 거래된다. 각 국가의 중앙은행들이 디플레이션을 해소하기 위해 어마어마한 양의 화폐를 찍어 내 서로의 부채를 사들이는 동안에도 금과 은은 그들이 창조할 수 없는 유일한 화폐다.

게다가 대공황 때와 달리 오늘날의 세계 경제는 서로 따로 고립된 섬들이 아니다. 우리는 하나로 묶인 지구촌에서 살고 있고, 해외투자는 국가의 경제체제를 구성하는 중요한 요소이다. 또한 지구상에서 모든 뉴스와 거래는 언제 어디서든 빛의 속도로 이루어진다.

따라서 미국에 디플레이션이 찾아오면 경제성장률이 하락하고 기업들의 부채가 가중됨에 따라 기업들이 적자를 기록하게 되고, 이에 해외투자가들이 등을 돌리게 될 것이다. 그들은 미국의 달러 자산을 현금화한 뒤 달러를 팔고 자국의 화폐를 사들인다. 이 같은 행동은 미국의 달러 지수를 하락시키고 귀금속 가격을 상승시킬 것이다.

그렇다면 미국의 국채는 어떤가? 디플레이션하에서 국채는 꽤 괜찮은 선택이 아닌가? 일반적으로는 그렇다. 그러나 현재 우리는 일반적인 경제 상황에 있는 것이 아니다. 디플레이션 시나리오에서는 과세 기반이 현저하게 축소된다. 오늘날 미국은 이미 거대한 빚을 짊어지고 허덕이고 있으며 적자지출은 그 한계를 모르고 날뛰고 있다. 이 같은 상황에서 국가 세입이 축소되고 연준이 디플레이션에서 벗어나기 위해 화폐 윤전기를 돌려 댈 것이라는 사실까지 결합되면, 세계의 주요 신용평가기관들이 미국의 신용등급을 하향조정하는 결과가 나타날 것이다. 사실 해외투자자들이 미국을 지급불능 상태로 만들기 위해서는 그들이 가진 미국의 부채, 즉 IOU를 판매할 필요조차 없다. 그저 사들이는 것을 중단하기만 해도 될 일이다.

어쩌면 투자가들은, 최소한 단기적으로는 위기에 처했을 때 거의 반사적으로 이제까지 배웠던 것처럼 미국 국채를 매입하려 들지도 모른다. 그러나 이렇게 생각해 보라. 당신이라면 별로 믿음직하지 못한 사람에게 평생 모은 저축을 주고 IOU를 사겠는가? 그 사람이 약속하는 이자율은 실질 인플레이션의 절반밖에 안 되는 데다 이미 지난 70년 동안 모든 동네방네 사람들에게 돈을 빌려 쓰면서도 수입보다 지출이 훨씬 많았던 사람에게? 나라면 절대 사양이다.

바로 그 '믿음직하지 못한 사람'이 미국 정부이다. 미국 정부가 빌린 것보다 더 많이 갚은 마지막 시기는 한참 까마득한 47년 전이었다. 미국은 이미 연간 세입보다 다섯 배나 많은 빚을 지고 있으며, 지구촌 모든 사람들에게 실제 그들의 1년 소득보다 스무 배나 많은 재화와 서비스를 공급해 주겠다고 큰 소리를 떵떵 치며 약속을 해 놓은 판이다. 실제로는 주머니에 땡전 하나 없으면서 말이다.

이와 같은 심각한 디플레이션하에서 투자 포트폴리오를 안전하게 구성하고 싶어 하는 투자자들에게 몇 가지 대안이 있고, 그중 하나가 귀금속이다. 이미 여러 번 말했듯이, 금과 은은 정부가 마음대로 창출해 낼 수 없는 유일한 화폐이기 때문이다. 투자자들이 그들이 보유한 달러표시 자산을 판매하면 달러의 평가절하가 지속될 것이고, 해당 달러를 귀금속에 투자하면 귀금속 가격은 상승할 것이다. 이는 단순한 수요-공급 원리로, 금과 은의 공급량이 충분하기 때문에 수요가 증가하면 그에 따라 귀금속의 가치는 상승할 것이다.

■ 시나리오 3. 고高인플레이션

만일 내가 생각하는 그의 진정한 목적(적절한 수준의 인플레이션을 일으켜 부동산 거품을 만들고 경기를 연착륙시키는 것)을 버냉키가 달성하고 싶다면 인플레이션율을 상당히 빠른 속도로 자극해야 할 것이며, 결국 부동산 시장은 저평가 자산군으로 회귀하면서 1966년~1982년에 다우존스가 그랬던 것처럼 보이지 않는 붕괴를 경험하게 될 것이다. 이 같은 상황에서 부동산 시세는 평탄하게 유지되거나 또는 대단히 천천히 상승할 것이다. 하지만 통화량은 오늘날과 비교하면 크게 팽창할 것이며, 그 결과 다른 모든 자산군이 부동산보다 빠른 속도로 성장하고 특히 거기에는 금과 은도 포함되어 있으리라.

고인플레이션하에서는 모든 투자가 성장하는 듯 보이지만 실질 가치 면에서는 많은 부문들이 하락한다. 투자로 인해 10퍼센트의 수익을 올렸다 할지라도 달러는 이미 20퍼센트의 인플레이션을 겪고 있기 때문이다. 결과적으로 보자면 가치를 10퍼센트나 상실한 셈이다. 그것이 바로 인플레이션을, 그리고 그것이 어떻게 경제를 죽일 수 있는지를 이해해야 하는 이유다. 이런 상황에서 당신이 할 수 있는 최상의 방법은 귀금속과 원자재에 투자하는 것인데, 통화량이 팽창하면 그것들의 가치는 오히려 상승하기 때문이다. 부동산처럼 차입자본 투자도 마찬가지다. 왜냐하면 인플레이션 비용 또는 그보다 낮은 가격으로 대출을 받을 수 있기 때문이다. 간단히 말해 지금 빌려서 나중에 더 싼 달러로 갚을 수 있다는 의미다.

■ 시나리오 4. 초인플레이션

이 책의 첫머리에서 언급한 역사적 교훈을 기억한다면, 당신은 초인플레이션이 얼마나 파괴적인 결과를 가져올 수 있는지 알고 있을 것이다. 그러므로 여기서 같은 이야기를 되풀이할 필요는 없으리라. 한마디로 말해, 미국에서 초인플레이션이 발생하면 거대한 부의 이전이 일어나게 된다.

초인플레이션하에서는 모든 투자의 가격이 극적으로 상승하며, 심지어 어떤 자산군은 가치마저 상승할 수 있다. 그러나 금과 은에 비하면 모든 것이 하락한다. 초인플레이션 상황에서 모두가 필요로 하는 것, 가장 희귀하고 절실한 것은 진짜 '돈'이며, 그것을 손에 넣기 위해서라면 사람들은 무엇이든 당신에게 갖다 바칠 것이다. 부동산, 주식, 수집물, 비즈니스, 그 무엇도 진짜 돈에 비하면 가치가 현저하게 떨어질 것이다.

그러므로 초인플레이션하에서 최고의 투자 대상은 고인플레이션과 마찬가지로 귀금속과 원자재, 그리고 부동산처럼 차입자본을 활용한 투자들이다. 당신이 원하는 것은 초인플레이션이 시작되기 전에 얻은 저금리/고정금리 대출이다. 초인플레이션이 시작되면 겨우 몇 분의 노동만으로도 주택융자금을 갚을 수 있게 될지도 모르기 때문이다. 초인플레이션하에서는 시간당 천만 달러의 시급을 받게 될 수도 있다. 그리 되면 은행이 당신 대신 대출금을 내주는 격이 되고, 당신은 손쉽게 내 집을 마련할 수 있다.

하지만 정말로 공격적인 방식으로 부를 쌓고 싶다면 부동산 가격(가치가 아니라)이 오를 때 동반상승하는 자기자본을 이용해 재융자를 받아 새로운 부동산을 손에 넣는 방법을 활용할 수도 있다. 초인플레이션이 막바지에 이르기 직전까지 차입자본을 최대한으로 이용한 다음, 곡선이 하강하기 전에 모조리 갚는 것이다.

그러나 그 어떤 것도, 다시 말하지만 그 어떤 것도, 귀금속이 얻게 될 구매력에 비하면 아무것도 아니다.

자, 내 말을 따라해 보라. 금과 은이 오르지 않는 시나리오란 없다.

예언

달러본위제는 본질적인 결함을 지니고 있을 뿐만 아니라 대단히 불안정하다. 그 종말이 이미 임박한 지금, 남은 의문은 불(초인플레이션)에 의해 무너질 것인가 아니면 얼음(디인플레이션)에 의해 무너질 것인가이다. 그 대답에 따라 어떤 이들은 부자가 되고, 어떤 이들은 부를 잃을 것이다.

—리처드 던컨, 『세계 경제의 위기: 달러의 몰락』

내가 내다보는 미래를 알고 싶은가? 자, 여기 당신의 앞날을 말해 주겠다.

우리 경제가 인플레이션으로 몰락할 것인지 아니면 디플레이션으로 붕괴할 것인지는 아직도 많은 경제학자들 사이에서 논쟁이 계속되고 있다. 그러나 벤 버냉키가 연준 의장으로 선출된 후에는 디플레이션을 지지하던 대부분의 경제학자와 경제전문가, 분석가들이 방향을 선회하여 우리가 인플레이션을 향해 나아가고 있다고 믿는 중이다. 그리고 그중 많은 이들이 그 길의 끝에는 초인플레이션이 기다리고 있을 것이라고 예상한다.

이 가설의 유일한 문제점은 아무리 지난 역사를 뒤져 봐도 대중이 그들의 어리석음에 대해 '부'라는 보상을 받은 사례는 전혀 찾을 수가 없다는 점이다. 바다 위에서 모든 승객들이 배의 한쪽으로 몰려간다면 결국 배는 전복해 가라앉고 만다. 돌이켜보면, 거대한 경제 격변이 일어나 커다란 부의 이전이 발생했을 때 결국 부를 차지하는 것은 항상 거물이나 큰손들이었다. 최후의 승자는 언제나 부자들이다. 최근 미국 금융권이 앓고 있는 몸살의 근본 원인인 거물급 경영진들의 황금낙하산만 해도 그렇다. 그들은 심지어 게임에 져서 떠날 때조차도 실은 승리한 것이다. 그게 무슨 뜻이냐고?

실질금리가 마이너스로 전환될 때, 즉 금리가 인플레이션율보다 낮을 때 사람들은 리스크뿐만 아니라 부채까지 초과로 짊어지게 된다. 왜냐하면 그것이 바로 우리 은행제도의 근본 원리이기 때문이다.

미국 국민들은 그들의 정부와 똑같은 소비 습관을 지니고 있다. 미국의 개인저축율은 마이너스다. 모건스탠리Morgan Stanely의 수석 경제학자이자 이사진인 스티븐 로치Stephen Roach는 미국의 저축율이 세계 경제를 이끄는 경제대국으로서 역사상 유례없는 최저 수준이라고 지적했다. 개인저축율이 이처럼 오랫동안 마이너스를 기록한 사례는 대공황 때가 유일하다.

수백만에 달하는 가구가 그들의 집을 마치 자동인출기마냥 이용해 주택을 담보로 최고한도액까지 대출을 받았다. 또한 이들은 물론이요, 이들과 더불어 더 많은 수백만 가구의 신용카드 채무가 최고한도에 이르러 있다. 로버트 기요사키는 좋은 부채와 나쁜 부채는 커다란 차이가 있다고 말한다. 좋은 부채는 당신에게 도움이 된다. 나쁜 부채는 당신에게 손해를 입힌다. 이것은 나쁜 부채다.

당신의 주택융자 규모가 얼마나 되든 초인플레이션이 끝날 즈음이면 월급이 천정부지로 올라 짧은 시간 안에, 어쩌면 몇 시간만 일해도 융자금을 모두 갚을 수 있을 것이다. 즉 은행이 당신 대신 집값을 내주는 것이나 다름없단 얘기다. 하지만 나는 은행이 평범한 시민들에게 공짜로 그 모든 주택을 사 주리라고는 도저히 상상하지 못하겠다. 아니, 역사상 그 어떤 경우에도 인플레이션은 저축을 좋아하는 국가에서 발생했다. 반면에 돈을 펑펑 써 대는 것을 좋아하는 국가를 기다리는 것은 디플레이션이었다.

1차 세계대전 동안 급격한 인플레이션이 발생하자 모든 사람들이 흥청망청 돈을 써 댔다. 전쟁이 끝나고 1921년이 되자 미국은 심각한, 그러나 짧은 불경기에 접어들었다. 광란의 20년대가 끝날 즈음에는 모두가 다시 큰손으로 변모해 있었고, 그러자 대공황이 발생했다. 역사상 가장 크고 심각한 디플레이션이었다. 2차 세계대전 중에는 모두가 디플레이션을 예상한 나머지 주머니를 한껏 졸라맸지만 막상 전쟁이 끝났을 때 찾아온 것은 인플레이션이었다. 심지어 일본처럼 신중하고 보수적인 국가의 국민들조차 주식시장과 경기가 치솟아 광란의 80년대가 찾아오자 사치스러운 생활에 물들 정도였다. 그리고는 다시 디플레이션이 찾아왔다. 이것은 마치 '해도 죽고 안 해도 죽는' 것과 비슷한 상황이다.

내 친구의 동네에서 백만 달러를 주고 집을 산 사람의 이야기를 기억하고 있는가? 그는 20퍼센트, 즉 20만 달러의 선금을 주고 그 집을 구입했는데 몇 년 뒤 집값이 60퍼센트나 하락했다. 이 불쌍한 사내는 겨우 40만 달러짜리 집을 위해 80만 달러의 융자금을 12퍼센트 이자율까지 더해 갚아야 했고, 손해를 보지 않고 처음 그 집을 산 가격으로 되팔 수 있을 때까지 자그마치 10년이나 기다려야 했다. 하지만 이렇게 커다란 부동산 거품도 앞으로 우리가 겪게 될 일에 비하면 새발의 피에 불과하다.

나는 은행이 대중에게 선금 없는 주택 융자를 제공하기 시작했을 때부터 끊임없이 이런 경고를 보냈다. 나는 이렇게 물었다. "이번에는 또 집주인들이 무엇 때문에 집에 발목을 잡힐 것인가?" 몇 년 전부터 내가 그 대답으로 예상하고 있는 것은 경제 침체다. (경제 침체는 언제나 있어 왔고 또 앞으로도 언제나 있을 것이다.)

경제가 침체되어 불경기가 찾아오면 어떤 사람들은 연봉이 감봉되거나 동결되고 또 어떤 이들은 정리해고를 당하게 될 것이다. 어쩌다 그중 한 명이 신용카드 빚과 대출금을 근근이 갚아 나가며 아슬아슬하게 생계를 꾸리는 수백만 명 중 한 명이라면 어떻게 될까? 그리고 다른 사람이, 또 다른 사람이, 또 다른 사람이 같은 처지에 있다면? 주택압류와 파산이라는 결과가 한 방울 또 한 방울씩 모이면 하늘을 뒤덮는 먹구름이 되어 완전한 폭풍우가 몰려올 수 있다.

경제적 불안과 걱정은 감정적인 역효과를 불러일으킨다. 가장 먼저 모든 이들이 누군가에게 책임을 돌리고 싶어 할 것이며, 두 번째로는 거의 본능적으로 과잉반응을 하게 될 것이다. 대출 절차가 보다 복잡하고 까다로워지면서 문제는 더욱 악화된다. 유로 퍼시픽 캐피털Euro Pacific Capital의 피터 시프Peter Schiff는 이렇게 지적했다.

"주택 가격은 과거가 아니라 미래 고객들이 감당할 수 있는 수준을 의미한다. 만약 새로운 고객들이 과거 거품경제 시절에 그랬던 것처럼 소득증명 서류를 제출하고 20퍼센트 선금과 고정금리 상환을 해야 한다면 그들은 기존의 구입자들과는 비교도 할 수 없을 만큼 지불 능력이 떨어질 것이다."

곧 사람들은 주택저당증권보다도 더욱 큰 문제가 존재한다는 사실을 깨닫게 될 것이다. 그것이 바로 무계약금 대출이다. 금융권에 있어 MBS는 대단히 심각한 문제다. 금융체제를 통해 문제를 지구촌 전체로 널리 확산시키기 때문이다. 그에 비해 무계약금 대출은 세계 경제를 블랙홀처럼 빨아들이는 끔찍한 무저갱이라 할 수 있다.

마지막으로, 나는 우리가 굴곡과 경사가 무척 심한 롤러코스터를 타게 될 것이라고 예상한다. 처음에 디플레이션의 징조가 나타나면 헬리콥터가 화폐다발을 공중에서 흩뿌린다. 그 결과 고인플레이션이 찾아오고 그 다음에는 진정한 디플레이션이 닥치며 곧이어 초인플레이션이 찾아올 것이다.

로버트 기요사키를 비롯해 내가 존경하는 몇몇 인물들 역시 이 시나리오를 예상한 바 있다. 나는 이미 발생한 서브프라임 사태가 더욱 악화될 것이며, 부동산 시세가 추락하면서 은행이 창출한 신용통화가 소멸되고 디플레이션의 징조가 나타나리라 생각한다. 그렇게 되면 벤 버냉키가 우리를 구하러 달려와 다시금 헬리콥터에서 지폐뭉치를 뿌려 댈 것이다.

『부자 아빠의 미래 설계』에서 로버트 기요사키는 역사상 가장 거대한 주식투자 붐이 다가올 것이며 이는 최소한 2007년까지 계속되리라고 내다보았다. 이 책이 미국에서 2002년에 발간되었다는 점을 감안하면 참으로 놀라운 통찰력이 아닐 수 없다. 당시 미국은 9·11 테러의 여파와 엔론을 비롯한 지저분한 금융 스캔들을 앓고 있었으며, 많은 투자분석가들이 지난 3년 동안 무자비한 하락세를 기록한 다우존스에 대해 앞으로도 몇 년 동안 약세시장이 계속되리라 전망하고 있었다. 그러나 로버트는 베이비붐 세대의 퇴직에 기반한 부정적인 전망 속에서 홀로 놀랍도록 낙관적인 예측을 내놓았고, 소위 전문가라는 사람들은 그에게 정신이 나갔다고 말했다. 그러나 최근의 사건들은 기요사키가 실은 천재임을 입증해 준다.

그리 머지않아 수백만 명의 베이비붐 세대가 퇴직연금을 탈 나이에 이르게 될 것이다. 그리고 그때가 되면 그들은 노후를 위해 마련해 놓은 모든 것들이, 즉 그들의 집과 뮤추얼 펀드로 채워 넣은 연금계좌가 실제로는 가치를 잃었으며, 집을 판다고 해도 그 돈으로는 처음 집을 마련했을 때보다 훨씬 적은 것밖에 사지 못한다는 사실을 알게 될 것이다. 그리하여 그들이 꿈꾸던 행복한 퇴직 생활이 한낱 꿈에 지나지 않음을 깨닫고 몸을 사리게 된다. 한마디로 돈을 쓰지 않게 된다는 얘기다. 그들은 자산을 팔게 될 것이며, 이제 부자 아빠의 두 번째 예언처럼 역사상 가장 큰 주식시장 붕괴가 발생한다. 더더욱 많은 사람들이 공황에 빠져 겁을 집어먹고 주식을 팔아 치운다. 거기에 우리가 이제껏 보지 못한 심각한 부동산 시장의 붕괴까지 수반되리라.

압류와 파산이라는 완전한 폭풍이 몰려와 거대한 신용거품이 터지면 통화량이 수축되고, 이제까지 마음껏 돈을 써 대던 대중은 허리띠를 졸라맨다. 화폐를 사용하지 않으면 통화가 유통되지 않는다. 경제 엔진을 돌리던 기름이 바닥나고 모든 것이 그 자리에 멈춰 서는 것이다. 이것이 바로 벤 버냉키가 생각하는 최악의 악몽이다. 진정한 디플레이션. 불쌍한 벤은 신용 거품이 얼마나 크게 터질 수 있는지 알게 될 것이다.

이런 일이 발생하면 버냉키는 또다시 돈폭탄을 퍼붓는 헬리콥터 군단을 내보내겠지만 이번에는 뭔가가 다를 것이다. 무언가가 잘못된 것이다. 돈폭탄은 무용지물이 되어 해체된다. 연준은 손에 넣을 수 있는 온갖 종류의 채무를 사들여 금융권에 돈을 펌프질하려 들 테지만 불행히도 아무런 효과도 보지 못한다. 그러면 이제 그들이 만반의 준비를 갖춰 왔다고 자신만만하게 말하던 수단을 사용할 때가 왔다. 겁에 질린 투자가와 은행으로부터 주택융자와 MBS를 비롯해 여타 모든 형태의 부채를 모두 사들이는 것이다. 그러나 그래 봤자 아무 소용도 없다. 그들은 시장에 활기를 불어넣기 위해 주식을 매입하지만 서민경제는 계속해서 곤두박질친다. 대대적인 감세 정책도 경제를 일으켜 세우지는 못할 것이다. 그들은 해외 중앙은행과 손잡고 서로의 부채를 사들이겠지만, 세계 경제는 바닥 없는 추락을 계속할 것이다. 그리고 마침내, 사람들은 커튼 너머 감춰진 진실을 보게 된다. 그들은 도로시와 허수아비, 사자와 양철나무꾼이 본 것을 발견한다. 오즈의 마법사는 그저 손잡이만 잡아 당길 줄 아는 자그맣고 초라한 노인네일 뿐이라는 것을.

1차 세계대전 당시 독일이 통화량을 400퍼센트나 늘리고도 가격 인플레이션이 오지 않은 이유는 일반 대중이 미래에 대해 불안감을 느낀 나머지 돈을 사용하지 않았기 때문이었다. 퇴직을 목전에 둔 7600만 명의 베이비붐 세대 역시 자신이 가진 주택과 뮤추얼 펀드가 실은 휴지조각이나 다름없다는 사실을 깨닫게 되면 그와 비슷한 생각을 하게 될 것이다. 신사숙녀 여러분, 여러분 밑천은 바닥났답니다! 게다가 벤이 감세나 환급을 해 준다고 해서 그들이 커다란 평면 TV나 최신형 휴대전화를 살 것 같은가? 글쎄, 내 생각은 다르다. 그들은 동전 한 푼이라도 손에 들어오면 재깍재깍 저축을 하러 갈 것이다. 전쟁 때 독일인들이 그랬던 것처럼 말이다.

그러나 이 모든 것이 분명 한계에 달하는 시기가 올 것이다. 물론 퇴직을 해도 좋다 싶을 만큼 충분한 돈을 모았다고 생각하는 시점은 소득 수준에 따라 다르다. 어떤 사람들은 10만 달러가, 어떤 이들은 100만 달러가, 그리고 어떤 이들은 천만 달러가 모여야 안심할 수 있을 것이다. 벤은 어느 시점에 이르면 결국 사람들이 안심하고 구식 컴퓨터를 바꾸고 새 평면 TV를 구입할 것이라는 사실을 알고 있다. 이때가 되면 연준도 정부에게 충분한 자금을 빌려 주어 작년 세금의 환급분을 채워 줄 수 있을 것이다. 그러나 아무도 자동차를 새로 사지는 않을 것이다. 연준이 기다리는 전환점은 오지 않을 것이다. 그러나 좌절을 모르는 벤은 이렇게 말하리라.

"헬리콥터는 이제 됐고, 폭격기를 내보내!"

우리 눈에 보이지 않는 수백만 달러의 화폐폭탄이 하늘을 검게 뒤덮으면, 통화는 다시 사막에 비가 내리듯 우수수 쏟아 내리기 시작할 것이다. 서민들의 우체통에는 평생 낸 세금을 돌려주는 환급 수표가 들어오고 순간적으로 두려움이 완화되면 바이마르 공화국에서처럼 그동안 꽁꽁 숨겨 두었던 화폐의 일부가 슬금슬금 기어 나오기 시작한다. 순식간에 물가가 오르고 그동안 축적되어 있던 통화의 에너지가 폭발한다. 공황에 빠져 당황한 'B2 벤'(그의 새로운 화폐 폭격기에는 이런 별명이 붙지 않을까?)은 서둘러 퇴각 명령을 내리지만, 때는 이미 늦었다. 이제 무시무시하게 몰려오는 파도를 막기 위해 벤이 할 수 있는 일은 아무것도 없다. 드디어 초인플레이션의 막이 오른 것이다. 상상조차 할 수 없는 규모로 다우존스의 보이지 않는 붕괴가 시작되고, 금값은 하늘을 찌를 듯이 솟아오른다. 만약 당신이 금과 은, 원자재라는 안전한 항구를 향해 노를 저어 갈 수 있다면 이 폭풍 속에서도 살아남을 수 있을 것이다. 상처 하나 없이 빠져 나갈 수는 없겠지만 최소한 안전은 보장받을 수 있다.

이제 통화에 대한 신용은 언제 그런 것이 있었냐는 양 급격히 추락한다. 공무원들에게 지불해야 하는 생활비는 물론, 정부의 모든 프로젝트와 하청업자들, 노동 및 자재 비용이 천정부지로 뛰어오른다. 정부는 그 인상분을 지불하기 위해 더 많은 화폐를 발행하고, 그 결과 화폐가치는 더욱 빠른 속도로 하락한다.

이 시점에서 정부에게는 두 가지 선택만이 남아 있을 뿐이다. 정부의 운영 및 모든 프로젝트와 공공서비스를 중단하고 공무원들을 빈손으로 집에 돌려보낸 다음 윤전기의 전원을 끄고 자유시장제도가 통화량과 물가의 균형을 맞춰 주길 기다리든지, 아니면 그런 것에 신경 끄고 계속 화폐를 찍어 내든지. 정부는 항상 두 번째 안을 선택한다.

그러나 과다한 통화창조로 인해 축적된 에너지가 미국 내에서만 발생하리라는 법도 없고, 반드시 미래에 폭발하리라는 법도 없다. 실제 지금 이 순간에도 오랫동안 쌓여 있던 화폐가 빗장이 열려 밖으로 뛰쳐나가기만을 기다리고 있기 때문이다. 앞서 설명한 것처럼 우리가 상품에 대한 대가로 해외로 내보낸 달러들은 은행계좌 안에서 조용히 잠자고 있다. 세계가 달러에 대한 신용을 잃는 순간, 그들은 현물을 구입하고 달러를 갖다 버릴 것이다. 그 결과 당연히 상품의 가격이 상승하고 내가 방금 설명한 시나리오의 방아쇠가 당겨지게 되리라.

경제학자들은 언제나 내가 '이번에는 증후군'이라고 부르는 것에 시달려 왔다. "그 사람들 이번에는 세계 경제를 환히 꿰뚫고 있어." "이번에는 그들이 알아냈어." "이번에는 그들이 경제를 안정시켰어." "그 사람들 이번에는 통화팽창에 관한 한 예술의 경지에 들어섰어." "이번에는 명목화폐가 효과가 있을 거야!"

글쎄, 이제껏 우리가 겪은 역사를 되짚어 보면 그럴 가능성은 0퍼센트다. 우리가 경제적 파탄을 향해 노를 저어 갈 때마다 키를 잡은 것은 항상 저명하고 각광받는 전문가들이었다. 과연 그들에게 계속 우리의 배를 맡겨 둬야 할까?

Chapter 10

얼음을 황금으로!

인류 역사상 발생한 수많은 경제적 재난들은 모두 한 가지 공통점을 지닌다. 금을 보유한 자들은 살아남는다.

— 마이클 J. 코세어스Michael J. Kosares, 『금 투자 입문서The ABC's of Gold Investing』

좋은 아침!

나는 여러분에게 어둡고 험난한 폭풍우 속에 한줄기 햇살을 비춰주겠노라 약속했다. 드디어 그 밝은 햇빛을 느껴 볼 시간이다. 거대한 부의 이전은 반드시 발생할 것이며, 그 규모는 그 어느 때보다도 방대하리라 나는 장담한다. 경제 순환주기의 변화로 인해 하나의 자산군이 바닥으로 내려앉고 다른 자산군이 위로 치고 올라갈 때 발생하는 부의 이전은 너무나도 크고 확연하여 오히려 눈치채지 못하는 것이 이상한 일이 될 터이다. 대중은 남들이 커다란 부를 축적한 것을 깨닫고 자신들 역시 한몫 잡기를 바란다. 오래전에 이미 부의 이전이 끝났는데도 아직도 '어제'의 잘나가는 아이템을 쫓아다닌다. 부의 이전의 가혹함은 그것이 끝난 뒤에야, 즉 하나의 주기가 끝나고 새로운 경제 주기가 시작될 때에야 비로소 그 사실이 겉으로 드러난다는 데 있다. 경제 순환주기에 대해서는 앞으로 더 자세히 논할 기회가 있으니 이번 장에서는 한줄기 햇살 같은 밝고 따스한 전망에 대해 이야기해 보자. 지금쯤은 다들 짐작하고 있겠지만 그것은 바로 귀금속, 금과 특히 은을 가리킨다.

CPM 그룹은 귀금속산업 분야에서 가장 선도적인 원자재시장 조사 및 컨설팅 회사 중 하나이다. 이들은 귀금속 가격에 영향을 미치는 공급과 수요, 그리고 다른 요인들을 연구 조사하고 분석하며, 그에 따라 1971년부터 매년 「금시장 연례보고서Gold Yearbook」와 「은시장 연례보고서Silver Yearbook」라는 제목의 보고서를 발간하고 있다. 해당 자료는 www.cmpgroup.com에서 쉽게 구할 수 있으니 참고하기 바란다. 이 장을 집필하기 전 나는 CMP의 설립자이자 이사인 제프 크리스찬Jeff Christian과 인터뷰를 할 기회가 있었는데, 그는 전 세계에 지정학적 불안 및 경제적 불확실성이 존재하는 한 금과 은의 가격은 계속해서 오를 것이라고 전망하고 있었다.

앞에서도 살펴봤듯이 금과 은은 주기적으로 명목화폐의 가치를 따라잡는다. 앞으로 금과 은의 가치가 얼마나 변동하게 될 것인지 알고 싶다면 그래프 23을 보라. 그래프 23은 CPM 그룹의 금시장 연례보고서에서 발췌한 민간은행 총 예금액 대비 민간 부문의 금 보유량이다.

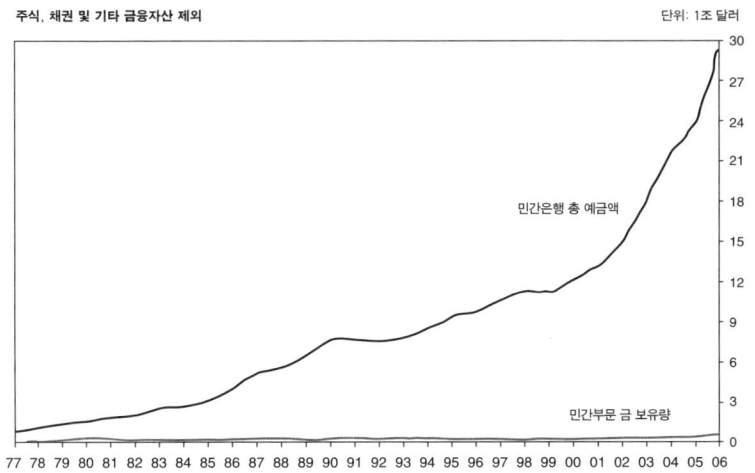

| 그래프 23 | 민간은행 총 예금액 vs. 민간부문 금 보유량

이 그래프에 사용된 예금액 데이터는 국제청산은행Bank for International Settlements, BIS이 CPM 그룹에 제공한 것이다. 해당 자료에 주식과 채권 및 다른 금융자산이 포함되어 있지 않은 점에 주목하라. 민간은행의 예금액이기 때문에 정부기관이나 중앙은행 같은 공적기관의 예금액 역시 포함되어 있지 않다. 미국 달러로 표기된 것으로 미루어 보아 해외통화 역시 배제된 상태다. 즉 많은 종류의 금융상품이 누락된 까닭에 미국의 달러 예금이 실제보다 다소 축소되어 표기되어 있다는 얘기다. 간단히 말해 이 그래프는 오직 일부 금융상품만을 민간 부문

이 소유한 금 전체와 비교하고 있는 것이다. 그런데도 저 어마어마한 달러 액수를 보라! 사람들은 입이 떡 벌어질 정도의 화폐를 보유하고 있지만 실질적인 '돈'은 전혀 갖고 있지 않다.

이 그래프에 의하면 달러의 양에 비해 금 보유량의 가치는 참으로 보잘것없는 수준이다. 최소한 현재 금 시세로 따지자면 그렇다. 하지만 이런 상황은 곧 뒤바뀔 것이다.

자유시장은 언제나 균형을 추구하는데, 그곳에 이르는 길은 세 가지뿐이다. 첫째, 민간 부문의 금 보유량이 수십, 수백 배로 증가하든가(그러나 애초에 금의 양은 한정되어 있으므로 불가능하다.), 둘째, 달러의 양이 대폭 줄어들든가(불가능한 것은 아니나 현실성이 떨어진다.) 혹은 항상 그랬던 것처럼 저울의 양팔이 형평 상태에 이르는 것이다. 어느 순간 대중은 급증한 통화량이 그들의 구매력을 빼앗고 있음을 깨닫고 통화에 대한 신뢰를 잃을 것이다. 화폐를 믿지 않는 그들은 금과 은을 최대한 많이 확보하기 위해 벌떼처럼 몰려들고, 그리하여 정부가 임의로 발행하거나 창조할 수 없는 유일한 화폐, 즉 귀금속의 가격이 끊임없이 상승한다. 그때가 되면 '금 보유량'이라고 적힌 아래쪽 회색 그래프는 '은행 예금'이라는 이름으로 대변되는 명목화폐를 능가하게 될 것이다.

그것은 역사상 가장 거대한 부의 이전이 되겠지만, 실상은 기원전 407년 아테네에서 처음 무대에 오른 이후 귀금속과 정부, 그리고 대중이 수십 번이나 되풀이해 상연해 온 연극이 또 한 번 반복되는 것에 불과하다. 그 마지막 공연이 1970년대였다면 이번에는 당신의 바로 옆 동네에서 상연중인 셈이다. 배우들은 매번 바뀔지 몰라도 줄거리는 늘 동일하다.

조만간 언젠가는 벌어질 일이다. 이미 언론이 원자재, 특히 귀금속 투자에 대해 호들갑스럽게 떠들어 대고 있지 않은가. 2008년 3월 4일자 《월스트리트 저널Wall Street Journal》에 게재된 "금, 플라티넘 히트를 기록하다!"라는 기사를 보라.

원유와 달리 금은 아직도 1980년 1월 21일의 상한가(인플레이션 적용) 2,239.67달러의 절반 수준에도 미치지 못하고 있다. 미국 노동통계청에 따르면 1980년 1월의 인플레이션율은 13.9퍼센트였다. 오늘날의 인플레이션율은 4.3퍼센트다. "금값은 앞으로도 계속 오를 것이다." BMO 캐피털 마켓BMO Capital Markets의 글로벌 원자재 분석가인 버트 멜렉Bert Meleck은 이렇게 말한다. "그 이유 중 하나는 현재의 인플레이션율이 당시에 비해 훨씬 낮기 때문이다. 인플레이션이 더욱 높아진다면 금에 대한 투자는 급격히 증가할 것이다."

과거에 CPI 인플레이션을 적용한 금의 상한가는 2,239.67달러였다. 하지만 여러분도 이미 알듯이 CPI는 거짓 수치다. 그렇다면 1980년 당시 통화공급 인플레이션을 고려한 금의 진정한 상한가는 얼마였을까?(그래프 24) 솔직히 숫자를 정확하게 짚어 내기는 힘들다. 당시에 정부가 얼마나 많은 화폐를 찍어 냈는지 정확히 알 길이 없기 때문이다. 그러나 1980년 당시 M3는 약 1조 8000억 달러였고, 내가 이 책을 쓰는 시점에는 14조 달러다. 이는 2008년 4월 미국의 통화량이 1980년 4월에 비해 7.7배나 많다는 의미다. 따라서 통화량 증가를 감안하면 1980년 1월 금의 상한가는 2008년 기준으로 6,611달러다! 게다가 1970년대에 금값은 35달러에서 850달러로 상승했는데, 이는 24.28배가 올랐다는 얘기다. 최근에는 금값이 조금 주춤하면서 2000~2001년 수준인 252달러까지 떨어졌는데 252달러의 24.28배면 6,118달러다. 마지막으로 존 윌리엄스는 자신의 웹사이트에 CPI를 이용해 재구성한 인플레이션 계산기를 올려 놓았는데, 그 계산기에 따르면 1980년의 850달러는 2008년 4월의 6,484달러와 같다. 자, 이쯤 되면 대충 계산이 나올 것이다. 6,118달러 아니면 6,484달러, 또는 6,611달러. 마음대로 골라잡아라, 할렐루야!

증시 순환주기는 2000년에 최고점을 찍었고, 그래서 나는 2002년까지 자산의 상당 부분을 귀금속으로 변환해 두었다. 얼마 후 나는 금과 은을 매도하기 시작했다. 그렇지만 당시만 해도 온스당 300달러에 금을 매수할 사람을 찾기란 거의 불가능했다. 마치 맨땅에 헤딩을 하는 기분이었다. 내게 돌아오는 대답이라고는 "금에 투자하는 건 세상에서 가장 멍청한 짓이야."라든가 "금은 지난 20년 동안 계속 가격이 떨어지고 있었는걸."뿐이었다. 아, 그리고 개중에서도 제일 내 마음에 들었던 "내가 뭐라고 생각하는 거야? 바보 멍청이?"도 있었다. 그러면 나는 혼잣말로 이렇게 중얼거리곤 했다. "그래, 그렇고말고. 바보 멍청이 맞지." 하지만 위에서 인용한 《월스트리트 저널》기사에서 볼 수 있듯이 이제 현명한 투자가들은 금이 얼마나 좋은 투자 대상인지, 그리고 당신을 얼마나 부자로 만들어 줄 수 있는지를 깨닫고 과대평가된 주식과 채권을 재빨리 내려놓고 있는 중이다.

| 그래프 24 | 인플레이션을 적용한 금 시세, 2008년 달러 기준으로 표시

출처: 세인트루이스 연방준비은행

골드러시!

현명한 투자가들은 주식 및 채권 시장이 최고점에 달했으며 남은 일은 내려가는 것밖에 없음을 알고 있다. 탁월한 금융IQ를 지닌 이들은 벌써 그들의 자산을 유형자산으로, 특히 금과 은으로 조용히 이

동시키는 중이다. 언론은 아직 조용할지 몰라도 지금 당신은 수백 년 만에 한 번 올까 말까 한 엄청난 규모의 골드러시 한복판에 서 있다.

그래프 25에서 볼 수 있듯이 2000년부터 투자성 금 매입이 급속도로 증가하고 있다. 심지어 오늘날에는 민간투자자들이 전 세계 중앙은행들보다도 더 많은 금을 소유하고 있을 정도다. 절대적으로든 상대적으로든 개인투자가들은 그 어느 때보다도 많은 양의 금을 매입하고 있고 그리하여 1970년대에 금시장이 폭발했을 때보다도 더욱 극심한 21세기 골드러시가 시작되고 있다. 실제로 지난 5년 동안 투자가들은 미국 국민들이 다시 합법적으로 금을 소유할 수 있게 된 1975년부터 1980년까지의에 비해 거의 세 배나 더 많은 금을 사들였다. 이 황금알을 낳는 금시장은 아직은 미성숙하지만 이제껏 우리

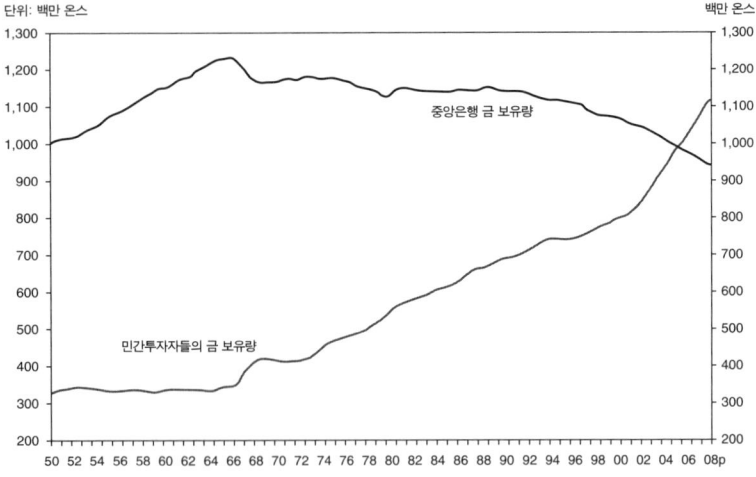

| 그래프 25 | 중앙은행 금 보유량 vs. 민간투자자들의 금 보유량

가 아는 그 어떤 강세시장보다도 크고 튼튼하며 더욱 강력하다. 하지만 그럼에도 불구하고 대부분의 사람들은 이를 감지하지 못하고 있다. 나는 너무나도 많은 투자가들이 이처럼 당면한 미래에 대한 비전을 갖추지 못하고 있다는 데 경악한다. 심지어 나 같은 사람들이 발을 동동 구르며 "저것 봐요! 저기 있잖아요!"하며 가리키고 소리를 지르고 있는데도 말이다.

더욱 놀라운 것은 이 와중에 금의 생산량은 지속적으로 떨어지고 있다는 사실이다. 실제로 금 생산량은 지난 7년 중 6년간 감소했다. 그렇다면 투자자들이 사들이고 있는 금은 대체 어디서 나온 거지? 자, 이쯤 되니 일이 정말 재미있게 돌아가고 있지 않은가? 특히 금 거래 시장에서도 변두리에 위치한, 유난스럽다는 평을 듣는 이들의 말에 귀를 기울인다면 더욱 그렇다. 바로 금불공정거래 반대위원회 Gold Anti-Trust Action Acommitte, GATA 말이다.

GATA는 뮤추얼 펀드 매니저와 원자재 분석가, 변호사, 귀금속 판매상, 그리고 심지어는 몇몇 은행까지도 포함된 금 산업계의 전문가 및 투자가들의 모임이다. GATA는 전 세계 중앙은행들이 정부의 도움을 받아 금값을 교묘하게 조작하고 억제하고 있다고 주장한다. 어째서 중앙은행들이 금값을 억제한단 말인가? 왜냐하면 금값이 상승한다는 것은 결국 중앙은행들이 할 일을 제대로 하지 못하고 있다는 의미이기 때문이다.

결론만 말하자면, 정부와 중앙은행은 여러분들에게 이런저런 것들을 끝없이 약속할 것이다. 그러나 그들이 지킬 수 있는 유일한 약속은 그들이 절대로 입 밖으로 말하지 않는 것, 즉 통화량을 지속적으로 팽창시키겠다는 것뿐이다. 결국 당신이 가진 화폐의 가치는 계속해서 떨어진다. 그들은 화폐가 어떠한 역사를 걸어왔는지 안다. 그들은 금값이 급격하게 치솟는다면 대중들이 금세 명목화폐를 버리고 금으로 넘어가리라는 사실 또한 알고 있다. 그리고 그렇게 된다면 그들의 통화정책은 과거의 여느 때나 다름없이 또다시 실패할 것이다. 따라서 정부와 중앙은행은 금값을 억제해야 이롭다.

GATA는 전 세계 중앙은행의 금고에 잠자고 있어야 할 금의 절반 이상이 금 시세를 억누르기 위한 목적으로 이미 시장에 나와 있음을 입증하는 방대한 증거를 축적해 두고 있다. 한마디로 금에 대해 거대한 매도 포지션이 형성되어 있다는 의미다. 다른 사람은 어쩔지 모르겠지만 만약 중앙은행이 일부러 금값을 억제하고 있다면, 나라면 이 기회를 이용해 최대한 금을 사 모을 것이다. GATA가 내놓은 증거들을 살펴보면 뭔가 유의미한 흐름을 발견할 수 있다. 그들의 웹사이트인 가타닷오알지gata.org에 가서 직접 확인해 보길 권한다.

1999년에 금은 다우존스 대비 사상 최저가를 기록했고, 내가 이 글을 쓰는 시점에는 다우 한 주를 사려면 금 12온스가 필요하다. 2008년 중간 가격의 1세대 주택을 사려면 금 350온스가 있어야 하는데, 1980년에는 68온스로도 충분했다. 2006년에 금은 구리 대비 사상 최저가를 찍었고 2007년에는 밀 대비 최저가까지 떨어졌다.

이 모든 자료가 가리키는 바는 금이 지금 다른 자산군에 비해 형편없는 헐값에 불과하다는 것이다. 물론 달러는 제외해야겠지만 말이다. 설사 금이 온스당 2,000달러가 된다고 해도, 심지어 5,000달러로 오른다고 해도 그 가치는 여전히 저렴하다. 금이 비싼지 저렴한지를 구분하는 유일한 방법은 그것으로 얼마나 많은 다른 상품을 살 수 있느냐에 달려 있다. 과거 평균에 비해 너무 많은 것을 살 수 있을 때에야 비로소 금을 비싸다고 말할 수 있을 것이다.

Chapter 11

한 가닥 은빛 햇살

"하늘이 무너져도 솟아날 구멍은 있다."라는 말을 들어 본 적이 있을 것이다. 아무리 우리 경제에 먹구름이 끼어 있어도 언제든 한 가닥 햇살이 그 사이를 뚫고 비치기 마련이다. 금빛이든 은빛이든……. 왜냐하면 화폐라는 측면에서 금과 은은 바래지 않는 빛을 발하는 유일한 대상이기 때문이다. 앞 장에서 금 투자의 전망에 관해 살펴봤다면, 이번 장에서는 은 투자가 가져다줄 수 있는 부에 관해 알아보자.

은값은 늘 일정할까?

과거 2,000년 동안 금과 은은 가장 근본적인 형태의 돈으로 기능해 왔다. 두 귀금속 사이의 교환율은 대략 1대 12였다. 말하자면 금이 은에 비해 12배의 가치를 지니고 있었다는 얘기다. 물론 이런 비율은 시대와 지역에 따라 천차만별이다. 중국 명나라 때 금과 은의 교환비율은 1대 4였으며, 고대 이집트의 경우에는 1대 1로 동일한 가치를 지니고 있었다. 하지만 평균적으로 금과 은의 비율은 대략 1대 12이다.

그 이유를 밝혀 내기란 별로 어렵지 않다. 금과 은은 나란히 통용되는 돈이며, 자유시장은 저울의 균형을 맞추기를 좋아한다. 금과 은의 가치비는 시장을 통해 자연스럽게 결정되는데, 원래 시장이 하는 일이 바로 가격을 공정하게 매기는 것이다. 즉 이는 역사적으로 시장에 유통된 은의 양이 금보다 약 12배가량 많다는 의미이다. 금과 은의 가치 차이란 단순히 두 금속의 상대적 희귀성을 감안해 시장이 저울의 균형을 맞추는 것에 불과한 것이다.

1800년대 후반 은의 채광 및 가공 기술이 발전함에 따라 은의 공급량이 현저하게 증가했다. 그 외에도 다른 요인들이 가세하자 은의 가치는 금의 100분의 1까지 하락했다. 대공황에 시달리던 1934년 프랭클린 루스벨트가 은 구매법^{Silver Purchase Act}을 승인한 뒤로 미국은 세계 각국으로부터 은을 사들이기 시작했고, 1950년대에 몇 번의 대량 구매를 거쳐 미국의 은 보유량은 35억 온스까지 증가했다.

그러나 1960년대 초반이 되자 은값은 온스당 1.29달러까지 상승했다. 은이 희귀해서가 아니라 단지 달러의 통화량이 과다해졌기 때문이었다. 은은 그저 통화공급 인플레이션을 따라잡은 것뿐이었다. 온스당 1.29달러면 미국 은화에 함유된 은의 가격이 실제 은화의 액면가와 일치하는 수준이었다. 만약 은의 가격이 이 이상으로 오르게 된다면 은행에 가서 지폐를 은화로 바꾼 다음, 그 은화를 녹여 순은을 판매하는 것만으로도 상당한 이득을 볼 수 있었다. 이 사실을 눈치 챈 정부는 은값을 하향조절하기 위해 시중에 은을 풀기 시작했다.

역사상 최초로 대중이 은을 순매수하는 시기가 도래했다. 당시에 은을 사는 가장 간단한 방법은 종이 달러를 은행에 가져가 주화로 바꾸는 것이었다. 화폐의 유통과정에서 너무나도 많은 은화가 사라지자 1965년을 마지막으로 정부는 은화 주조를 전면적으로 중단할 수밖에 없었다. 다시금 자유시장과 대중의 의지가 정부를 강제로 움직인 셈이다.

1970년대 내내 은 시세는 닉슨의 금본위제 폐지와 통화량의 증가에 힘입어 3달러에서 6달러로 꾸준히 상승했고, 많은 투자가들이 은을 팔아 이익을 챙겼다.

그러나 1979년 은값이 별안간 천정부지로 치솟기 시작했다. 사람들은 은의 매매를 중단했고 역사상 두 번째로 대중은 은의 순매수자가 되었다. 처음에 대중이 순매수자가 되었을 때 정부는 미국에 남은 마지막 진정한 돈을 폐지하고 아연과 구리 동전으로 대체할 수밖에 없었다. 두 번째로 대중이 순매수자가 되었을 때에는 은의 가격이 온스당 50달러까지 치솟는 현상이 발생했다.

단도직입적으로 요점을 말하자면, 내가 이런 배경지식을 제공하는 이유는 은 투자가 금에 투자하는 것만큼이나, 아니 어쩌면 그보다도 더 나은 결과를 가져다줄 것이기 때문이다. 앞에서 언급했듯이, 1960년대에 투자가들이 은을 순매수했을 때 정부는 돈으로서의 은을 포기했고 1979년에 다시금 투자가들이 은을 사들이기 시작했을 때에는 은값이 50달러까지 급등했다. 그런데 요즘 무슨 일이 생겼는지 아는가? 2006년, 역사상 세 번째로 대중이 다시 은을 순매수하기 시작했다.

2007년 CPM 그룹의 은시장 연례보고서를 살펴보자.

작년과 올해, 은시장에 중요한 전환점이 발생했다. 은 투자수요에 구조적인 변화가 발생하는 매우 드문 현상이 나타났다. 특히 1990년부터 2005년까지 은의 순매도를 유지하던 투자가들이 2006년 들어 순매수로 이동했다. 이러한 현상이 마지막으로 나타난 것은 1979년이었다. 1979년 초반 5.90달러였던 은값은 다음 해 1월 50달러까지 치솟았다.

그러나 1980년과 오늘날의 시장에는 커다란 차이가 있다. 우리가 곧 맞이하게 될 은의 폭등은 1980년의 강세시장을 초라해 보이게 만들 것이다. 1980년대의 상당 기간 동안 대중은 이제까지 그들이 해 오던 일을 반복했다. 주식에 투자해야 할 때가 왔음에도 불구하고 어제의 유행에 따라 계속해서 금과 은을 매수했던 것이다. 그러나 1990년대에 접어들면서 변화가 생겼다. 온스당 5달러에서 50달러를 주고 은을 사던 투자가들이 1980년대에 시작된 주식시장 붐에 사로잡혀 주식을 매수하기 위해 보유하고 있던 은을 손해를 보면서까지 팔기 시작한 것이다. 1990년부터 2005년까지 투자가들은 실제로 사들이는 것보다 더 많은 양의 은을 매도했다. 그것도 훨씬 많은 양을 말이다. 그리고 반대로, 그들은 실제로 매도하는 것보다 훨씬 많은 양의 주식을 매수했다. 훨씬, 훨씬 많은 양을 말이다.

CPM 그룹에 따르면 투자가들은 1990년부터 2005년까지 16억 5400만 온스의 은을 매도했다. 이는 1970년대 매도량의 거의 아홉 배에 달하는 분량이다.

수중에 있는 은을 내보낸 것은 일반 대중들뿐만이 아니었다. 은화 주조를 중단한 세계의 각국 정부들 역시 그들의 은 창고를 열어젖혔다. 그래프 26을 보라.

중앙은행에 넉넉한 은을 쌓아 두고 은화를 주조하던 세계 각국의 정부들과 35억 온스의 은을 보유하고 있던 미국(인류 역사상 이보다 더 많은 은을 보유한 국가는 없었다.)은 1960년대 이후 그들이 가진 은을 계속해서 팔아 치우기 시작했다. 풍부한 공급은 은값을 인위적으로 억제하는 데 일조했고, 오늘날 각국 정부들의 은 보유고는 실질적으로 바닥이 난 상태다. 비단 정부뿐만이 아니다. 1990년과 2000년 사이 개인 투자가들은 16억 온스의 은을 매도했고, 이는 은의 가격을 대대적으로 낮추는 결과를 가져왔다. 심지어 은값이 채광 경비보다도 낮아진 탓에 많은 은 생산업체들이 문을 닫아야 했다.

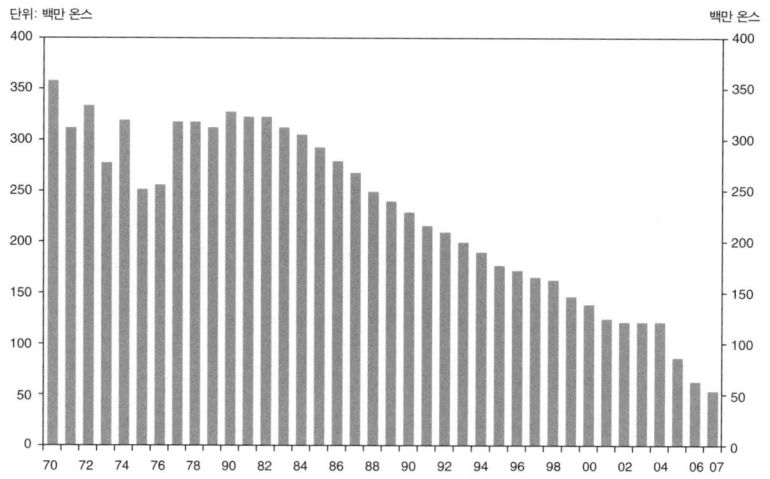

산업용과 공업용

자, 그렇다면 이런 질문을 던져 볼 수 있다. 정부가 은을 팔고 있고 투자가들 역시 은을 팔고 있다면 은을 사들이고 있는 것은 누구인가? 대답은 바로 제조업체이다. 한쪽에서 판매된 은은 소비자 상품을 생산하는 데 사용된다.

은은 우리에게 가장 필수적이고 유용한 금속이다. 은은 전기전도와 열전도, 반사력이 뛰어나다. 편리한 현대 생활은 은이 없다면 불가능할 것이다. 사진, 배터리, 전자기기…… 이 모든 것들이 2차 세계대전 중, 또는 이후에 널리 보편화되었으며, 1960년대 이후 폭발적으로 성장한 과학 발전은 은의 산업적 응용을 가속화했다. 이와는 대조적으로 금은 주로 오직 두 가지 용도로만 이용된다. '쓸 수 없는' 분야, 즉 돈과 장신구이다. 금의 총생산량 가운데 산업적 용도로 사용되는 것은 고작 10퍼센트 미만이다. 다시 말해 인류가 금을 채굴하기 시작한 뒤 지상으로 발굴된 금의 90퍼센트 이상이 지금도 지구상 어딘가에서 구입할 수 있다는 얘기다.

반면에 은은 금에 비해 수백 배 다양한 용도로 산업 분야에 사용된다. 간단히 예를 들어 보자면 배터리, 베어링, 살충제, 납땜, 동전, 촉매제, 전도체, 전자제품, 전기도금, 장신구, 의학용 기기, 거울, 반사코팅, 사진, 은식기, 태양전지, 접합체, 정수기에 이르기까지 끝도 없이 이어질 정도다.

이처럼 다양한 용도로 사용된 은 가운데 소멸되지 않고 온전히 남는 것은 장신구와 은식기뿐이다. 그 외의 다른 용도로 쓰인 은은 워낙 미량으로 사용된 까닭에 손쉽게 버려지며 결국 쓰레기 매립장에서 마지막 운명을 맞이하게 된다. 말하자면 지금도 쓰레기 매립장에 수십 억 온스의 은이 묻혀 있는 것이다!

1980년에 투자가들이 살 수 있는 은은 25억 온스였고, 1990년에는 21온스였다. 그러나 오늘날 은의 비축량은 거의 남지 않았다. 요는 투자가들의 입장에서 볼 때, 역사상 처음으로 은이 금보다도 더욱 귀한 세상이 되었다는 것이다.

1950년대 말과 1960년대 초 미국이 보유하고 있던 35억 온스의 은은 현재 2000만 온스밖에 남지 않았다. 그때에 비하면 고작

0.0056퍼센트에 불과한 수치다. 다른 정부들의 사정도 마찬가지다. 한때는 전 세계가 은을 돈으로 사용하고 각 정부마다 은을 산더미처럼 쌓아 두고 있었건만 이제 은은 쉽게 찾아보기 힘든 진짜 귀금속이 된 것이다. 현재 각국 정부가 보유하고 있는 은의 총 비축량은 한때 미국이 보유하고 있던 양의 0.016퍼센트에 지나지 않는다. 오랜 시간 동안 은 전문가로 활약해온 실버인베스터닷컴$^{Silver-Investor.com}$의 데이비드 모건$^{David\ Morgan}$은 현 상황을 이렇게 평가한다.

"아직도 많은 정부가 금을 비축해 두고 있다. 그러나 은을 갖고 있는 정부는 거의 없다."

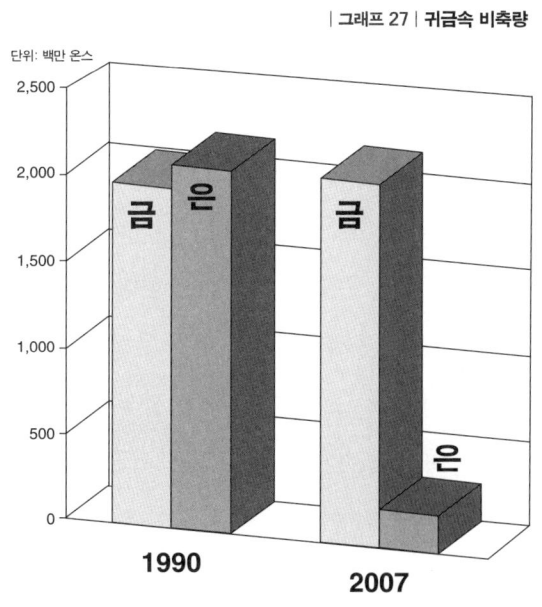

| 그래프 27 | 귀금속 비축량

CPM 그룹의 보고서에서 발췌한 그래프 27은 1990년과 2007년 전 세계의 금 비축량(흰 막대)과 은 비축량(회색 막대)을 보여 준다. 직접 확인해 보라. 놀랍게도 우리는 은이 거의 바닥난 상태다!

금 비축량은 늘어난 반면 은 비축량은 극적으로 감소했다는 데 주목하라. 1979년에 투자가들이 은을 순매수하기 시작하자 은 시세는 1980년에 52달러까지 상승했는데, 그럼에도 불구하고 당시에는 은이 아직 25억 온스나 남아 있었다. 하지만 투자가들이 다시 순매수로 돌아선 오늘날에는 은 창고가 거의 텅 비어 있다. 경제학 수업을 한 번이라도 들어 본 적이 있다면 이것이 무슨 의미인지 알 것이다. 수요가 상승하고 공급이 감소하면 무슨 일이 벌어지는가?

그래프 28은 은 비축량이 감소하고 있음을 보다 중요하고 의미심장한 기준을 사용하여 보여 주고 있다. 이 그래프는 은의 채광 생산이 중단될 경우 남은 비축분으로 얼마나 버틸 수 있을지를 보여 준다. 간단히 말해 보유량과 사용량을 비교해 은이 고갈될 때까지 얼마나 많은 시간이 걸릴지를 추산한 것이다.

예를 들어 지금과 같은 속도로 은을 소비한다면 은 채광이 중단될 경우 남은 은으로는 겨우 4개월밖에 버티지 못한다.

그래프 28로 미루어 알 수 있는 또 다른 사실은 보유량 대비 사용량의 비율이 한번 바닥을 치게 되면 그것은 귀금속을 사라는 신호이며, 과거와 달리 이제는 더 이상 내려갈 곳이 없다는 점이다. 솔직히 말해 이 정도로 비축분이 떨어졌는데 아직도 은이 과소평가되고 있

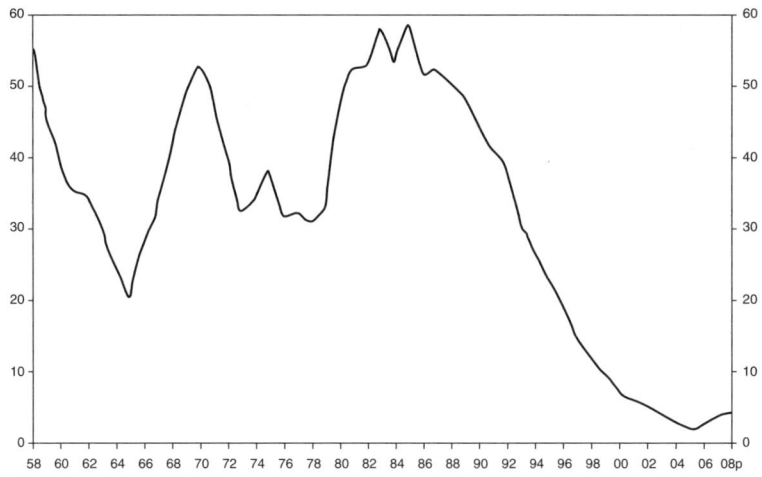

| 그래프 28 | 남은 소비개월 수로 표기한 은 비축량

다는 것을 대중이 깨닫지 못하고 있다는 사실 자체가 터무니없게 느껴질 정도다. 벌써 수억 달러가 은시장으로 흘러가도 부족할 시점인데 말이다.

아니, 아까 한 말은 잊어 버려라. 별로 터무니없는 일은 아니다. 대중은 늘 어제의 뉴스를 따라다니는 습관이 있다. 튤립에 투자를 하든 기술주에 투자를 하든, 대중이 몰리는 자산군은 다른 부문의 화폐를 빨아들이게 되며, 따라서 그 외의 많은 분야들이 놀랍도록 저평가되게 된다. 이제 드디어 은이 빛을 발할 시대가 왔다. 내가 늘 말하듯이 "금은 지금 형편없는 헐값이다. 그렇지만 은은 그보다도 더욱 헐값으로 팔리고 있다."

Chapter 11 한 가닥 은빛 햇살　　**221**

바보 같은 생각

은값이 지금처럼 터무니없이 낮은 이유는 사람들이 낮아야 한다고 '생각하기' 때문이다. 지난 반세기 동안 정부가 은을 워낙 헐값에 팔아넘긴 탓에 사람들은 저렴한 은에 익숙해져 있다. 풍부한 공급량은 은의 시장가를 하락시켰고, 낮은 가격은 반세기가 넘는 동안 생산량보다 더 많은 소비를 부추겼다. 그러다 2007년에 은이 바닥나자 정부는 매도를 중단했고 투자가들의 관심은 상승했다. 하지만 알다시피 이제는 더 이상 매수할 은이 남아 있지가 않다. 경제학 기본 원리 1번. 수요가 높고 공급이 부족하면 가격은 상승한다.

광산에서 더 파내면 되는 거 아닌가?

좋은 질문이다. 결론만 말하자면, "물론 그렇다." 하지만 은 투자자들에게 있어 좋은 소식은 은의 주요 생산처가 은 광산이 아니라는 것이다. 은은 주로 구리나 아연, 납, 금 채광의 부산물이다. 보다 구체적으로 말하자면 새로운 은 생산량의 약 75퍼센트가량이 다른 금속을 채굴하는 과정에서 얻어지는 부산물이다. 이렇게 생산된 은은 광산 회사에게 있어서는 일종의 보너스로, 데이비드 모건의 말을 빌자면 "구리 광부라면 은 광석을 던져 버리지 않을 것이다." 이들은 채굴한 은을 시장에 가져다 판다. 그렇지만 요는 그들의 사업이 은 시세와는 별 관계가 없다는 데 있다. 요컨대 구리 채광업체가 은 채광을 통해 수입의 1퍼센트를 올린다고 해도 은의 생산량을 열 배 늘리기 위해

부자 아빠 가난한 아빠
20주년 특별 기념판

안진환 옮김
2018.02.22 │ 448쪽

20년의 세월을 통해 검증된 부자들의 돈과 투자에 대한 지침들과 오늘날의 시대상에 맞춘 새로운 정보들이 담긴 『부자 아빠 가난한 아빠 1』의 업그레이드 에디션. 세계 금융 변화에 맞춘 41개의 '20년 전 그리고 오늘'과 토론과 실천을 위한 10가지 '스터디 세션' 등 원고지 500매 분량이 추가되었다. 돈에 대한 선입관을 깨뜨리는 파격적인 내용과 세월이 흘러도 변치 않는 투자의 원칙들은 오늘날에도 여전히 '돈'과 '투자'의 흔들리지 않는 기준이 되어 줄 것이다.

부자 아빠 가난한 아빠 20년의 역사

전 세계
- **51개 언어**
- **109개국 출간**
- **4000만 부 판매**

국내
- **17종 출간**
- **400만 부 판매**

부자 아빠 가난한 아빠 20주년 특별 기념판
무엇이 달라졌을까? (부자 아빠 1권 upgrade)

1. 세계 금융 변화에 맞춘 NEW 코멘트
2. 토론과 실천을 위한 10가지 스터디 세션
3. 20주년 기념 서문 수록
4. Bonus Book Excerpt

RICH DAD

Robert T. Kiyosaki

전 세계에서
가장 많이 팔린
재테크 밀리언셀러

로버트 기요사키

부자 아빠
가난한 아빠

민음인

부자 아빠의 자녀 교육법

부자 아빠 가난한 아빠 4

박슬라 옮김
2014.09.29 | 400쪽

아이들이 현실 세계에서 개인적, 경제적
성공을 거두기 위해 무엇을 배워야 할지 알려
주는 부자 아빠 가난한 아빠 시리즈 4권. 어린 시절
학교 교육에 적응하지 못했던 자신을 이끌어 준 두 분
아버지의 교육에서 얻은 교훈을 시대에 맞게 재해석한다.
미국을 비롯한 세계 여러 국가에서 학문 교육과 직업 교육을
학교에서 실시하고 있지만, 고령화 시대에 가장 필요한 경제적
안정을 위한 '금융 교육'은 거의 시행되고 있지 않다는 것에 대해
문제를 제기한다. 아이들이 현실 세계에 들어서기 전 돈의 힘에 대해
배우고 금융 IQ를 높이기 위한 구체적인 지침들을 담았다.

부자 아빠의 금·은 투자 가이드

마이클 맬로니 | 박슬라 옮김
2012.09.24 | 344쪽

이 책은 금·은 투자와 관련해 이론 및
실행 방안을 설명하고, 일반 대중이 금과
은의 흐름을 이해하고 이용할 수 있는 방법을
제시한다. 저자는 인류 역사에서 국가적, 경제적
위기가 닥칠 때마다 귀금속 투자가 증가했음을 강조하는
한편, 앞으로 역사상 가장 거대한 귀금속 붐이 발생하리라
예견하며 그 시기를 어떻게 이용할 것인지 들려 준다. 또한 현재의
세계경제 위기상황을 짚어 보며 금과 은이 어떤 역할을 수행하는지를
살펴본다. 금과 은의 역사에서부터 현시점의 투자 가치, 미래 투자 전망에
이르기까지 귀금속 투자의 모든 것을 실제 자료와 생생한 사례를 통해
보여 준다.

부자 아빠의 비즈니스 스쿨

네트워크 마케팅의
숨겨진 여덟 가지 가치

안진환 옮김
2003.05.20 | 180쪽

기요사키가 네트워크 마케팅에 관해 쓴 첫 번째
책. 오늘날 많은 사람들이 '네트워크 마케팅'이란
용어에 부정적인 의미가 내포되어 있다고 생각한다.
하지만 기요사키는 '네트워크'야말로 경제적 성공에 필수적인
요소라고 강조하며 그 숨겨진 가치들을 찾아낸다. 동시에 회사나
정부로부터 미래의 경제적 문제를 보장받을 수 없는 상황에서,
자신의 삶을 새롭게 발견하고 다른 사람을 이끌어 주면서도 자신도
함께 성장할 수 있는 네트워크 마케팅에서 새로운 활로를 찾을 수
있다고 말한다.

부자 아빠의 21세기형
비즈니스

네트워크 마케팅이 미래를
보장해 주는 여덟 가지 이유

안진환 옮김
2014.02.03 | 224쪽

『부자 아빠의 비즈니스 스쿨』에 이어 네트워크
마케팅에 관해 쓴 두 번째 책. 저자는 경제 상황이 아무리
힘들더라도 진짜 사업가들은 풍부한 경제적 기회를 발견해
자신만의 사업을 시작한다고 이야기하며, 그 사업 모델의 하나인
네트워크 마케팅의 핵심 가치를 소개한다.
공저자 중 한 명인 존 플레밍이 40년 이상 네트워크 마케팅에 몸담은
경험을 바탕으로 이 시스템 전반에 대한 명쾌한 설명을 들려줌으로써
그 원리와 가치에 대한 모든 궁금증들을 해결해 준다.

C학생 밑에서
가
B학생은
티는가

쪽

리 아이들을 A학생(Academics,
생(Bureaucrats, 관료형), 즉 피고용인이
다. 학교는 새로운 일자리를 창출하게
alists, 자본가형)을 키워 내는 데 관심이
 현재의 금융 위기가 돈에 대해 아무것도
학교 교육의 위기에서 비롯했음을 지적하며
에 대비시켜야 한다고 강조한다.

의 세컨드 찬스

번째 기회다

8쪽

들이 돈, 정부, 은행
부를 강탈하는 방법을 살피고,
속에서 자산을 확보하는 미래 투자
한 책, 국민을 비호한다는 미명 아래
육, 시스템 등을 통제하며 부를 강탈한 정치
찰하고, 그들의 술수에 흔들리지 않고 부를 지키는
. 세컨드 찬스란, 위기를 기회로 바꿀 때 찾아오는
기회라는 의미로, 저자는 글로벌 금융 위기 속에서
 붙잡을 때 세컨드 찬스가 찾아온다고 말한다.

"이제 돈을 위해 일하지 말고
돈이 나를 위해 일하게 하라."

로버트 기요사키 Robert T. Kiyosaki

재테크 분야의 고전으로 손꼽히는 '부자 아빠 가난한 아빠' 시리즈를 통해 전 세계 수천만 사람들의 돈에 대한 인식을 바꿔 놓았다. 사업가이자 교육자이며, 나아가 일자리를 창출할 사업가가 세상에 더 많이 필요하다고 믿는 투자가다. 돈과 투자에 대해 기존의 통념과 대조적인 사고방식, 직설적인 화법과 대담한 태도로 국제적인 명성을 떨치고 있다. 돈과 투자, 금융 및 경제와 관련된 복잡한 개념을 단순하게 설명하는 놀라운 재능을 지녔으며, 재정적 자유를 얻게 된 자신의 여정을 담은 이야기로 세대와 국적을 초월한 다양한 독자들에게 울림을 주었다.

그는 좋은 일자리를 얻어서, 돈을 모아 빚을 갚고, 장기적으로 분산 투자하라는 기존의 충고는 한물간 구식이라고 평한다. "당신의 집은 자산이 아니다.", "현금흐름을 얻기 위해 투자하라.", "저축을 하는 사람은 패배자다." 등 그의 가르침과 철학은 커다란 논란을 일으켰지만, 지난 20년간 사실임이 증명되었다. 『부자 아빠 가난한 아빠』를 비롯해 25권의 저서를 펴냈으며, 그의 책들은 전 세계 베스트셀러 명단에 굳건히 자리를 지키고 있다. 금융 교육 회사인 리치 대드 컴퍼니를 설립해 많은 사람들을 경제적 안정으로 가는 길로 안내하는 한편, CNN, BBC 등의 언론 매체와 「래리 킹 라이브」, 「오프라 윈프리 쇼」를 비롯한 다양한 프로그램에 출연해 투자와 경제적 성공에 대한 해답을 제시하고 있다.

리치 우먼

현명한 여자들을 위한 재테크 지침서

킴 기요사키 | 박슬라 옮김
2022.06.22 | 388쪽

1997년 미국에서 처음 출간된 이래, 전 세계 51가지 언어로 109개국에서 출판되어 4000만 부(국내 400만 부)가 판매된 재테크 분야 최고의 밀리언셀러 '부자 아빠 가난한 아빠' 시리즈 여성 특별판. '부자 아빠 가난한 아빠' 시리즈로 유명한 로버트 기요사키의 부인 킴 기요사키가 쓴 여성 맞춤형 재테크 지침서로, '부자 아빠'의 투자와 재테크 원칙들을 여성의 관점에 맞추어, 친구들에게 조언을 건네는 스토리텔링 형식으로 새롭게 풀어냈다. 여성들의 주체적이고 독립적인 삶의 중요성을 강조하며 '돈'과 '자유'의 새로운 기준이 되어 주는 이 책은 여성 재테크 입문서로서의 역할을 톡톡히 해낼 것이다.

부자 아빠 가난한 아빠 2

'현금흐름 사분면'과 돈을 관리하는 7가지 방법

안진환 옮김
2012.11.27 | 448쪽

『부자 아빠 가난한 아빠 1』에 대한 전 세계 독자들의 열렬한 반응과 좀 더 구체적 조언을 원하는 요구에 부응하여 출간된 속편. 돈에 대한 고정관념에서 벗어났다면 이제는 현명한 돈 관리에 돌입하여야 한다. 봉생활자를 비롯해 사업가, 투자자, 전문직 등의 현금흐름 사안내해 일곱 단계의 투자가와 세 가지 타입의 투자가를 소통해 경제적으로 성공하는 데 필요한 개인적 변화를 이해이끌어 준다. 당신이 돈을 보살필 줄 알고, 관리할 줄 안 당신에게 스스로 다가올 것이다.

왜 A학생

일하게
그리고
공무원이

안진환 옮김
2014.09.26

학교 시스템학자형)이나 되도록 훈련 될 C학생(C없다. 이 책 가르치지 않 자녀를 현실

페이크

가짜 뉴스와 정보에서 진짜 돈과 자산을 지켜라

박슬라 옮김
2019.07.17 | 584쪽

진짜 뉴스와 가짜 뉴스를 구별하기 어려운 이 시대에 무엇이 진짜이고 가짜인지 확인하는 행위는 부유와 가난, 더 나아가 생사까지 가를 수 있는 중요한 일이다. 이 책은 현재 시장에 만연한 가짜 돈(Fake Money), 가짜 교사(Fake Teacher), 가짜 자산(Fake Asset) 등을 나누어 살펴보며, 그러한 '가짜'들이 어떻게 부자들을 더 부유하게 만들고, 중산층과 가난한 사람들을 더 가난하게 만드는지 파헤친다. 전 세계적인 금융 위기에 대한 경각심이 높아지고 있는 오늘날, 이 책은 가짜 정보에 속지 않고 진짜 자산을 지킬 수 있도록 도와줄 것이다.

부자 아빠의 투자 가이드

부자 아빠 가난한 아빠 3

박슬라 옮김
2014.09.29 | 588쪽

부자들이 들려주는 투자 비법 5단계.
『부자 아빠 가난한 아빠 1·2』가 부자 아빠식 재테크에 대한 개론서라면 3권은 구체적인 지침을 제공하는 가이드북으로, 투자할 때 반드시 알아야 할 금융 지식과 투자 원칙을 담고 있다. 정보와 기회가 넘치는 오늘날, 금융 지식을 익히고 경험을 쌓을 준비가 되어 있다면 누구든 좋은 투자 기회를 찾을 수 있다. 저자는 일반 투자가에서 '진정한 투자가'로 거듭나기 위한 5단계 과정을 알려 준다.

부자 아

위기야말

안진환 옮김
2017.01.02

부자와 권력
제도를 이용
금융 비상시
대비책을 소
정책, 제도,
지도자들을
방법을 제시
인생의 두 번
기회를 발견

왜 A학생은 C학생 밑에서 일하게 되는가 그리고 왜 B학생은 공무원이 되는가

안진환 옮김
2014.09.26 | 480쪽

학교 시스템은 우리 아이들을 A학생(Academics, 학자형)이나 B학생(Bureaucrats, 관료형), 즉 피고용인이 되도록 훈련시킨다. 학교는 새로운 일자리를 창출하게 될 C학생(Capitalists, 자본가형)을 키워 내는 데 관심이 없다. 이 책에서는 현재의 금융 위기가 돈에 대해 아무것도 가르치지 않는 학교 교육의 위기에서 비롯했음을 지적하며 자녀를 현실 세계에 대비시켜야 한다고 강조한다.

부자 아빠의 세컨드 찬스

위기야말로 두 번째 기회다

안진환 옮김
2017.01.02 | 408쪽

부자와 권력자들이 돈, 정부, 은행 제도를 이용해 부를 강탈하는 방법을 살피고, 금융 비상사태 속에서 자산을 확보하는 미래 투자 대비책을 소개한 책. 국민을 비호한다는 미명 아래 정책, 제도, 교육, 시스템 등을 통제하며 부를 강탈한 정치 지도자들을 고발하고, 그들의 술수에 흔들리지 않고 부를 지키는 방법을 제시한다. 세컨드 찬스란, 위기를 기회로 바꿀 때 찾아오는 인생의 두 번째 기회라는 의미로, 저자는 글로벌 금융 위기 속에서 기회를 발견하고 붙잡을 때 세컨드 찬스가 찾아온다고 말한다.

부자 아빠 가난한 아빠 2
'현금흐름 사분면'과 돈을 관리하는 7가지 방법

안진환 옮김
2012.11.27 | 448쪽

『부자 아빠 가난한 아빠 1』에 대한 전 세계 독자들의 열렬한 반응과 좀 더 구체적 조언을 원하는 요구에 부응하여 출간된 속편. 돈에 대한 고정관념에서 벗어났다면 이제는 현명한 돈 관리에 돌입하여야 한다. 봉급생활자를 비롯해 사업가, 투자가, 전문직 등의 현금흐름 사분면을 안내해 일곱 단계의 투자가와 세 가지 타입의 투자가를 소개했다. 이를 통해 경제적으로 성공하는 데 필요한 개인적 변화를 이해할 수 있게 이끌어 준다. 당신이 돈을 보살필 줄 알고, 관리할 줄 안다면 돈은 당신에게 스스로 다가올 것이다.

부자 아빠의 투자 가이드
부자 아빠 가난한 아빠 3

박슬라 옮김
2014.09.29 | 588쪽

부자들이 들려주는 투자 비법 5단계. 『부자 아빠 가난한 아빠 1·2』가 부자 아빠식 재테크에 대한 개론서라면 3권은 구체적인 지침을 제공하는 가이드북으로, 투자할 때 반드시 알아야 할 금융 지식과 투자 원칙을 담고 있다. 정보와 기회가 넘치는 오늘날, 금융 지식을 익히고 경험을 쌓을 준비가 되어 있다면 누구든 좋은 투자 기회를 찾을 수 있다. 저자는 일반 투자가에서 '진정한 투자가'로 거듭나기 위한 5단계 과정을 알려 준다.

"이제 돈을 위해 일하지 말고
돈이 나를 위해 일하게 하라."

로버트 기요사키 Robert T. Kiyosaki

재테크 분야의 고전으로 손꼽히는 '부자 아빠 가난한 아빠' 시리즈를 통해 전 세계 수천만 사람들의 돈에 대한 인식을 바꿔 놓았다. 사업가이자 교육자이며, 나아가 일자리를 창출할 사업가가 세상에 더 많이 필요하다고 믿는 투자가다. 돈과 투자에 대해 기존의 통념과 대조적인 사고방식, 직설적인 화법과 대담한 태도로 국제적인 명성을 떨치고 있다. 돈과 투자, 금융 및 경제와 관련된 복잡한 개념을 단순하게 설명하는 놀라운 재능을 지녔으며, 재정적 자유를 얻게 된 자신의 여정을 담은 이야기로 세대와 국적을 초월한 다양한 독자들에게 울림을 주었다.

그는 좋은 일자리를 얻어서, 돈을 모아 빚을 갚고, 장기적으로 분산 투자하라는 기존의 충고는 한물간 구식이라고 평한다. "당신의 집은 자산이 아니다." "현금흐름을 얻기 위해 투자하라." "저축을 하는 사람은 패배자다." 등 그의 가르침과 철학은 커다란 논란을 일으켰지만, 지난 20년간 사실임이 증명되었다. 『부자 아빠 가난한 아빠』를 비롯해 25권의 저서를 펴냈으며, 그의 책들은 전 세계 베스트셀러 명단에 굳건히 자리를 지키고 있다. 금융 교육 회사인 리치 대드 컴퍼니를 설립해 많은 사람들을 경제적 안정으로 가는 길로 안내하는 한편, CNN, BBC 등의 언론 매체와 「래리 킹 라이브」, 「오프라 윈프리 쇼」를 비롯한 다양한 프로그램에 출연해 투자와 경제적 성공에 대한 해답을 제시하고 있다.

리치 우먼

현명한 여자들을 위한 재테크 지침서

킴 기요사키 | 박슬라 옮김
2022.06.22 | 388쪽

1997년 미국에서 처음 출간된 이래, 전 세계 51가지 언어로 109개국에서 출판되어 4000만 부(국내 400만 부)가 판매된 재테크 분야 최고의 밀리언셀러 '부자 아빠 가난한 아빠' 시리즈 여성 특별판. '부자 아빠 가난한 아빠' 시리즈로 유명한 로버트 기요사키의 부인 킴 기요사키가 쓴 여성 맞춤형 재테크 지침서로, '부자 아빠'의 투자와 재테크 원칙들을 여성의 관점에 맞추어, 친구들에게 조언을 건네는 스토리텔링 형식으로 새롭게 풀어냈다. 여성들의 주체적이고 독립적인 삶의 중요성을 강조하며 '돈'과 '자유'의 새로운 기준이 되어 주는 이 책은 여성 재테크 입문서로서의 역할을 톡톡히 해낼 것이다.

페이크

가짜 뉴스와 정보에서 진짜 돈과 자산을 지켜라

박슬라 옮김
2019.07.17 | 584쪽

진짜 뉴스와 가짜 뉴스를 구별하기 어려운 이 시대에 무엇이 진짜이고 가짜인지 확인하는 행위는 부유와 가난, 더 나아가 생사까지 가를 수 있는 중요한 일이다. 이 책은 현재 시장에 만연한 가짜 돈(Fake Money), 가짜 교사(Fake Teacher), 가짜 자산(Fake Asset) 등을 나누어 살펴보며, 그러한 '가짜'들이 어떻게 부자들을 더 부유하게 만들고, 중산층과 가난한 사람들을 더 가난하게 만드는지 파헤친다. 전 세계적인 금융 위기에 대한 경각심이 높아지고 있는 오늘날, 이 책은 가짜 정보에 속지 않고 진짜 자산을 지킬 수 있도록 도와줄 것이다.

구리 생산에 노력을 열 배나 더 기울이지는 않을 것이라는 의미다.

그러므로 은에 대한 수요를 충족시키는 몫은 전적으로 은을 전문적으로 생산하는 업체에 달려 있는데, 불행히도 이런 이들은 대단히 드물다. 최근 은의 광산 생산량은 1년에 겨우 5억 온스를 조금 넘길 정도에 그치고 있으며, 은 전문 광산업체들의 생산량은 그중 25퍼센트인 1억 2500만 온스에 불과하다. 1차 은 생산업체들이 생산을 두 배로 늘리고 현재의 수요를 그대로 유지한다고 해도 1990년대 수준의 보유고를 회복하려면 최소한 50년 이상이 필요할 것이다.

은 광산을 더 많이 개발하면 되잖아?

역시 좋은 질문이다. 그리고 이번에도 역시 대답은 "그렇다."이다. 그러나 광맥을 발견하고 생산하는 데 걸리는 평균 기간은 5년에서 7년이며, 환경법이 엄격한 국가에서는 그보다 더 오랜 시간이 걸리기도 한다. 예를 들어 미국의 경우, 설사 순수한 은광이나 금광을 발견했다고 해도 캘리포니아 같은 주에서는 엄격한 환경법 때문에 채굴 허가를 받지 못할 가능성이 크다. 게다가 은값이 어느 한도 이상 상승하기 전까지는 전망도 불확실하다. 무엇보다 귀금속 시장의 오랜 침체기 때문에 전문 지식을 지닌 숙련 노동 인구의 숫자가 크게 부족하다는 점도 치명적이다.

지상에 존재하는 은만 줄어들고 있는 게 아니다. 지하에 묻힌 은의 양 역시 고갈되고 있다. 채광이 가능한 은맥은 점점 희귀해지고 있으며, 스털링 마이닝Sterling Mining 사의 사장인 레이 드 모트Ray De Motte는 오늘날 채굴 가능한 금과 은의 비율이 과거와 달리 1대 8이라고 한다.

미국 지질조사Uunited States Geological Suervey, USGS의 조사 결과 역시 이와 일치한다. 이름 높은 은 전문가 테오도어 버틀러Theodore Butler의 스승인 이지 프리드먼Izzy Friedman은 USGA의 연례 광물보고서에 숨겨져 있는 놀라운 사실을 발견했다. 현재와 같은 채광 속도라면, 현재 지각에 묻힌 은은 그 어떤 광물보다도 양이 적다.

USGS의 보고서에 따르면, 현 추세대로라면 지구상에서 금과 은은 가장 먼저 고갈되는 광물이다. 금은 30년 안에 바닥날 것이고, 은은 그보다도 적은 25년밖에 남지 않았다.

은의 전성기가 도래한다

이제까지 우리가 이야기한 긴박한 경제 상황을 고려할 때, 당신은 이미 미국 통화가 파멸을 앞두고 있음을 깨달았을 것이다. 그리고 만일 내가 일을 제대로 했다면 머지않아 귀금속 또는 원자재로 인해 거대한 부의 이전이 발생할 것임을 알게 되었으리라. 나는 귀금속의 성장을 부추기는 가장 커다란 촉매가 은에서 시작되리라 믿는다. 실제로 우리는 역사상 가장 큰 은의 전성기를 목전에 두고 있다.

달러가 무너지면 거물급 투자자들이 금으로 눈을 돌려 금값이 천정부지로 치솟는다. 대중이 이러한 사실을 깨달을 즈음에 이미 금은 그들의 주머니 사정에 비해 너무 비싸져 있을 것이다. 그맘때쯤 은이 금보다도 더욱 귀하다는 소문이 흘러들어 오고 광란에 휩싸인 사람들은 이제 은에 열광하기 시작한다. 하지만 창고는 이미 바닥을 드러내고 있고 생산은 멈춘 상태다. 그곳에서 은 시세가 폭발한다.

도화선

은의 폭등에 불을 당기는 도화선은 네 가지다.

■ 도화선 1. 가격 조작

앞에서 이미 말한 바 있지만, 은의 가격은 거물들에 의해 조작되고 있고, 심지어 금보다도 더욱 강력한 통제하에 있다.

테드 버틀러는 벌써 수년째 이 문제에 대해 의문을 제기하고 있다. 내가 아는 한 버틀러는 금과 은의 가격 조작에 관해 최초로 글을 쓴 인물이며, 벌써 10년이 넘는 세월 동안 홀로 전투를 벌이고 있다. 실제로 일부 특정 기관들이 뉴욕 상품거래소New York Commodities and Mercantile Exchange, COMEX를 통해 많은 양의 은을 시장에 풂으로써 은 가격을 조절하고 있다. 여기서 '많다'는 것은 정말이지 아주, 아주 많은 양을 가리킨다. 문제는 그곳에서 거래되는 은이 실은 존재하지 않다는 데 있다. 그들은 선물계약을 통해 은을 매매하고, '언젠가'는 은을 매입한 사람에게 전해 주겠다는 서류상의 약속만을 주고받을 뿐이다.

많다는 게 얼마나 많은 건지 정확히 알고 싶다고? COMEX의 트레이더들은 선물매도를 통해 현존하는 은의 두 배 이상을 미래에 넘겨

주기로 약속하고 있다. 만일 선물을 구매한 트레이더들이 판매한 트레이더들에게 진짜 은을 요구한다면, 세계는 1년이 넘도록 단 한 조각의 은도 구경할 수 없게 될 것이다. 이 말인즉슨 새 휴대전화나 컴퓨터도 없이, 소니Sony나 파나소닉Panasonics의 신제품도 없이 1년 이상을 버텨야 한다는 의미다.

현재 지구상에서 은만큼 극심한 매도 포지션에 있는 원자재는 없다. 예를 들어, 선물계약으로 거래되는 금의 양은 전 세계 금 비축량의 2.5퍼센트에 불과하다. 그렇지만 선물로 매매되는 은의 양은 현재 알려진 은 비축분의 200퍼센트를 능가한다. 금에 비해 여덟 배나 큰 매도 포지션에 있는 셈이다.

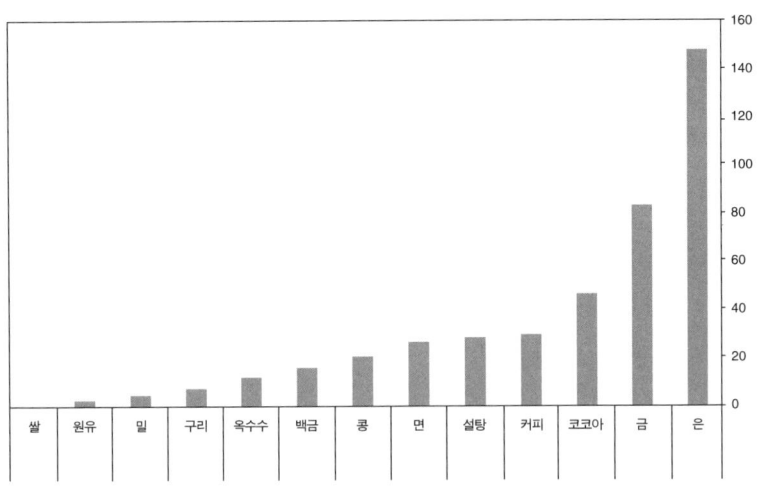

| 그래프 29 | 상위 네 트레이더들의 매도 포지션을 매우기 위해 필요한 일일생산량

출처: World Gold Charts@www.sharelynx.com

이것으로 은 시세가 조작되고 있음을 입증할 수 있을까? 물론 아니다. 그러나 조작 가능성은 대단히 다분하다. 그보다 더욱 의심스러운 점으로는 은이 그 어떤 원자재보다도 소수의 트레이더들에 의해 대량으로 거래되고 있다는 사실을 들 수 있다.(미청산계약) 은의 매도 포지션은 네 곳의 트레이더들이 대부분 보유하고 있는데, 테드 버틀러는 그중에서도 특히 두 트레이더가 은 매도 포지션의 절반 이상을 차지하고 있다고 의심한다. 간단히 말해 전 세계의 은 시세가 겨우 한둘의 손에 의해 좌지우지되고 있다는 의미다. 그래프 29를 살펴보면 이 네 트레이더들이 전 세계 은 생산량의 4개월분 이상을 선물로 매도했음을 알 수 있다.

이것은 좋은 소식이다. 이와 같이 은 선물시장이 현물시장을 압도하고 있기 때문에, 은 시세는 선물시장에 의해 결정되고, 다량의 은 선물 매도 포지션은 은 가격을 하락시켰다. 다시 말해 은은 실제 가치보다 훨씬 싼값에 거래되고 있으며, 이는 당신 역시 은을 싸게 구입할 수 있다는 얘기다. 하지만 이런 상황이 그리 오래 가지는 않을 것이다.

언젠가 은 현물이 고갈되는 날이 오면, 아무리 많은 은 선물계약이 거래되더라도, 선물 매도자(공매도)들은 미래에 은을 넘겨주겠다는 약속을 지키지 못하게 되고 은 부족이 심화됨에 따라 은 가격은 다시 금·은 현물에 의해 결정될 것이다. 그때를 조심하라. 선물 매도자들이 공매도한 포지션을 상쇄하기 위해 매수 포지션을 취함으로써 short squeeze 은값에 불이 붙게 될 것이다.

■ 도화선 2. 은 대여

낯설게 느껴질지도 모르겠지만 사실 은 대여는 생각보다 흔히 이뤄지는 행위다. 은 대여는 은을 구입하고자 하는 고객이 있는데 생산자의 수중에는 현재 매매할 수 있는 은이 없을 때 발생한다. 이럴 경우 생산자는 상당량의 은을 보유하고 있는 다른 사람(예를 들면 중앙은행)에게서 은을 빌린 다음(대여) 언젠가 미래에 그것을 갚아 주겠다고 약속한다. 그런 다음 생산자는 그 빌린 은을 고객에게 판매한다.

은 대여(또는 이와 비슷한 금 대여)의 문제는 빌린 것을 갚지 않는다는 데 있다. 오히려 대여량은 계속해서 늘어만 가고 있다. 실제로 현재까지 대여된 모든 금과 은을 갚으려면 광산업 전체가 2년 동안 금과 은의 채굴에만 100퍼센트 전념해 매달려야 할 것이다. 이는 즉 2년 동안은 액세서리나 장신구도, 휴대전화도, 노트북도 전혀 새로 생산되지 않을 것이라는 얘기다.

귀금속 대여는 서류상에 공급량을 허위로 발생시킨다. 테어도어 버틀러가 그의 기사 "대여인가 사기인가 Silver Leasing or Silver Fleecing?"에서 지적했듯이, 오늘날 시장에는 금 1억 5000만 온스와 은 10억 온스가 대여되어 있지만 실제로 이를 갚을 수 있는 비축량은 전혀 존재하지 않는다. 이런 허위 공급량은 시장에서 어떤 역할을 할까? 가격을 낮춘다. 때문에 이러한 귀금속 대여 제도는 언젠가 공황상태에 빠지게 될 것이며, 그렇게 되는 날에는 허위공급량이 사라지고 가격은 천정 부지로 치솟게 될 것이다.

■ 도화선 3. 은 증권

은 증권에 대해서는 뒤에서 보다 상세하게 다루겠지만 여기서 잠깐 미리 간단히 짚고 넘어가도록 하자.

이 대목을 쓰기 전에 나는 테드 버틀러와 몇 차례 대화를 나누었는데, 내가 은 증권을 발행하는 몇몇 회사에 대해 언급하자 그는 은을 구입하는 고객들 사이에서 높은 신뢰를 받고 있는 몇몇 금융회사들에 대해 이야기해 주었다. 문제는 그들이 실제로는 존재하지 않는 가상의 은을 판매하고 있다는 것이었다. 버틀러가 처음 이런 은의 허위 공급에 대해 글을 썼을 때, 사람들은 대개 터무니없는 헛소리라는 반응을 보였다. 그러던 중 2007년 10월 23일, 버틀러가 "헛되게 날린 돈Money for Nothing"이라는 기사를 기고했다. 기사의 골자는 모건스탠리가 은과 같은 귀금속을 관리하고 보관하는 비용을 고객들에게 청구하고 있었음에도 불구하고 실제로는 보관할 귀금속을 보유하고 있지 않음이 밝혀져 법적 고소를 당하게 되었다는 것이었다. 그중에서도 최악은 모건스탠리가 이 주장을 반박하지도 않았다는 사실이었다. 회사 측은 그들이 아무런 잘못도 저지르지 않았다고 말했다. "실재하지 않는 귀금속에 대해 보관료를 청구하는 것은 업계의 관행"이기 때문이었다.

테드 버틀러는 이러한 관행을 "은이 없는 은 보관계좌"라고 칭한다. 일반적으로 모건스탠리 같은 대기업은 당신이 은 계좌를 갖고 있는 동안 당신의 현금을 이자도 내지 않고 무료로 마음껏 사용한다. 그리고 알다시피, 대부분의 현물 투자가들은 귀금속 계좌를 오랫동안 유지하기 마련이다. 놀랍게도 금융기관은 그 기간 동안 당신의 화폐를 뒷받침할 은을 현물로 보유할 의무가 없다. 그보다 더 최악은 모던스탠리 같은 일부 회사들이 존재하지도 않는 은에 대해 당신에게 보관수수료를 물린다는 점이다. 말하자면 은 증권은 귀금속 대여와 마찬가지로 하나의 거대한 사기극이다. 머지않아 은이 투자 대상으로 각광받는 시기가 왔을 때, 이들 금융기관은 당신에게 돌려줄 은을 전혀 가지고 있지 않을 것이다. 따라서 공거래라는 짧은 도화선에 힘입어 은 시세가 폭발하게 되면 결국 절호의 기회를 잡을 이들은 진짜 은을 수중에 갖고 있는 이들일 것이다.

■ 도화선 4. 상장지수펀드

귀금속 분야에서 일하는 많은 내 동료들이 상장지수펀드$^{\text{exchange-trades funds, ETF}}$가 실제로는 충분한 양의 귀금속을 보유하지 못하고 있으며, 어쩌면 금·은 가격을 조작하는 또 다른 도구일지 모른다고 의심하고 있다.

이는 사실일 수도, 사실이 아닐 수도 있다. 그러나 만일 이것이 사실이라면 그들은 모건스탠리와 한 치도 다름없는 사기행각을 벌이고 있는 셈이며, 가격조작 사실이 밝혀진다면 귀금속 가격은 극적으로 솟구칠 것이다. 그리고 만약 이 가설이 사실이 아니라면, 다시 말해 ETF가 100퍼센트 신뢰할 만하다면 이는 오히려 그보다도 더 큰 도화선이 될 수 있다. 시장의 폭발적인 성장으로 인해 엄청난 양의 금과 은을 집어삼키게 될 것이기 때문이다.

만일 당신이 금과 은에 직접적으로 투자를 하지 않고 금 또는 은을 '거래'하거나 '매매'할 생각이라면 진심으로 ETF를 추천하는 바이다. ETF는 호가 차이(매수 가격과 매도 가격의 차이)가 가장 적으며 유동성이 높고 어떤 거래 환경에서도 주식처럼 사고팔 수 있다. 그러나 만일 장기적인 금은 투자에 관심을 갖고 있다면, ETF를 투자 도구로 활용하기 전에 신중하게 고려해 볼 것을 권한다.

기폭장치

실버 붐의 도화선을 설치했으니 이번에는 기폭장치에 대해 연구해 볼 차례다. 은 폭등의 기폭장치란 우리가 방금 논의한 도화선에 불을 붙일 일련의 사건들을 가리킨다.

사재기

실버인베스터닷컴의 데이비드 모건은 "상업용 사용자들이 은 부족 현상을 눈치채기 시작하면…… 은값은 현 시점에서는 거의 불가능하다고 말하는 수준까지 상승할 것이다."라고 말한다. "어떻게 그릴 수가 있을까? 왜냐하면 그때가 되면 국방업계와 자동차, 그리고 전자산업 분야의 은 사용자들은 물론, 커다란 기회를 감지한 투자자들이 한꺼번에 몰려들어 은에 대한 소유권을 놓고 서로 치열한 경쟁을 벌이게 될 것이기 때문이다."

기업 바이어들이 제품 생산에 필요한 은을 사재기하면서 시장에 공급이 줄고, 그에 따라 가격이 상승한다.

큰손들

때로 대량의 은을 매수하려는 이들이 나타나곤 한다. 아마 빌 게이츠 정도라면 현 시가로 전 세계에 존재하는 은을 모두 사들이기에 충분한 현금을 갖고 있을 것이다.

뮤추얼 펀드

지난 수십 년 동안 증권회사들은 경제 불황에 대비해 리스크를 줄이는 일환으로 순자산의 최소 10퍼센트를 금에 투자할 것을 권해 왔다. 오늘날 월스트리트는 이러한 황금률을 깡그리 잊어버렸다. 심지어는 투자 포트폴리오의 99퍼센트가 금과는 연관성이 전무한 상태니 말이다. 그러나 경제 불황이 극심해지고, 은행과 월스트리트가 가진 문제점들이 하나둘씩 불거지고, 점점 많은 뮤추얼 펀드가 귀금속이 일구는 놀라운 결과에 기대게 되면서 많은 펀드들이 포트폴리오에 귀금속 관련 주식을 포함시키게 될 것이다. 그리고 그 과정에서 많은 이들이 은의 무한한 가능성을 발견하게 되리라.

언론

이제까지 이 책을 읽었다면 잘 알겠지만, 금과 은도 언젠가는 오늘날의 주식과 부동산처럼 거품이 되고 말 것이다. 그때가 되면 금은 투자가 신문의 1면을 장식하고, 그전까지만 해도 10만 명 중 한 명이 고작 알까 말까 했던 은 부족현상에 대한 정보가 전국민들 사이로 퍼져 나갈 것이다.

대중의 인식

식물인간 상태에 있던 일반 대중이 각성해 마침내 주도권을 쥐게 되면 이들은 2,000달러어치의 금보다 50달러어치의 은이 훨씬 더 쉽게 두 배의 돈을 벌어 줄 수 있다는 것을 깨닫게 될 것이다. 테드 버틀러는 이렇게 말했다. "사람들은 은을 좋아하지 않는다. 조금만 지불해도 너무 많은 양을 가질 수 있기 때문이다." 사람들은 달러 가격이 싸면 쌀수록 그것의 가치가 낮다고 인식하는 경향이 있다. 그러나 그것이 항상 사실인 것은 아니다. 최소한 은에 있어서만큼은 1979년에 그랬던 것처럼 바뀌게 될 것이다.

무엇보다 최고의 소식은 이런 다양한 기폭장치 가운데 하나만 터져도 은의 공급이 실질적으로 중단된다는 것이다. 그런 일이 발생할 경우, 그동안 대여된 모든 귀금속과 허위공급량은 당신이 상상할 수 있는 이상으로 은값을 상승시킬 것이다.

은의 안전망

투자 대상으로서 은의 가장 뛰어난 장점 중 하나는 은은 그 자체로 안전망을 가지고 있다는 점이다. 최소한 오늘날처럼 은 시세가 낮을 때에는 그렇다. 나는 지금까지 꾸준히 은을 구매하면서 은값이 4.25달러에서 21달러까지 오르는 것을 목격했다. 또한 나는 다양한 광산 주식에도 투자해 왔는데, 은값이 오르고 증시가 활기를 띠는 동안에도 광산 주식만큼은 이상하게도 거의 이윤을 내지 못했다.

이것은 대단히 중요한 사실이다. 왜냐하면 산업용 금속으로 가장 수요가 높은 은이 바닥나고 있는 이 시점에서 주요 생산자들이 생산 비용 이하로 가격을 유지하는 것은 거의 불가능한 일이기 때문이다. 이 같은 상황에서는 가격이 하락할 수 없으며, 지속적으로 낮은 가격이 유지될 수도 없다. 따라서 은 시세는 생산비용을 넘어 수요를 충족시키기 위한 새로운 채광작업을 부추기기에 충분할 수준까지 현저하게 상승할 것이다.

은의 안전망에서 가장 멋진 점은 가격이 상승할수록 은은 더욱 더 안전해진다는 사실이다. 은 채광 관련 비용의 대부분은 에너지 비용과 관련이 있다. 은값이 상승했다는 것은 원유가가 상승했다는 의미다. 앞으로 유가가 계속해서 상승한다면 당신의 안전망은 더더욱 튼튼해질 것이다.

다시 미래로

은값은 어디까지 상승할 수 있을까? 사실 그것은 별로 중요한 사항이 아니다. 앞에서도 말했듯이, "가격은 아무런 의미도 없다. 중요한 건 가치다."

지금 이 순간, 은은 극단적으로 과소평가되고 있다. 이 장의 첫 대목이 기억나는가? 인류의 2000년 역사에서 금과 은의 교환 비율은 평균 12대 1이었다.

자, 여기가 가장 흥미로운 대목이다. 충분한 시간만 주어진다면 가치는 늘 평균에 수렴하게 되어 있다. 그러나 상황이 비정상적일 때에는 중앙값에 안착하기 전에 한쪽으로 치우쳐 평균값을 훌쩍 넘어서게 되며, 상황이 나쁠수록 그리고 그런 상태가 오래 지속될수록 이탈치는 더욱 커진다.

금과 은의 비율은 벌써 한 세기가 훌쩍 넘도록 역사상 그 어떤 때보다도 평균치에서 크게 벗어나 있다. 오늘날 금과 은의 교환율은 50대 1을 능가한다. 따라서 은에 대한 급격한 수요가 발생한다면 그 반동 역시 신속하고 강력할 것이다. 나는 앞으로 금과 은의 교환율이 그 어느 때보다도 빠른 속도로 평균치인 12대 1로 회귀하게 될 것이라고 장담한다. 그리고 그때가 되면 은의 양이 금에 비해 훨씬 적기 때문에, 은은 평균보다 훨씬 높은 가격으로 거래될 것이다. 이제 어째서 은이 정말로 '귀한' 금속인지 이해할 수 있을 것이다.

| 3부 |

내일

GUID E TO INVESTING IN
GOLD AND SILVER

Chapter 12

경제 진자

    이 책 전반에 걸쳐 나는 경제 순환주기와 그것들이 경제와 시장 그리고 당신의 투자 방향에 미치는 영향에 대해 이야기했다. 경제에 관해 오랫동안 연구한 사람이라면 모든 것은 정기적으로 반복 발생한다는 결론에 도달했을 것이다.

    순환주기는 자연 곳곳에 스며들어 있다. 인간 본성의 산물이기도 한 경제 및 원자재 시장 또한 그런 주기적인 패턴을 보여 준다. 낙관적 또는 비관적인 시기들은 예측 가능한 규칙성에 따라 찾아오되, 그 지속 기간은 며칠, 몇 주, 몇 달, 몇 년, 몇십 년, 또는 심지어 수 세기까지도 확장되고 늘어날 수 있다. 그러므로 비슷한 사건에 대한 경험을 지니고 있지 않은 한 미래에 대한 계획을 세우는 것은 대단히 어려운 일이다.

그리고 바로 그 때문에 금융 교육이 중요하며, 내가 로버트 기요사키와 함께 일한 것을 자랑스러워하는 것이다. 그는 금융에 관한 교육과 금융 IQ야말로 오늘날과 같은 경제체제하에서 살아남는 핵심 열쇠라고 믿는다. 금융 교육에 대한 로버트의 헌신적인 노력에 대해 알고 싶다면 그의 저서인 『부자의 조건, 금융 IQ』를 읽어 보기 바란다. 그 책은 내가 아는 한 금융 IQ의 중요성에 대해 가장 훌륭하게 역설하고 있는 경제 서적이다.

경제 순환주기가 실제로 존재하고 당신의 금융 전략에 엄청난 영향력을 미치는 증거로서, 우리 주변에서 가장 흔히 찾아볼 수 있는 경제 순환주기에 대해 간단히 설명해 보겠다.

주식평가 순환주기 또는 주가수익비율 주기

시장은 오랜 시간에 걸쳐 뜨겁게 달아올랐다 차게 식기를 반복한다. 간단히 말해 나는 주가수익비율^{PER}이 주식이 얼마나 고평가 또는 저평가되었는지를 측정하는 판단도구라고 생각한다. 증시가 활발한 상승세를 타고 시장이 달아올라 모두가 주식에 달려들면, 주가는 상승하고 결국 과대평가되어 높은 PER을 기록하게 된다. 반대로 시장이 얼어붙으면 모두가 발을 빼기를 원하고, 따라서 주가가 떨어져 주식이 과소평가되면 PER은 낮아지게 된다.

유형-무형 자산 순환주기 또는 명목-실물 자산 순환주기

대중이 무형자산, 즉 주식과 같은 명목자산을 선호하는지 또는 금이나 부동산, 원자재, 귀중품 같은 유형자산을 선호하는지를 측정하는 순환주기로는 다우지수 대비 금 시세 비율^{DGR}보다 더 좋은 것은 없을 것이다. DGR은 간단히 말해 다우지수를 금값으로 나눈 것으로, 얼마나 다우존스 한 주를 사려면 얼마나 많은 금이 필요한지 다우지수의 가치를 금 현물로 평가하는 것이다.

부동산경기 순환주기

부동산을 달러가 아니라 금으로 가격을 매겨 보면 부동산시장이 주식시장과 마찬가지로 똑같은 순환주기를 반복하고 있음을 알 수 있다. 고평가에서 저평가로, 저평가에서 다시 고평가로, 계속해서 돌고 도는 것이다.

그래프 30은 1920년부터 현재까지 다우 PER과 다우존스의 가치를 금으로 환산한 DGR, 그리고 금으로 환산한 부동산 가치를 기록한 것이다. 이 그래프를 통해 우리는 PER과 DGR, 그리고 부동산 대비 금 시세 비율의 순환주기가 거의 일치한다는 사실을 확인할 수 있다.

1929년의 주식시장 붕괴에서 대공황에 이르기까지 PER과 DGR, 그리고 부동산 대비 금 비율은 거의 똑같은 시점에 하락하기 시작했다. 이후 2차 세계대전이 끝나고 수만 명의 병사들이 고향으로 돌아와 결혼을 하고 집을 사고 베이비붐을 일으키자, 부동산 시장이 증시보다 약간 일찍 상승세를 시작하게 된다. 한편 금 대비 주식 및 부동산의 가치가 다시금 거의 동시에 하락하기 시작한 점에 주목하라. 이는 증시와 부동산 시장이 부진하거나 하락했다는 의미가 아니다. 1934년 이후 발행된 달러의 가치를 메우느라 금의 가치가 상승했다는 의미도 아니다. PER이 함께 하락하는 모습을 보인 것으로 보아 이는 순환주기에 따른 변화이다. 1980년이 되자 역사상 최대의 증시 붐이 시작되고, 동시에 금은 향후 20년간 지지부진한 길을 걷는다.

그러나 21세기에 접어들면서 놀라운 사실이 드러난다. 2000년 이후 증시의 부활과 역사상 가장 거대한 주식 붐이 환상에 지나지 않았

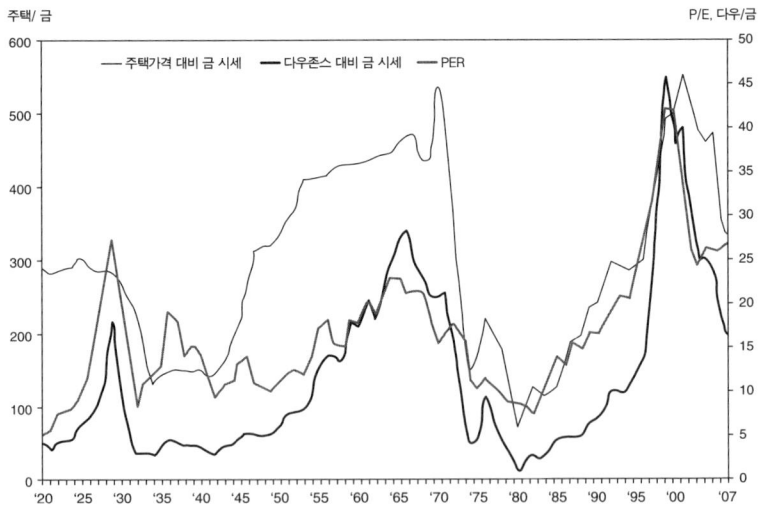

| 그래프 30 | 주택가격 대비 금 시세, PER, 다우존스 대비 금 시세

출처: 로버트 J. 실러(예일대 경제학과 교수), 전미부동산협회(National Association of Realtors)

242   3부 · 내일

음이 밝혀진 것이다. 그 긴 시간 동안 가격은 올라가고 있었지만 실질적인 가치는 떨어지고 있었다. 게다가 그 이유도 단순히 금의 가치가 부동산과 주식보다 더 빠른 속도로 상승했기 때문이 아니었다. PER의 하락은 그와 다른 근본적인 원인이 존재하고 있음을 말해 준다.

내 사업 동료인 브렌트 함스Brent Harmes는 오랫동안 경제 순환주기를 연구해 왔고 이제는 탁월한 전문가 수준에 이르렀다. 경제 순환주기는 그가 특히 열정을 발휘하는 분야다. 그는 수많은 투자주기를 연구하고, 투자의 성공에 필요한 몇 가지 핵심적인 순환주기들을 발견했다. 그는 대중의 야단법석에 귀를 기울이는 것이 아니라 반복되는 역사에 주목하는 투자가들이야말로 언제나 올바른 선택을 한다고 믿는다. 브렌트는 이렇게 말한다.

"열심히 흔들리다가 중간에 갑자기 멈추는 진자는 없다. 과거에 지나치게 한쪽으로 치우쳐 있던 것을 수정하기 위해서는 다시 반대쪽으로 크고 넓게 흔들려야 한다. 극단적으로 과대평가된 자산군이 적정 가치로 돌아가기 전에는 반드시 극단적인 과소평가가 먼저 오기 마련이다. 한쪽 극단에 있던 진자가 반대쪽 극단에 도달하기 전까지 순환주기는 끝난 것이 아니다."

한 세기 이상을 다루고 있는 그래프 30은 실은 보다 큰 그림을 부분적으로 클로즈업한 것이다. 이 그래프에서 볼 수 있는 세 번의 파도는 우리가 가장 최근에 겪은, 자유시장 경제를 다시 처음부터 반복하려는 순환주기일 따름이다. 미국만 해도 지난 200년 동안 이러한 주기가 다섯 번이나 반복되었고, 이제 우리는 막 여섯 번째 주기를 맞이한 셈이다. 이번에 찾아온 파도는 원자재 주기라고 불린다.

파도타기

로버트 기요사키는 투자 전략을 세울 때 어떻게 리스크를 관리해야 하는지에 대해 자주 강조하곤 한다. 다양하고 광범위한 역사적 사실에 입각해 얻은 명백하고 절대적인 여러 증거로 미루어볼 때, 나는 이런 투자 주기의 흐름과 반대되는 방향에 투자하는 것은 엄청난 리스크를 감수하는 것이며 반면 그것과 일치하는 방향으로 투자하는 것은 절대로 '요행을 바라는 도박'이 아니라는 결론을 내렸다. 경제 파도의 흐름에 맞춰 투자하는 행위는 심지어 금융 교육을 받지 못한 투자가들마저도 투자의 귀재처럼 보이게 만든다. 부동산 거품이 터지기 전까지 부동산 전문가들이 얼마나 똑똑해 보였는지 한번 생각해 보라. 하지만 작금의 경제 순환주기를 연구하고 그러한 주기가 끝났을 때 어떻게 해야 할지를 곰곰이 생각하는 철저한 투자가들은 리스크를 줄이는 동시에 잠재적인 이득을 최대한 늘릴 수 있다.

서핑을 하듯 파도의 흐름을 타면 얼마나 훌륭한 결과를 얻을 수 있는지 살펴보자. 나는 이번에도 다우존스를 블루칩 주식의 대명사로 사용할 것이다. 여기 오랫동안 투자를 해 온 두 사람의 투자가 밥과 폴을 소개한다. 이제부터 이 두 사람이 화폐로 살 수 있는 가장 안정성 있는 투자 대상, 즉 금과 다우로 어떤 실적을 올렸는지 알아보도록 하자.

밥과 폴은 모두 1903년에 태어나 바로 그해에 투자를 시작했다. 두 사람의 부모가 두 아이에게 각각 다우존스 한 주를 사 준 덕분이었다. 그해 다우존스는 30포인트라는 최저가를 기록하고 있었다. 두 부모들은 행운을 비는 마음에서 20달러짜리와 10달러짜리 금화(1.5온스의 금)를 사용해 주식을 구매했다.

1923년까지 그 뒤로 20년 동안 밥과 폴은 안정적인 투자를 통해 다우 주식으로 세 배의 수익을 올렸다. 그러다 증시가 급물결을 타게 되면서 1929년에 그들의 주식은 처음 부모들이 구입했을 때에 비해 열두 배로 상승했다. 바로 그해 밥은 베티라는 아름다운 금발의 여인을 만났고, 폴은 패티라는 이름의 귀엽고 통통한 여인을 만났다. 두 커플은 결혼식을 올렸다. 1929년 여름 밥과 베티 사이에는 귀여운 사내아이 부바가, 폴과 베티 사이에는 예쁜 공주님 파멜라가 태어났다.

밥은 새 자동차를 사기 위해 저축을 하고 있었는데, 495달러만 있으면 새 포드 자동차를 살 수 있건만 아직도 거의 100달러가 부족한 상태였다. 하지만 거침없이 뛰는 주가의 황홀경에 빠진 밥은 집안의 전통에 따라 이 18온스의 금(380달러)을 바꿔 380포인트짜리 다우 주식 한 주를 아들에게 사 주었다. 하지만 폴은 불안한 기운을 감지하고 있었다. 주가가 영원히 상승세를 유지하지는 않을 것이라고 내다본 폴은 1929년 여름, 가진 주식을 모두 현금화해 18온스의 금을 마련했고, 파멜라를 위해 이 돈을 신탁으로 돌려놓았다.

몇 달 후 다우가 붕괴했다. 2년 뒤 다우지수는 겨우 40포인트에 불과했다. 이는 금 2온스에 해당하는 가격이었다. 폴은 1929년에 다우 주식을 팔아 마련한 18온스의 금으로 딸 파멜라를 위해 다우 아홉 주를 샀다. 그리고 그 뒤로 30년 동안 파멜라의 투자는 성공적으로 성장하는 듯했다. 그러던 중 1966년, 이제 63세의 나이에 퇴직까지 한 파멜라의 아버지 폴이 그녀에게 전화를 걸어 작은 비밀을 하나 알려 주었다. 폴은 지난 세월 동안 주가가 고평가되거나 저평가되었을 때 그것을 본능적으로 감지한 자신의 능력에 대해 대단히 운이 좋았다고 생각하고 있었다. 그는 그 생각에 사로잡힌 나머지 퇴직 후 증시를 연구하기 시작했고, 얼마 안 가 중대한 비밀을 깨우쳤다. 증시의 가치 평가가 마치 거대한 진자처럼 좌우로 흔들리고 있다는 사실이었다. 그는 딸에게 PER이 무엇인지, 그리고 주가가 어떻게 극단적으로 과대평가될 수 있는지 설명했다. 또 그는 금으로 환산할 경우 현재 다우 주가가 그가 1929년에 주식을 팔았을 때보다도 1.5배나 고평가되어 있다고 설명했다. 파멜라는 아버지의 전화를 끊은 다음 브로커에게 전화를 걸어 그녀가 가지고 있던 다우 아홉 주를 팔았다. 다음날 그녀는 주식을 판 금액으로 금 252온스를 사들였다.

1970년대 후반, 금값이 치솟기 시작했다. 1980년 1월이 되자 온갖 신문마다 금에 관한 이야기가 1면을 장식했다. 파멜라의 아버지는 다시 딸에게 전화를 걸어 코인숍 앞에 길게 줄을 늘어선 사람들의 들뜬 기분은 그리 오래가지는 못할 것이라고 말했다. 그는 그 모습을 보며 1929년의 주식광풍을 떠올렸다. 나아가 폴은 PER이 1932년 이래 가장 낮은 수치를 기록하고 있으며 따라서 주식이 지나치게 저평가되고 있다고 말했다. 다음날 금값은 850달러 선을 넘어 섰고, 파멜라는 다시 브로커에게 전화를 걸어 그녀의 금을 팔고 그 수익으로 다우존스 주식을 사라고 지시했다. 그날 오후 브로커에게서 전화가 왔다. 그가 전한 소식은 두 사람 모두를 깜짝 놀라게 했다. 금값이 850달러를 친 날 다우존스 역시 850포인트를 찍었고, 그래서 그녀의 금 252온스로 다우 주식 252주를 살 수 있었던 것이었다.

폴은 1990년에 사망했다. 그의 나이 87세의 일이었다. 파멜라는 아버지를, 그리고 아버지가 가르쳐 준 지혜를 자주 생각했다. 1999년 파멜라의 정원사가 그녀에게 닷컴과 기술주에 투자해야 한다고 말했을 때, 그녀는 불안감을 느꼈다. 이게 바로 아버지가 말씀하셨던 거구나 하고 생각했다. 파멜라는 다우의 PER를 조사해 보고 1929년 주식시장 붕괴 직전의 최고치보다도 30퍼센트나 높다는 사실을 발견했다. 다우 주가 대비 금값을 비교했을 때에는 주가가 증시붕괴 때보다도 거의 두 배 반 가까이 금에 비해 과대평가되어 있었다. 파멜라는 당장 컴퓨터로 달려가 거래용 계좌에 접속한 다음 그녀의 다우 주식을 팔았다. 그리고 며칠 뒤 주식을 매도한 금액으로 금 11,088온스를 매수했다.

2008년 3월, 파멜라는 사촌인 부바에게서 전화를 받았다. 부바의 아버지인 밥이 돌아가셨다는 소식이었다. 밥은 놀랍게도 105세까지 장수하는 삶을 누렸다. 부바는 파멜라에게 아버지 밥이 오래전에 매우 유용한 지혜를 전수해 주었다고 말했다.

"번 것보다 적게 쓰고, 남에게 빚지지 말고, 남는 돈은 저축하고, 장기적으로 투자하렴."

그는 또한 이제까지 자신이 얼마나 훌륭하게 그 지혜를 따라 왔는지 말해 주었다. 부바는 아버지가 1929년에 자신에게 사 준 주식이 지금은 1만 2000달러까지 올랐으며, 할아버지가 1903년에 겨우 30달러로 산 주식은 자기 여동생에게 물려주었다고 자랑스럽게 말했다. 파멜라는 아무 말도 하지 않았다. 그녀는 할아버지가 그 옛날에 투자한 30달러가 지금 얼마의 가치를 지니고 있는지 이미 잘 알고 있었다. 별로 계산이 어렵지도 않았다. 그녀는 금 11,080온스를 보유하고 있었고, 얼마 전 금값은 온스당 1천 달러를 기록했다. 그러므로 지금 파멜라는 1100만 달러를 가지고 있었다. 그녀는 전화 반대편에서 부바가 자신의 반응을 기다리고 있다는 것을 깨달았다. "1만 2000달러라고? 대단하다, 부바."

전화를 끊은 뒤, 파멜라는 계산을 해 보았다. 부바의 말을 토대로 계산할 때 그의 할아버지가 아버지에게 사 준 30달러짜리 주식은 339,000퍼센트 올랐고 그의 아버지가 380달러를 주고 산 주식은 3,058퍼센트 올랐다. 하지만 금의 가치로 계산하면 모든 게 더욱 분명해졌다. 밥은 1929년에 부바에게 금 18온스로 다우 한 주를 사 주었다. 그렇지만 지금 다우 한 주는 겨우 금 12온스의 가치밖에 없었다. 부바는 평생 동안 다우에 투자를 했지만 79년이 지난 지금 오히려 다우의 가치는 33퍼센트나 떨어졌던 것이다.

파멜라는 그녀의 할아버지가 물려준 금 1.5온스가 지금 11,088온스로 불어나 있음을 알고 있었다. 그렇지만 그녀가 아버지가 전해 준 지식의 진정한 위력을 알게 된 것은 숫자 계산을 해 본 뒤의 일이었다. 금이 1.5온스에서 11,088온스로 늘어난 것은 절대적인 가치가 739,100퍼센트나 증가했다는 의미였다. 그러나 아버지의 본능적인 투자 감각 덕분에, 그리고 후천적인 분석과 지식 덕분에 할아버지가 남겨 준 30달러가 자그마치 3700만 퍼센트나 불어났다는 사실을 깨달았을 때에는 그녀도 입을 다물 수가 없었다.

이 흥미로운 이야기에서 가장 반가운 소식은 이런 어마어마한 부를 얻기 위해서 100년을 기다릴 필요가 전혀 없다는 사실이다. 역사는 원자재가 명목자산을 훨씬 능가할 때, 그리고 귀금속이 스스로의 가치를 재평가할 때가 되면 매우 짧은 시간 동안 거대한 부가 발생할 수 있음을 보여 준다. 폴과 그의 자손이 처음 주식에 자산을 투자했을 때 그들은 경제 순환주기가 최고조에 이를 때까지 26년이라는 세월을 기다려야 했다. 그리고 두 번째 주기가 찾아오는 데에는 34년이, 세 번째 주기가 찾아오는 데에는 20년이 걸렸다. 그러나 금에 투자한 시간은 처음에는 겨우 3년이었고, 두 번째에는 14년, 세 번째는 8년이었다.

일반적으로 다우존스가 금 4온스 이하의 가치를 지녔다면 그것은 저평가된 것이다. 금 6~7온스의 가치와 맞먹을 때에는 적정 가격에 있으며 10온스 이상일 때에는 고평가되고 있다고 말할 수 있다. 그러나 지난 장에서도 이야기했듯이, 한번 한쪽으로 지나치게 치우치게 되면 중앙에 안착하기 전에(모든 것은 결국 평균으로 회귀한다.) 반대쪽으로 과잉교정되기 마련이다. 1929년에 다우존스는 금 18온스로 과대평가되었고, 그 반대급부로 금 2온스까지 떨어졌다. 1966년에 금이 다우 한 주당 28온스라는 극단적인 고평가를 받자 반대쪽으로 향한 경제 진자는 1980년에 1온스를 가리켰다.

오늘날의 경제 상황을 볼 때, 나는 다우존스와 금의 비율이 최소한 2온스까지 폭락할 것으로 예측한다. 그러나 나는 1999년에 44온스까지 과대평가된 다우가 그보다도 훨씬 떨어져 한 주에 겨우 금 반 온스에 지나지 않게 되더라도 별로 놀라지 않을 것이다. 현재 DGR(Dow/gold ratio, 다우 대비 금 가격의 비율)은 14온스인데, 이는 미래에 언젠가는 지금 내가 가진 금으로 블루칩 주식을 지금보다 28배는 더 많이 살 수 있게 되리라는 의미다.

물론 앞에서 제시한 것 말고도 수많은 경제 순환주기가 존재하지만, 그러한 것들이 실제로 존재한다는 것을 알고 그 패턴을 이해하는 것만으로도 당신의 투자를 최대화하는 데에는 충분하다.

이 책의 첫머리에서도 말했듯이, "역사 속에서 주기가 반복해서 되풀이되는 것은 조수간만처럼 자연스러운 흐름이다. 그러므로 이에 맞서는 것은 위험한 짓이며, 반면에 그 흐름을 파악하고 이용하여 투자 기회로 삼는다면 큰 부를 거머쥘 수 있다."

그러므로 경제의 파도를 타라. 흐름을 타라. 지금 이 파도는 원자재를 향해, 특히 금과 은을 향해 너울거리고 있다. 쉴 새 없이 관찰하고 공부를 게을리하지 마라. '부자 아빠' 책을 읽어라. 아는 것이 힘이다. 스스로에게 힘을 부여하고 다음번에 찾아올 거대한 파도를 붙잡을 준비를 하라. 왜냐하면 이 세상에서 변하지 않는 유일한 것은 바로 모든 것이 끊임없이 변한다는 사실뿐이기 때문이다.

Chapter 13

황금의 성

금 · 은 vs. 부동산

믿기 힘들지도 모르지만 나는 궁극의 투자 대상은 결국 부동산처럼 임대소득을 안겨 주는 물건이라고 생각한다. 금과 은은 거기에 도달하기 위한 수단일 뿐이다. 지금까지 언급하지는 않았지만 사실 내가 추구하는 궁극적인 목표는 금과 은이 아니라 부동산을 축적하는 것이다. 금과 은은 현금 흐름이 아니기 때문에 세금 혜택이 없다. 그렇지만 현재 진행 중인 경제 순환주기 덕분에 지금 금과 은을 구입한다면 지금 당장 부동산을 구입하는 것보다 더 많은 부동산을 모을 수 있을 것이다.

은으로 쌓아 올린 집

　스탠더드 푸어스/케이스 실러 주택가격지수$^{S\&P/Case-Shiller\ Home\ Price}$ ^{Index}에 따르면 1971년 귀금속 붐이 시작되었을 때 미국에서 일반적인 단독주택의 중간가는 20,663달러였다. 같은 해 은의 평균 가격은 온스당 1.39달러였다. 그러니 당시에 미국에서 중간 가격의 단독주택을 사려면 은 14,823온스가 필요했던 셈이다.

　그러나 겨우 9년 뒤인 1980년 1월 귀금속 붐이 끝나 갈 무렵에 주택의 중간가는 42,747달러인 반면 은은 온스당 52.50달러까지 상승해 있었다. 따라서 9년 전과 같은 집을 사는 데 은이 814온스밖에 들지 않았던 것이다. 주택 가격은 100퍼센트, 즉 두 배가 올랐지만 같은 기간 동안 통화량은 2.45배, 즉 145퍼센트 팽창했다. 1970년대는 인플레이션이 팽배하던 시절이었다. 부동산 가격은 현저하게 상승했지만 그 진정한 가치는 인플레이션을 따라잡지 못해 오히려 감소했다. 반대로 은의 가격은 3,641퍼센트 상승했는데, 인플레이션을 15배 이상 초과하고 있었다.

　자, 이제 정말로 멋진 시나리오를 소개한다. 만약 당신이 1971년에 집 한 채를 20,663달러에 매매해 그 돈으로 은을 구입했다면 1980년 1월 당신의 투자액은 부동산 시세의 17배인 770,769달러로 불어나 있었을 것이다. 만약 이후에 그 은을 팔았다면 중간 가격의 단독주택을 열여덟 채나 살 수 있었을 터다. 그것도 모두 현금으로 말이다. 한 채당 1980년의 집값인 42,747달러를 지불하고 임대료를 통해 100퍼센트 완전한 현금 이득을 보거나, 혹은 보다 모험심이 강한 사람이라면 20퍼센트 선금을 지불하고 같은 가격의 주택 90채를 매입할 수도 있었다.

이게 바로 오늘날 우리가 처한 상황이다. 아니, 심지어 이보다도 더 나을 정도다. 현재 부동산은 지나치게 고평가되어 있고 은은 지나치게 저평가되어 있기 때문이다. 2002년 미국 단독주책 한 채의 중간 가격은 은으로 환산했을 때 38,123온스로 최고치를 갱신했는데, 이는 1971년 귀금속 시장이 막 상승하기 시작했을 무렵에 비해 거의 2.5배나 높은 수치다.

1980년에 52.50달러로 상한가를 쳤을 때 은은 별로 희귀한 금속도 아니었다. 하지만 앞에서 지적했듯이 현재 지상에 남아 있는 은의 비축량은 1980년에 비하면 초라한 수준이다.

금과 은 시장이 폭발하면 금융계는 1980년과 비슷한 반응을 보일 것이다. 신문지상에서는 하루 종일 금과 은을 떠들어 댈 것이고, 인터넷과 라디오, 텔레비전에서는 경제 분석가들이 나와 모두에게 귀금속 투자를 부추길 것이다. 금과 은이 열쇠랍니다, 여러분! 처음에는 극소수만이 알고 있던 은이 부족하다는 정보도 곧 사람들 사이로 퍼져 나간다.

1637년의 튤립 광풍과 1990년대의 닷컴 거품, 금과 은의 역사와 원리, 경제 순환주기의 역사에 관해 알고 나면 500온스도 안 되는 은으로 단독주택 한 채를 살 수 있다는 말도 전혀 놀라운 이야기가 아니다.

이 글을 쓰는 지금, 은 500온스의 가격은 약 9천 달러이며(당신이 이 글을 읽는 동안 가격이 더 올랐을 것이다.), 중간 가격의 단독주택은 20만 달러이다.(그리고 당신이 이 글을 읽는 동안 집값은 계속 떨어지는 중일 것이다.) 겨우 9천 달러로 집을 한 채 살 수 있다는데, 귀가 솔깃하지 않은가? 아니면 20퍼센트 선수금을 내고 집 다섯 채를 사는 건 어떤가? 나는 만약 당신이 지금 은을 산다면, 그리고 은이 고평가되고 부동산이 저평가될 날을 조용히 기다린다면 언젠가 그럴 날이 반드시 올 것이라고 믿는다. 생각해 보라. 1980년에는 은 814온스로 집 한 채를 살 수 있었는데 당시에는 지금처럼 은이 부족하지도 않았다!

중간 가격의 단독주택을 정말로 은 500온스에 살 수 있는 때가 온다고 상상해 보라. 지금 당신이 소유한 주택을 팔아 은을 마련한 다음 부동산 가격 대비 은값이 절정에 달했을 때 비슷한 환경에 있는 비슷한 주택을 산다고(자본 손실을 막기 위해) 생각해 보라. 그러면 당신은 스물 세 채의 집을 완전히 소유할 수 있거나, 또는 20퍼센트 선수금을 지불하고 115채의 주택을 구입할 수도 있다. 너무 터무니없는 상상이 아니냐고? 믿거나 말거나 이건 불가능한 일이 아니다. 1970년대에 발생했던 귀금속 붐을 조금 변형한 것뿐이다.

경제 주기의 커다란 흐름을 따른다면(현재 그 흐름은 귀금속을 향하고 있다.), 그리고 진정한 가치를 따른다면 당신은 커다란 결실을, 그것도 믿을 수 없을 만큼 어마어마한 결실을 맺을 수 있다.

다시 주택의 예시로 돌아가 보자. 설사 수입의 50퍼센트를 세금이나 기타 다른 비용 때문에 잃는다고 해도 당신은 여전히 12채의 집을 소유하거나 20퍼센트 선수금으로 64채의 집을 소유할 수 있다. 오늘날 집 한 채를 겨우 살 수 있는 금액으로 말이다!

역사상 가장 크게 흔들리는 진자가 우리의 현관문을 두드리고 있다. 좋은 소식은 모든 것은 항상 평균으로 수렴한다는 것이다. 그리고 나쁜 소식은 역시 모든 것이 평균으로 수렴한다는 것이다. 이 소식이 좋은 것일지 나쁜 것일지는 당신이 경제 순환주기에 맞춰 올바른 자산군에 투자하고 있느냐에 달려 있다. 자신이 순환주기의 어디쯤 와 있는지 아는 투자가들은 문 앞에 다가온 부를 만날 수 있을 것이요, 반면에 이를 알지 못하는 투자가들은 수금원들을 맞이해야 할 것이다.

은으로 계산했을 때 부동산은 2002년에 최고가를 기록했다. 중간 가격의 단독주택 한 채를 사는 데 38,123온스의 은이 필요했던 것이다.(그래프 31) 금융 역사상 부동산이 이렇게까지 과대평가된 적은 없었다. 그리고 은이 이렇게까지 과소평가된 적은 이제까지 한 번도, 단 한 번도 없었다.

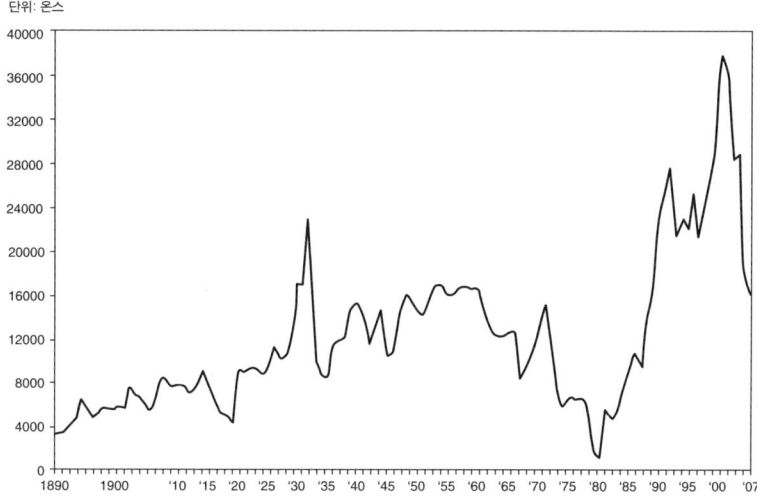

| 그래프 31 | 은으로 환산한 주택 가격

출처: 로버트 J. 실러, 전미부동산협회

요는 부동산은 과대평가된 반면 은은 과소평가되어 있기 때문에 양쪽 모두 평균으로 수렴하기 전에 반대쪽 극단으로 과잉 조정될 가능성이 있다는 것이다. 명심하라, 경제 순환주기가 만들어 내는 부의 이전을 활용하여 단기간에 커다란 부를 얻을 드문 기회가 바로 목전에 다가와 있다.

| 4부 |

귀금속에 투자하기

GUIDE TO INVESTING IN
GOLD AND SILVER

Chapter 14

함정을 조심하라

지금까지 여러분은 방대한 양의 정보를 보고 들었다. 화폐의 역사와 경제 순환주기를 비롯해 이 책에서 다룬 내용들을 한 번도 접해 보지 못한 사람들이라면 한꺼번에 받아들일 게 많아 상당히 골치가 아팠을 것이다. 그러나 내가 이런 수많은 정보들을 던져 준 데에는 다 이유가 있다.

이제까지 우리가 경제적 이론과 역사를 살펴본 이유는 단 한 가지, 바로 진짜 돈을 현명하게 투자하는 데 필요한 지식을 당신에게 가르쳐 주기 위해서다. 그리고 만일 달러가 그때까지 살아남는다면 그 과정에서 당신은 상당한 화폐를 벌 수 있을 것이다.

이 책의 나머지 부분은 이제껏 우리가 배운 정보를 현실에 응용하는 방법에 할애될 것이다. 내가 모든 이야기를 끝내고 나면 당신은 자신감을 갖고 귀금속에 투자할 준비가 될 것이며, 우리 앞에 놓인 역사상 가장 거대한 부의 이전을 이용할 만반의 준비를 갖추게 될 것이다.

먼저 귀금속 투자를 할 때 절대로 하지 말아야 할 일들에 관해 살펴보도록 하자.

함정이다!

옛날 옛적, 사람들이 막 비디오 게임에 눈을 뜨기 시작하던 시절, 아타리^{Atari}라는 회사가 있었다. 그들이 내놓은 게임 중에 '핏폴$^{Pitfall!}$'이라는 게임이 있었는데, 기본 스토리는 아주 간단했다. 주인공이 정글을 여행하며 숨겨진 보물을 찾는다. 별로 어렵지도 않았다. 위험한 동물들을 뛰어넘고, 함정이 나오면 넝쿨을 타고 뛰어넘었다. 하지만 점프할 타이밍을 제대로 잡지 못하면 함정에 떨어져 그 레벨을 처음부터 다시 시작해야 했다. 게임은 한숨이 나올 정도로 단순했고 똑같은 함정에 너무 자주 떨어지고 떨어지는 바람에 짜증을 내며 게임기를 집어던지게 만들었다.

이 장을 쓰려고 자리에 앉았을 때 내 머릿속에 가장 먼저 떠오른 것이 바로 이 게임이었다. 앞에서 다룬 내용들을 다시 한번 찬찬히 읽어 보니 귀금속 투자를 너무 간단하고 단순한 것처럼 설명해 놓은 것 같았기 때문이다. 사실 귀금속 투자가의 앞날에는 이 아타리 게임에서처럼 수많은 깊은 함정이 도사리고 있다. 바닥에서 검은 거품이 부글거리거나 험난한 벼랑은 없을지 몰라도 그만큼 혹독한 현실이 기다리고 있는 것이다. 이런 함정들은 주로 신용사기의 형태로 당신을 찾아온다.

내가 처음 부자 아빠 시리즈와 관련해 이 책을 쓰겠다고 로버트 기요사키에게 말했을 때, 그는 온갖 종류의 사기와 신용사기, 귀금속 투자에 얽힌 장애물과 함정에 관해 한 장을 통째로 할애하라고 권했고, 나 역시 그의 말에 동의할 수밖에 없었다.

신문기사의 표제가 항상 실제 사건보다 더욱 악랄하고 끔찍해 보이는 것처럼 어쩌면 여기 언급된 이야기들도 귀금속 산업이 온통 사기꾼과 도둑들로 득실거리는 것처럼 보이게 할지도 모른다. 분명히 말하건대, 그건 절대로 사실이 아니다. 귀금속 산업 분야에는 당신에게 도움을 주고 당신을 소중한 단골손님으로 만들고 싶어 하는 좋은 사람들로 가득하다. 하지만 간혹 경계심을 발휘해야 하는 위험한 이들이 존재하는 것도 분명한 사실이다. 귀금속 투자를 할 때 무엇을 해야 하는가 만큼이나 무엇을 하지 말아야 하는가를 알아 두는 것이 중요한 까닭도 그 때문이다.

상장지수펀드 ETFs

상장지수펀드, 즉 ETF는 주식처럼 거래가 가능한 채권이다. 그러나 해당 회사의 주가가 아니라 다우존스나 S&P 500 같은 주가지수를 따르며, 원유나 금, 은 같은 원자재 가격과 연동될 수도 있다. 금이나 은 ETF는 매우 편리한 '매매'나 '거래' 수단이 될 수 있지만 '투자' 도구로 사용할 때에는 커다란 함정이 숨어 있다는 점을 명심해야 한다.

귀금속 분야에서 일하는 내 동료들 중 많은 이들이 ETF를 신뢰하지 않으며 심지어는 대단히 미심쩍게 여긴다. 몇몇은 그것이 금과 은의 가격을 조작하는 또 다른 도구라고 여길 정도다.

골드머니GoldMoney의 제임스 터크James Turk는 오랜 기간을 들여 금과 은 ETF의 공개매수설명서 및 증권거래위원회Securities and Exchange Commission, SEC의 서류기록을 샅샅이 연구했는데, 그 결과 상당히 불편한 사실들을 발견했다.

은 ETF인 아이쉐어 실버트러스트iShares Silver Trust의 경우, SEC의 서류에 의하면 "아이셰어의 유동성은 하락할 수 있으며, 아이셰어의 가격은 은 시세와 별도로 변동 또는 하락할 수 있다." 또한 "아이셰어의 의도는 은 투자와 '유사한' 투자를 할 수 있는, 보다 단순하고 비용효율적인 수단을 형성하는 것이다."

여기서 두 가지 의문점이 생긴다. 만일 아이셰어가 100퍼센트 완전한 은으로 보장된다면, 도대체 어떻게 은 시세와 별도로 하락할 수 있는가? 더불어 '은 투자와 유사한 투자'란 도대체 무슨 의미인가?

따라서 나는 ETF를 구입하기 전에 반드시 그 구성 내용을 먼저 분석해 볼 것을 권하는 바이다. 인터넷에서 제임스 터크의 기사, "은 ETF를 신뢰할 수 있는가Can We Trust the Silver ETF?"와 "문서 게임The Paper

Game"을 찾아 읽어 보라.

귀금속을 보유하는 가장 주된 이유는 그것이 금융제도의 영향력에서 자유로운 몇 안 되는 금융자산 중 하나이기 때문이다. 그리고 여러분도 알다시피, 우리의 금융제도는 보통 사람들이 생각하는 것만큼 안정적이지도 건전하지도 않다. ETF를 구매한다는 것은 금이나 은을 '보유하고 있지도 모를' 은행이 소유하고 운영하는 신탁을 산다는 것을 의미한다. 그러나 ETF의 지분은 당신에게 배분되어 홀로 완전히 소유할 수 있는 금이나 은이 "아니다."

공동출자와 증권

금 또는 은 '공동출자^{pool}'와 '증권 프로그램$^{certificate\ program}$'은 올바른 명칭을 붙이자면 '금 또는 은을 빚지고 있는' IOU 계좌라고 해야 할 것이다.

버틀러리서치$^{Butler\ Research,\ ButlerResearch.com}$의 테어도어 버틀러는 이렇게 경고한다. "그것은 그저 서류상의 약속에 불과하다."

그런데 도대체 누가 이런 투자를 한단 말인가? 대답은 단순하다. 먼저 이것들은 무척 쉽고 간단한 투자 방법이다. 그리고 우리 모두는 쉽고 간단한 것을 좋아한다. 둘째로 고객들은 자신이 금이나 은을 구입하고 있다고 '생각한다.' 하지만 실제로 그들이 구입하고 있는 것은 '언젠가 그들에게 금이나 은을 주겠다는 약속'일 뿐이다. 여기서 누구나 알 수 있는 간단한 법칙 하나. 만일 그들이 보관료를 물리지 않고 있다면 그들의 보관 계정에는 아무것도 없을 가능성이 크다.

그들이 진짜 귀금속을 보유하고 있지 않다는 보다 확고한 증거는 당신이 지금까지 '소유하고 있어야 할' 금이나 은을 찾을 때 '주조비fabrication charge'를 내야 한다는 사실이다. 주조비라니? 그들이 금과 은을 무슨 집채만 한 덩어리로 갖고 있기라도 한단 말인가? 아니면 금물이나 은물로 갖고 있어 금괴나 은괴를 직접 주조하기라도 해야 한단 말인가? 아니다. 이건 애초에 구입해야 했던 금이나 은의 호가 차이에 대해 비용을 물리는 것뿐이다.

이런 형태의 투자 수단들은 호가 차이가 대단히 중요하다. 호가 차이란 당신이 매수할 때 판매상이 부르는 가격과 당신이 매도할 때 판매상이 지불하는 가격의 차이를 말한다. 나는 유명한 귀금속 판매상의 호가 차이를 조사한 바 있는데 공동출자는 금 현물에 비해 호가 차이가 네 배에서 열 배나 낮았고 보관료도 받지 않았다. 그렇다면 그들은 어떻게 돈을 버는 것일까? 테드 버틀러에 의하면 그들은 매수자의 돈을 그들의 투자 활동에 사용한다.

금·은 공동출자와 증권의 가장 큰 문제는 이를 운영하는 회사들이 실제 귀금속을 보유하지 않고 있다는 점이다. 이들은 당신에게서 화폐를 받아 놓고도 진짜 돈(금이나 은)을 구입해 보관해 두지 않는다. 한마디로 금이나 은을 공매매하는 셈이다. 그러다 어느 날, 당신이 맡겨 둔 귀금속을 인출하고 싶을 때 별안간 금은의 가격이 급등했다면 어떨까. 그들은 귀금속 시장에 나가 인상된 가격으로 귀금속을 사오거나, 아니면 차액을 현금으로 뱉어 내야 할 것이다.

어떻게 이런 일이 가능한 것일까? 버틀러에 따르면 증권 발행인들은 오래된 투자가가 나가길 원할 때면 새로운 투자가들의 현금을 이용해 차액을 메운다고 한다. 그러나 금과 은의 가격이 일정한 티핑포인트에 이르면 회사가 감당할 수 있는 것보다 더 많은 사람들이 귀금속의 인출을 원하게 되리라는 것은 당연한 일이다. 그러면 모든 것이 와르르 무너지게 될 것이다.

레버리지

레버리지는 당신의 성공 가능성을 극적으로 높일 수 있다. 실제로 다음 장에서 나는 레버리지를 적절히 활용하는 기술에 익숙하고 또 통달한 이들에게는 적극적으로 이것의 사용을 권장할 것이다. 그러나 자신이 무슨 일을 하고 있는지 모른다면(그리고 심지어 때로는 알고 있다고 해도) 레버리지를 이용한 투자는 실망스러운 결과를 안겨 줄 수 있다. 간단히 설명하자면, 레버지리를 이용한다는 것은 리스크를 감수한다는 얘기와 같다.

레버리지를 이용한 투자를 할 때 당신은 초보자에게 불리하게 설계된 수학공식과 복잡한 수수료에 맞서 싸워야 한다. 선물계약에 투자할 경우 선물계약에는 만기일이 존재하기 때문에 당신은 시간에 구애받게 된다. 옵션에 투자할 경우, 만기와 더불어 시간이 지남에 따라 감소하는 옵션의 시간 가치까지 고려해야 하며, 전 재산이 걸린

포커게임이나 서부시대의 권총 결투처럼 승자가 모든 것을 차지하는 게임에 임해야 한다.

레버리지는 숫자와 확률에 능통한 프로들의 게임이며, 당신 같은 작은 물고기는 그들에게 한 입 거리도 되지 않는다. 옵션 게임에서는 누가 반대쪽에 돈을 걸었는지 알 도리가 없다. 이 바닥에 들어서면 뮤추얼 펀드나 헤지펀드처럼 큰 주머니를 찬 트레이더들과 대결을 벌여야 한다. 하지만 사실 그들이나 당신이나 처지는 별반 다를 바가 없다. 당신들은 모두 곤경에 처해 있다.

금·은의 신용매수

금이나 은을 신용으로 매수하는 행위는 양날의 검이다. 그러나 양쪽의 칼날이 똑같이 날카로운 것은 아니다. 왜냐하면 마진을 계산하는 방식 때문에 당신을 향한 날은 당신이 사용하는 날보다 더욱 날카로울 것이며, 따라서 매우 조심스럽게 사용하지 않는다면 깊은 상처를 입게 될 것이기 때문이다.

신용거래계좌, 즉 증거금 계정을 이용하면 당신이 가진 자금보다 훨씬 많은 액수의 증권이나 원자재를 매입할 수 있다. 주택을 구입할 때와 비슷한 원리다. 약간의 선금, 예를 들어 전체 금액의 20퍼센트를 지불하면 그 20퍼센트의 자산을 근저당으로 설정해 브로커가 나머지 비용을 빌려 주는 것이다. 그러나 주택융자와는 달리 당신은 그 돈을 갚을 필요가 없다. 투자 수익금으로 그 빌린 돈을 갚기 때문이다. 이런 방식의 단점은 만약 투자가 실패해 수익은커녕 손해를 보게 된다면 빌린 돈만큼의 액수가 당신의 자산에서 빠져나간다는 것이다. 그런 식으로 당신의 자산이 일정 비율 아래로 감소하면 브로커는 당신의 자산을 압류하고 당신은 거리에 나앉게 된다.

이러한 마진 계산법이 당신에게 어떻게 불리하게 작용하는지 살펴보자. 예를 들어 당신이 100달러를 주식에 투자한다고 치자. 브로커가 설정한 증거금률이 20퍼센트라면 그는 당신에게 나머지 80퍼센트의 비용을 빌려 줄 것이다. 따라서 이 경우에는 400달러가 된다.

이제 당신은 겨우 100달러의 투자금으로 500달러에 준하는 주식을 움직일 수 있게 되었다. 즉 당신은 5배의 레버리지로 투자를 하고 있는 것이다. 만약 주가가 10퍼센트 상승해 550달러가 된다면 원래 투자금액 100달러에 대해 50달러의 이익을 얻었으므로 50퍼센트의 수익을 얻은 셈이다.

그런데 당신의 브로커가 그 50달러를 차입금에서 상쇄하면 당신은 550달러의 주식 가운데 150달러를 소유한 것이 된다.(소유 지분 27퍼센트) 이제 당신의 레버리지는 3.7배로 낮춰졌다. 주가가 다시 10퍼센트 올라 605달러가 되면 당신은 55달러를 벌고 37퍼센트의 수익을 올린 셈이다. 여기서 당신이 번 55달러는 당신의 지분을 205달러까지 증가시키고 레버리지는 2.95배로 감소한다. 다음번에 주가가 10퍼센트 오르면 당신의 수익은 고작 29.5퍼센트에 그치게 된다. 이런 과정은 당신이 주식 수익으로 브로커에게서 빌린 돈을 모두 갚을 때까지, 즉 레버리지가 0이 될 때까지 반복된다.

그러므로 레버리지란 당신의 주식이 오를 때마다 감소하는, 대단히 투박하고 단순한 도구이다. 그렇다면 반대 상황은 어떨까? 주가가 떨어져 당신의 투자가 실패한다면 어떤 일이 일어날까?

앞에서와 똑같은 시나리오를 이용해 보자. 당신은 100달러의 투자금을 이용해 500달러의 주식을 샀다. 당신의 포트폴리오가 10퍼센트 하락하면 당신은 50달러, 즉 50퍼센트의 손해를 보게 된다. 레버리지는 주가가 올라갈 때와 마찬가지로 5배다. 그렇지만 이제 당신의 지분 100달러 가운데 남은 것은 50달러뿐이며 남은 주식도 450달러어치뿐이다. 따라서 전체 투자 가운데 당신의 지분은 이제 겨우 11퍼센트에 불과하며, 레버리지는 9배가 되었다. 주가가 다시 10퍼센트 떨어져 405달러가 되면 당신은 45달러, 즉 당신 자산의 90퍼센트를 잃게 된다. 하지만 이 시점에 도달하기도 전에 마진콜이 발생할 테고, 브로커는 당신에게 24시간에서 48시간 사이 최소증거금을 마련해 채울 것을 요구할 것이다. 만약 최소증거금을 마련하지 못한다면 그는 당신의 포지션을 유동화한다.(차압)

더불어 브로커가 당신에게 대부해 준 자금의 이자도 잊지 말아야 한다. 설마 그들이 돈을 공짜로 빌려 줄 거라고는 기대하지 않았겠지? 레버리지의 이자율은 대개 1.3퍼센트에서 조건 좋은 주택융자 금리의 두 배 사이이다. 다시 말해 상당히 높다는 이야기다.

또 만약 레버리지를 이용해 귀금속 투자를 하고 있을 경우에는 보관료와 중개수수료를 추가로 내야 한다. 이런 이자와 보관료까지 계산하면 수익을 낼 수 있는 확률은 더욱 감소한다. 예를 들어 2003년에서 2004년 사이 연준의 금리가 겨우 1퍼센트에 불과했고 주택융자 금리는 5퍼센트였던 시절, 레버리지를 이용한 귀금속 투자에서 연간 12퍼센트에서 15퍼센트의 수익을 내지 못했다면 결국 당신을 손해를 본 셈이다.

여기서 핵심은 마진의 양날이 위쪽은 버터나이프처럼 무딘 반면 아래쪽은 거의 수술용 메스처럼 날카롭다는 것이다.

선물과 옵션

앞에서도 말했지만 레버리지는 전문가들의 영역이다. 만일 당신이 어느 정도 레버리지에 익숙하다면 그것은 당신의 날개를 보다 넓게 펼칠 수 있게 도와줄 것이다. 그러나 만일 당신이 그것의 원리와 응용에 서툴다면 어려움과 고통을 겪게 되리라. 선물과 옵션은 레버리지의 한 형태이다. 선물은 미리 정해진 특정 상품을 일정 수량 일정한 가격으로 미래의 특정한 시점에 전달하기로 약속하는 계약이다. 선물은 전 세계의 상품거래소에서 주식처럼 거래되는데, 선물계약은 본질적으로 IOU와 같다.

여기서 상품^{commodity}이란 우리가 먹고, 입고, 사용하고 또는 구입할 수 있는 실재적인 물건들을 가리킨다. 선물상품들의 가장 흔한 예로는 가축과 코코아, 커피, 구리, 옥수수, 면화, 원유 등이 있으며, 금과 은, 백금 역시 선물계약을 통해 상품거래소에서 거래된다.

선물계약은 레버리지 수준을 높게 가져갈 수 있는 거래 수단이고, 선물옵션 역시 최대한도까지 레버리지를 할 수 있는 수단이다. 운이 좋으면 잭팟을 터뜨릴 수도 있지만 반대로 손해를 볼 때에는 어마어마한 고통을 감수해야 한다는 의미다.

비교적 적은 위험으로 최대한의 수익을 얻고 싶다면, 레버리지를 사용하기 전에 반드시 그에 대해 배우고 완전히 이해해야 한다.

선물 투자를 할 때에는 먼저 자신이 전문가들의 게임에 끼어 있는 것은 아닌지 신중하게 검토해 봐야 한다. 앞으로 금과 은의 거대한 물결이 몰려오게 되면 지금까지 규칙을 세운 이들이 다시금 규칙을 바꾸려 들 것이다. 1980년에 COMEX와 선물거래위원회Commodity Futures Trading Commission, CFTC는 '청산liquidation 주문만 가능'하다는 규칙을 신설하여 은값을 억제했는데, '청산만 가능'하다는 것은 오직 현존하는 선물계약만을 종결할 수 있다는 의미다. 즉 새로운 계약을 할 수 없기 때문에 새로운 매수인이 없고, 따라서 가격이 하락한다.

이제 상품거래소는 필연적으로 지급불능에 이를 수밖에 없는 상황을 앞두고 있다. 특히 현재 은의 부족한 비축량을 고려한다면 더욱 그렇다. 어쩌면 은 현물 가격은 계속해서 상승하는 동안 거래소에서의 은 선물계약의 시세는 완전히 동결되는 사태가 발생할지도 모른다.

그러한 현상을 백워데이션backwardation, 즉 역조현상이라고 하는데 일반적으로는 그보다 더 높아야 할 선물가격이 현물가격보다 낮게 유지되는 경우를 말한다. 이를테면 1998년에 워렌 버핏이 선물계약으로 매입한 1억 2970만 온스의 은을 시장에 요구하자 이런 현상이 발생했다. 버핏이 갑자기 현금이 아닌 은 현물을 대량으로 요구하자 은을 구하기 위해 온갖 야단법석이 벌어진 것이다. 그의 완고한 요구는 6개월 만에 은값을 온스당 4.25달러에서 7.75달러로 상승시켰고, 결국 은 부족현상이 최고조에 이르자 역조현상이 발생하면서 즉시 매매가 가능한 은에 엄청난 프리미엄이 붙게 되었다.

만약 상품거래소가 지급불능에 빠지게 된다면 이들은 이번에도 규칙을 변경하거나 또는 진행 중인 모든 계약의 가격을 동결시킬지도 모른다. 그러나 그러는 동안에도 즉시 매매 가능한 금과 은, 그리고 '장외에서 거래'되는 은(개인이 소장하고 있거나 상품거래소에 공탁되지 않은 은)의 가격은 꾸준히 상승할 것이다. 그런 경우, 선물계약이든 아니면 다른 어떤 위험도 높은 투자든 거물들의 게임에 뛰어든 평범한 투자가들은 결국 찬밥 신세가 되고 말 것이다. 은 ETF의 조항을 다시 한 번 떠올려 보라. "아이셰어의 유동성은 하락할 수 있으며, 아이셰어의 가격은 은 시세와 별도로 변동 또는 하락할 수 있다."

은 선물시장은 머지않아 디폴트에 빠질 것이다. 종이 위에서 은을 팔던 이들은 고객들에게 전해 줘야 할 진짜 은을 구하지 못하게 될 것이며, 그날이 오면 COMEX와 CFTC, ETF는 규칙을 바꿔 버릴 것이다. 은에 커다란 포지션을 두고 있는데 큰손들이 자신에게 불리하다는 이유로 규칙을 입맛대로 바꿔 다른 사람들의 은은 미친 듯이 가격이 올라가는데 당신 은의 가격만 동결된다면 기분이 어떨 것 같은가? 그들의 게임에 말려들지 마라. 당신만의 규칙을 따르라. 당신 자신의 게임을 하라.

ETF와 금·은 공동출자, 귀금속 증권, 마진, 선물, 그리고 옵션은 모두 한 가지 공통점을 가지고 있다. 다른 곳에 투자해 수익을 올리든가, 아니면 당신의 화폐를 이른바 전문가들에게 갖다 바치든가, 선택은 둘뿐이다.

스프로트 자산관리사Sprott Asset Management의 에릭 스프로트Eric Sprott의 말에 따르면 금융기관들은 소액투자자를 '금융세계의 플랑크톤'이라고 부른다. 당신은 정말로 먹이사슬의 밑바닥에 위치한 플랑크톤이 되고 싶은가? 그렇다면 아무 고민 말고 레버리지를 활용하라. 거물들은 당신을 가차없이 학살하고, 무자비하게 배를 가른 다음 뼛속까지 발라먹을 것이다.

화폐학

화폐학Numismatics은 동전이나 메달, 또는 종이지폐를 연구하는 학문이다. 수집주화numismatic는 수집용 동전의 정식 명칭으로, '현행 주화'를 의미하는 그리스어 'numisma'에서 기인했다.

수집용 주화가 투자 대상으로서 충분한 가치가 있느냐는 질문을 들을 때마다, 나는 수집주화는 대단히 아름다우며 그중 일부는 시장이 활성화되었을 때 매우 훌륭한 투자 선택이 될 수 있다고 대답한다. 그러나 여기서 주목해야 할 핵심 단어는 '그중 일부'이다. 그러므로 주화에 투자를 하고 싶다면 중개상들보다 더 깊고 폭넓은 지식을 갖추는 것이 좋을 것이다.

내가 한 고객에게 그렇게 대답하자, 그는 이렇게 말했다.

"네, 저도 압니다. 몇 년 전에 25만 달러나 주고 엄청나게 희귀한 동전을 하나 샀는데, 지금은 금값이 그때보다 두 배로 뛰었는데도 내가 산 가격으로도 이 ＿＿＿ 것을 사겠다는 사람이 없단 말입니다."(빈칸으로 남겨 둔 것은 차마 이 책에 그가 사용한 단어를 그대로 옮길 수 없기 때문이다.)

수집주화의 가격은 세 가지 요소로 구성된다. 귀금속 함유량, 화폐학적 가치, 그리고 중개상들의 중개수수료이다. 한편 금·은괴와 지금형 주화bullion coin의 가격은 두 가지로 구성되는데, 귀금속의 함유량과 중개수수료이다.

화폐학적 가치를 고려한 프리미엄은 주화의 종류에 따라 몇 달러에서 수백만 달러까지 달할 수 있다. 가장 비싸고 희귀한 주화는 워낙 그 숫자가 적기 때문에 투자 대상으로서 확실한 가치를 지닌다. 그런 희귀주화는 전 세계에서 몇 안 되는 부자 수집가들만이 소유할 수 있다. 그 외에 대부분의 수집주화는 전반적인 경제 상황이나 대중의 심리에 따라 화폐학적 가치가 결정된다. 중개수수료는 15퍼센트에서 100퍼센트에 이르기까지 그 폭이 대단히 넓다.(나중에 설명하겠지만 사기일 경우에는 심지어 1000퍼센트 이상을 부르기도 한다.) 반면에 금·은괴와 지금형 주화에는 화폐학적 가치에 따른 프리미엄이 붙지 않고 수수료 또한 1퍼센트에서 5퍼센트 정도로 저렴하다.

지금형 주화의 가치는 해당 금속의 현물가격에 의해 결정된다. 따라서 잠재 구매자의 수가 수백만이 된다고 해도 가격은 늘 거의 동일하다. 그러나 수집주화의 가치는 수집가의 갈망과 동경, 욕망과 탐욕에 기인하기 때문에 가격이 그야말로 천차만별이다.

컴퓨터를 이용한 매매와 온라인 경매의 시대가 도래하기 전에 주화를 구입할 만한 적절한 고객을 찾는 일은 전적으로 운에 달려 있었다. 심지어 오늘날까지도 희귀주화 시장은 매우 그 규모가 작고, 당신이 가진 주화의 가치는 당신과 그것을 구입하고자 하는 알맞은 고객이 서로를 찾을 수 있느냐에 달려 있다. 그 바닥에서 흔히 하는 말이 있다. "희귀 동전보다도 더욱 귀한 것은 바로 희귀 동전을 찾는 구매자다."

물론 언제나 중개상에게 판다는 선택지가 있긴 하다. 중개상들은 언제나 당신이 모은 주화를 구입할 준비가 되어 있지만 그들은 이런 거래를 통해 15퍼센트에서 심지어 100퍼센트의 수익을 올린다. 이는 즉 당신은 자신이 한 '투자'에 대해 더도 덜도 아닌 제값을 받은 반면 그것의 시장가는 15퍼센트에서 100퍼센트까지 상승했다는 얘기다. 반대로 금·은괴에 투자를 한다면, 금이나 은의 가격이 1퍼센트에서 5퍼센트 정도만 올라도 당신은 이득을 볼 수 있다.

1980년대 중반 공정한 거래를 위해 화폐등급평가 기관들이 개입하게 되자, 화폐학 분야는 전반적으로 크게 활기를 띠게 되었다. 화폐등급평가 회사들은 동전의 가치를 판단하는 특정한 기준들을 표준화하고, 동전을 감정하고 등급을 매기고 위조 및 변조 방지를 위해 슬랩slab이라고 불리는 투명한 플라스틱 용기 안에 밀봉했다. 슬랩에는 동전의 일련번호와 바코드, 품질 등급과 해당 동전의 독특한 특성이 기입되었다. 이 같은 체계화는 수집주화 시장을 보다 활발하고 유동적으로 만들었다. 이제는 누구나 온라인이나 중개상들을 통해 확실히 믿을 수 있는 동전을 구입할 수 있게 되었기 때문이다. 그러나 이러한 시스템조차도 완벽하지는 않았다. 동전의 감정 및 평가가 오직 전문가들의 시각에 의해서만 이루어졌고, 전문가들의 의견 또한 각 감정기관마다 매우 달랐기 때문이다.

또한 일부 희귀 동전들은 사람들이 생각하는 것만큼 희귀하지 않다. 수많은 화폐등급평가 기관들이 지난 수년 동안 수백만 개의 동전에 등급을 매겼고, 지금은 미국 독수리 금화American Gold Eagle나 독수리 은화Silver Eagle처럼 방금 막 세상에 나와 반짝거리는 새 동전을 감정하고 있는 형편이다. 중개상들이 조폐국으로부터 한 묶음의 페니 동전에서부터 밀폐된 상자 가득 들어 있는 골드 이글에 이르기까지 다량의 동전들을 구입해 등급평가 기관에 보내면, 그들은 장갑 낀 손으로 조심스럽게 동전을 꺼내 감정하고, 등급을 매기고, 슬랩에 넣어 '미사용uncirculated' 인증을 박는다. 그러면 등급평가라는 마법의 힘을 얻은 페니 동전은 수십억 개가 발행되었음에도 불구하고 2달러에서 500달러, 혹은 심지어 그보다도 더 높은 가격으로 거래된다. 남은 것은 수요와 전설 속에 존재하는 완벽한 구매자를 찾는 일뿐이다.

나는 누구든 '갓 출시된 수집용 주화'를 사는 사람은 쓸데없는 짓을 하고 있다고 생각한다. 100년 묵은 미사용 동전이 희귀한 까닭은 그것이 순전히 우연에 의해 생겨난 것이기 때문이다. 주화란 원래 유통되기 위해 만들어졌고, 그것이 오랜 기간 동안 서랍 한구석에 처박혀 있었거나 어떻게 된 일인지 아무도 그것이 든 동전꾸러미를 개봉하지 않았거나 또는 미국 모건 달러 은화의 경우 조폐국이 발행한 지 60~80년 동안이나 그중 일부를 유통시키지 않은 것은 모두 아무도 예상치 못한 드문 사건이다.

오래전 한 기사에서 이런 구절을 읽은 적이 있다.

"화폐학 부문에서 형성되는 자본 중 상당 부분이 수집가가 아닌 이들에게 희귀동전을 판매함으로써 창출되며, 수집가의 물건을 구입하는 비수집가는 거의 틀림없이 돈을 낭비하는 셈이다."

지금쯤 알아차렸겠지만 나는 수집주화가 바람직한 투자 대상이라고 생각하지 않는다. 이유는 두 가지다. 첫째, 자신이 하는 일에 대해 정확하게 알지 못하고 있다면 당신은 돈을 잃을 확률이 크다. 그리고 두 번째로 이 책의 전반에서도 이야기했듯이 우리의 문 앞에는 화폐의 몰락이 기다리고 있는 중이다.

동전 수집은 대개 왕의 취미, 또는 취미 중에 왕중왕이라고 불린다. 그러나 오늘날에는 온갖 사람들이 동전 수집에 몰려드는 듯 보인다. 과거에 증시가 마지막으로 호조를 보였을 때 확실히 일부 수집용 주화들은 상당한 수익을 올리기도 했다. 그러나 1970년대에 미국 중산층은 지금처럼 동전 수집에 열을 올리고 있지 않았다. 머지않아 통화 위기가 찾아오면 수백만 명의 수집가들이 소유하고 있던 동전을 유동화하려고 시도할 텐데, 그러면 희귀성이 의심스러운 주화들은 결국 화폐학적 가치를 잃고 프리미엄이 소멸될 것이다. 게다가 집과 자동차를 잃을 위기에 처하면 특별한 동전에 대한 당신의 열정은 생존의 필요성에 밀려 뒤편으로 사라지리라.

물론 내 생각이 틀렸을 수도 있다. 스스로 꼼꼼한 조사를 행해 직접 결론을 내려라. 그러나 수집주화에 대해 조사를 하면 할수록 나는 화폐학 부문 전반이 그저 커다란 속임수에 지나지 않을 뿐이라는 확신을 갖게 되었다.(물론 진실로 역사가 깊고 희귀한 동전들의 경우에는 예외다.) 그러니 이 분야에 뛰어들기 전에는 반드시 먼저 철저한 조사 작업을 거칠 것을 권한다.

주화를 구입할 생각이라면 취미로 모으는 것이 좋다. 투자 수단으로 생각하지 말고, 그저 동전 수집을 즐기라. 그러면 후회할 일이 없을 것이다. 동네 코인숍을 찾아가라. 세상에는 정직하고 믿음직한 중개상들이 수없이 많다. 클럽에 들어 비슷한 취미를 가진 사람들과 교류하라. 미국 전역에는 그런 모임이 수백 개나 있다. 될 수 있는 한 많이 배우고 익혀라. 열심히 노력하면 취미도 투자만큼이나 보상을 얻을 수 있기 마련이다. 그리고 설사 그렇지 않더라도 누가 상관하겠는가?

속임수, 사기, 횡령, 부정, 사취, 기만, 눈속임, 권모술수……

귀금속업계에서 일하는 중개상들은 대부분 정직하고 열심히 일하는 좋은 사람들이다. 그렇지만 거래를 할 때면 속임수나 사기가 아닌지 항상 두 눈을 크게 뜨고 신중하게 살펴봐야 하는 것도 사실이다. 여기 당신이 상상할 수 있는 가장 창의적인 사기수법들을 몇 가지 소개한다. 하지만 명심하도록! 사기나 속임수는 항상 다양한 형태를 띠며, 여기 언급한 사례들이 매우 독창적이긴 해도 항상 그보다 더욱 영악한 사람들이 훨씬 신기하고 기발한 수법들을 들고 나타나게 되어 있다.

전화 사기

2001년 5월 24일, 희대의 수집주화 사기사건이 세상에 드러났다. 뉴욕주 법무장관이 최소한 2500만 달러 상당에 이르는 사기행각을 벌인 다섯 개 회사와 여섯 명의 뉴욕시민을 기소한 것이다.

다섯 개의 회사를 소유한 이 여섯 명의 피의자들은 각각 서로 다른 불법 전화마케팅 사무실을 열고 다섯 개의 서로 다른 번호를 이용해 전국적인 사기 행각을 벌였다.

이들은 고객들에게 희귀한 수집주화를 구매할 것을 강권했다. 판매원들은 동전의 상태와 희귀성에 대해 거짓말을 했고, 만일 고객들이 조금이라도 의심을 품는다면 경쟁사의 전화번호를 알려 줄 테니 '직접' 감정 평가를 받아 보라고 말했다. 고객들은 자신이 주화를 산 회사와 다른 코인숍들이 실제로는 경쟁관계가 아니라는 사실을 알지 못했다. 그 회사들은 모두 피의자들이 운영하고 있었다. 고객이 문의 전화를 하면 이른바 '경쟁사'들은 항상 고객이 지불한 금액보다 더 높은 감정가를 불렀지만, 실제로 그 동전들의 가치는 고객들이 지불한 금액의 10분의 1 또는 5분의 1에 지나지 않았다.

법무장관실은 1천 명 이상의 고객들이 2500만 달러 이상의 피해를 봤으리라 추측했는데, 그중 스무 명은 10만 달러 이상, 몇몇 피해자들은 7만 5000달러 상당의 피해를 입었다.

TV와 잡지 광고

텔레비전과 잡지 광고를 돌 보듯, 아니 전염병 보듯 해라. 귀금속 업계는 그런 광고를 하기에는 너무 가난하다. 아니, 이건 적절한 표현이 아니다. '적절한 가격'에 귀금속을 매매하는 정직한 중개상들은 그런 광고를 낼 정도로 돈을 잘 벌지 못한다.

위에서도 말했지만 수집주화의 정상적인 마진은 15퍼센트에서 100퍼센트이며, 금·은괴와 지금형 주화의 마진은 1퍼센트에서 5퍼센트다. 다시 말하지만 귀금속 매매를 통해 얻는 마진으로는 저런 비싼 광고를 낼 수가 없다. 물론 당신이 적정 가격보다 훨씬 많은 돈을 갖다 바쳤다면 또 모르지만 말이다.

하지만 이 점을 고려해 보라. 잡지에 광고를 싣기 위해서는 잡지가 가판대에 풀리기 최소한 60일 전에 광고지면을 구입해야 한다. 금괴나 은괴는 국경 없는 현물가로 매매되기 때문에 시시각각 변화한다. 은 시세는 하루에도 5퍼센트 이상씩 변동하는데, 2006년에는 60일 동안 자그마치 55퍼센트나 상승하기도 했다.

자, 이제 당신이 잡지 광고를 이용해 금·은괴를 판매하려는 중개상이라고 치자. 당신은 한 달 뒤에 매매할 귀금속을 위해 오늘 당장 광고비용을 지불해야 한다. 그런데 지금 귀금속은 한참 상승세에 있고 당신은 정직한 마진율(1~5퍼센트)을 붙일 생각이다. 이는 당연히 잃는 게임이다. 물론 당신이 다른 계획을, 다시 말해서 은밀하고 어두운 동기를 품고 있지 않다면 말이다.

잡지나 TV 광고가 선전하는 번호로 전화를 걸면, 판매업자들은 당신을 비싼 희귀 주화나 기념주화, 또는 다른 사기행각에 끌어들이려고 안간힘을 쓸 것이다. 더불어 당신의 전화기에 발신자추적 방지 장치가 달려 있지 않다면 당신은 전화번호마저 그들에게 공짜로 바치는 셈이다.

기념주화

귀금속과 관련해 또 다른 흔한 사기수법은 기념주화를 이용하는 것이다. 텔레비전이나 잡지에서 이런 광고를 보게 되면 일단 의심부터 해라. 십중팔구는 사기일 가능성이 크다.

기념주화와 관련된 사기로 아주 기가 막힌 사례가 하나 있다. CBS 마켓와치MarketWatch가 '금주의 멍청한 투자'로 선정한 2004 자유의 탑 달러 은화이다.

2004년 내셔널 컬렉터 민트National Collector's Mint Inc. 사가 전국적인 TV 및 잡지 광고를 이용해 2004 자유의 탑 달러 은화를 발행한다는 홍보 운동에 들어갔다. 광고는 이 기념주화가 북마리아나 제도 즉 '미국 내에서 발행'되는 '정부의 공식 인증 달러 은화'가 될 것이라고 선전했으며 더불어 그라운드제로(9·11 테러로 월드트레이드 센터 건물이 무너진 자리를 지칭하는 말—옮긴이)에서 수거된 은괴로 만든 순수한 은화라는 암시를 주었다.

이에 대해 미국 조폐국은 즉각적인 반응을 보였다.

자유의 탑 달러 은화는 미국 조폐국에 의해 발행되는 공식 주화가 아닙니다. 미국에서 공식 주화를 발행할 전권은 헌법에 의해 의회에 위임되어 있으며…… 북마리아나 제도는 미국 영토의 일부이긴 하지만 독자적으로 화폐를 주조할 권한을 보유하고 있지 않습니다. 의회는 내셔널 컬렉터 민트의 상품을 승인하지 않았으며, 미국 정부 또한 그것을 보증하지 않습니다.

다시금 순진한 시민들을 구출하기 위해 뉴욕주 법무장관이 자유의 탑 달러 은화의 판매를 금지하는 법원 명령을 가지고 달려와 내셔널 컬렉터 민트를 사기 및 허위광고 혐의로 고소했다.

재판 과정에서 이 달러 은화가 순은이 아님이 드러났다. 보다 저렴한 합금에 얇디얇은 은박을 입힌 것으로, 은 함유량은 겨우 1.4센트

가치밖에 되지 않았던 것이다. 법무장관은 그 동전이 법정화폐가 아님을 지적하고 미국 영토인 북마리아나 제도의 화폐도 아니라고 설명했다. 게다가 실제로 이 주화는 와이오밍에서 주조되었다.

내셔널 컬렉터 민트는 민사상 365,510달러의 벌금형을 선고받았으며 동전을 산 모든 고객들에게 환불해 줄 것을 명령받았다. 결국 회사는 소비자들에게 240만 달러를 돌려주어야 했다.

하지만 그런 홍보와 광고가 완전히 쓸모가 없었던 것은 아니었다. 회사는 이 기회를 놓치지 않고 "세상에서 가장 떠들썩한 화제를 불러일으킨 기념주화"라는 선전 문구를 내걸었던 것이다. 다음 해 발매된 2005 자유의 탑 달러는 "쿡 아일랜드 미사용 법정주화"라는 문구 아래 홍보되었다. 이 정도면 감탄하지 않을 수가 없다.

위조

위조는 화폐 분야의 전유물이라고 할 만한 사기수법이다. 위조주화의 99퍼센트는 수집주화다. 그도 그럴 것이 지금형 주화의 가치는 오직 금·은의 함유량에 따라 결정되기 때문에 지금형 주화를 위조하려면 금이나 은 대신 보다 값싼 금속으로 귀금속을 흉내 내야 하기 때문이다. 이는 위조범들의 일을 더욱 힘들고 까다롭게 만든다. 불가능한 것은 아니지만 구매자의 의심을 사지 않으려면 색깔과 밀도(부피당 무게), 그리고 부딪칠 때 나는 소리까지도 완벽하게 복사해 내야 하기 때문이다.

반면 수집주화는 디자인과 희귀성, 연도, 그리고 보관 상태처럼 동전 그 자체의 특성에 따라 가치가 결정되기 때문에 위조하기가 훨씬 쉽다. 게다가 오리지널 주화와 똑같은 금속을 사용하면 진짜 동전의 모양과 느낌, 부딪치는 소리까지 똑같이 만들어 낼 수 있다.

위조주화 중 상당수는 원래 위조품이 아니었다. 합법적으로 주조되어 재생산된 동전들로, 처음에는 모조품으로 팔리던 것들이다. 그러나 때로 소유자가 그것을 진짜라고 속여 팔게 되면 그 순간부터 위조품이 되는 것이다.

반면 진품으로 속이려는 명확한 의도로 제조된 것들도 있는데, 현재 아시아에서 이런 종류의 위조품들이 홍수처럼 밀려오고 있다.

또 달리 주의해야 할 것으로는 위조 인증주화를 들 수 있다. 얼마 전 나는 온라인에서 인증주화나 밀봉된 수집용 동전을 산 사람들이 사기를 당했다는 기사를 읽은 적이 있다. 이 같은 위조 동전을 만드는 방법은 다양하다. 먼저 사기꾼들은 가치 높은 수집주화를 구해 이를 등급평가 기관에 보낸다. 그런 다음 동전이 돌아오면 밀봉된 슬랩에서 조심스럽게 꺼낸 다음 질이 떨어지는 다른 동전이나 위조주화로 바꿔치기하는 것이다. 아니면 직접 슬랩을 공장에서 구입해 그 안에 원하는 것을 끼워 넣을 수도 있다. 요즘에는 인터넷에서 슬랩을 개당 2달러 이하로 손쉽게 구할 수 있다.

포장된 위조동전을 속여 팔기란 무척 쉽고 간단하다. 왜냐하면 용기 안에 포장된 동전들은 실제로 만지거나 무게를 느껴 보거나 밀도를 확인할 수도 없고, 금속이 부딪치는 소리를 들어 볼 수도 없기 때문이다.

그러므로 철저하게 조사하라!

다시 한번 강조한다. 수집용 주화를 구입할 생각이라면, 제발, 제발, 다시 한번 제발, 사기 전에 확실하고 꼼꼼하게 사전조사를 하라. 중개상과 긴밀하고 인간적인 관계를 다지는 것도 좋다. 믿음직한 판매상과 거래를 한다면 호가 차이 외에는 달리 걱정하지 않아도 된다.

몰수되지 않은 금화?

1933년 미국 정부가 금의 사적 소유를 법적으로 금지한 사건을 기억하는가? 그런 일이 다시는 일어나지 않을 것이라고 생각한다면, 글쎄, 다시 생각해 보기 바란다.

정부는 법을 만들고, 수정하고, 강화할 수 있다. 도덕적인 권리는 미흡할지 몰라도 정부는 법적 권위를 만들어 내고 또 행사할 수 있다. 헌법적 권한을 갖고 있지 않아도 헌법을 모른 척하거나 무시할 수 있다. 미국 헌법은 오직 금화와 은화만을 돈으로 사용할 수 있다고 명시하고 있지만 정부는 이미 진짜 돈을 불법화하고 명목화폐를 유통시키고 있지 않은가. 헌법은 1933년 정부가 국민들로부터 금을 압수하는 것을 막지 못했다. 만약 정부가 다시금 금의 사적 소유를 금지한다면, 불행히도 나와 당신은 그에 대해 아무것도 할 수 없다.

많은 암거래상들이 당신의 귀에 정부에 몰수되지 않은 금화나 은화를 팔고 있다고 속삭일 것이다. 이 비도덕적인 암거래상들은 오직 주머니를 가득 채울 심산으로 당신의 마음속에 두려움을 불어넣으려는 것이다. 그런 술수에 휘말린다면 별것도 아닌 물건을 터무니없는 가격으로 구입하게 된다. 만일 중개상이 '몰수되지 않은nonconfiscattable' 이라는 단어를 입에 올린다면, 그 즉시 문 밖으로 걸어 나오거나 전화를 끊거나 다른 웹사이트를 찾아가라. 동전 수집을 하다 보면 이런 속삭임을 꽤 자주 듣게 될 것이다. 그렇지만 이는 기본적으로 가장 단순한 형태의 사기에 불과하다. 정부가 '몰수할 수 없는 것' 따위란 없다. 중개상이 '몰수되지 않은'이라는 단어를 사용한다는 것 자체가 그가 속임수를 꾸미고 있다는 증거다. 앞서 연준의 정책을 언급할 때 나는 사유 금의 '국유화'와 '불법화'라는 시나리오를 제시하면서도 '몰수'라는 단어는 사용하지 않았다. 왜냐하면 그런 일은 발생하지 않았기 때문이다.

이 파렴치한 중개상들의 주장을 반박하기 위해 간단한 사실 하나를 제시하겠다. 그들이 몰수되지 않았다고 주장하는 1933년 이전의 금화들은 정부가 국유화한 바로 그 주화들이다. 그것들은 대중이 불법적으로 숨긴 까닭에 국유화를 피한 주화들 가운데 겨우 77퍼센트에 불과하다.

정부가 다시 금을 국유화하고 사적 소유와 사용을 다시 불법으로 규정할 수 있을까? 물론이다. 그렇다면 그럴 가능성은 있을까? 그게 무슨 상관인가? 어쨌든 나는 별로 걱정하지 않는다. 왜냐하면 내게는 계획이 있기 때문이다. 설사 그런 일이 일어난다고 해도 내게는 이미 대책이 서 있다. 그리고 그런 일이 일어나지 않는다면, 그보다 더 바랄 게 뭐가 있겠는가.

정부는 오직 금과 은에 대한 지불 요구가 쇄도할 때에만 그것들을 국유화할 것이다. 사람들이 귀금속을 현물로 요구한다는 것은 즉 우리가 엄청난 초인플레이션 상태에 있음을 의미한다. 만약 우리가 초인플레이션 상태에 있다면 거대한 부의 이전은 이미 발생했을 터이고, 그 규모는 말 그대로 어마어마했을 것이다. 그러므로 화폐가 쓸모없는 종이쪽지가 되기 전에 정부에 당신이 가진 귀금속을 팔고 그 즉시 다른 현물자산(예를 들면 부동산)을 사들여라.

외국주화들

전문 사기꾼이 당신을 벗겨먹을 때 사용하는 또 다른 사기수법이 있다. 그들은 '몰수되지 않은' 옛 외국 주화들을 판매하려 드는데, 앞에서 말했듯이 그건 다 헛소리다. 하지만 외국 금화도 미국 금화처럼 금인 건 마찬가지다. 그렇지 않은가? 그렇다면 뭐가 문제일까? 문제는 아주 많다! 일단 가장 큰 세 가지 문제점을 말해 보겠다.

1. 외국 주화의 화폐학적 가치는 해당 국가 외에서는 전혀 쓸모가 없다. 예를 들어 옛 영국의 소버린 금화와 프랑스의 루스터 금화, 덴마크의 머메이드

금화를 샀는데 그것을 팔고 싶다면, 최고가를 받기 위해서는 각각 영국과 프랑스, 그리고 덴마크에서 구매자를 찾아야 한다. 게다가 거래가 확정되면 동전들을 비행기나 배로 실어 보내야 한다.

2. 외국 동전들은 금·은의 함유량이 우리의 기준과 달라 불편하다. 가령 0.2354 트로이온스 등 단위가 딱 맞아떨어지지 않는다. 또한 공식 법정주화이기 때문에 '20프랑크' 같은 단위가 적혀 있으면서도 금의 함유량이나 순도는 명시되어 있지 않다. 이 같은 특성들 때문에 동전을 다른 것들과 교환하거나 전문가가 아닌 사람들에게 판매하기가 무척 힘들다. 평범한 사람들은 그런 동전에 금이 얼마나 함유되어 있는지 알지 못하고 그래서 동전의 가치에 대해서도 평가할 수가 없기 때문이다.

3. 주화에 표기된 정보가 해당 국가의 언어로 적혀 있다.

이 같은 여러 특성들 때문에 외국 주화들은 막상 유동화가 필요할 때 매매하기가 쉽지 않으며 특히 비상시에는 거의 쓸모가 없다.

다단계 사기

네트워크 마케팅 회사들은 때로 질 좋은 물건들을 적절한 가격에 판매하고 높은 소득을 올릴 수 있는 기회를 제공하는 합법적인 사업체다. 그러나 많은 이들이 다단계 사기를 감추기 위해 네트워크 마케팅이라는 이름을 빌리곤 한다. 다단계 사기는 확실한 불법으로, 본질적으로 아홉 명을 착취해 한 사람의 배를 불리는 구조로 구성되어 있다.

다단계 사기를 통해 한 사람의 커다란 승자가 탄생하려면 다수의 패배자가 존재해야 한다. 몇 명의 소수는 부자가 될지 몰라도 대부분의 사람들은 가난해질 수밖에 없는 것이다. 이미 몇몇 다단계 사기가 귀금속업계에서 발각된 바 있으며, 앞으로 귀금속 시장이 활발해지면 더 많은 사례가 발생하게 될 것이다. 그러니 늘 조심하라.

국세청에 신고하기(미국의 경우)

■ 귀금속 구매 신고(살 때)

귀금속 구매 시 미국 정부에 신고를 하려면 어떤 서류들이 필요할까? 대답은 "그런 것 따위는 없다."이다.

귀금속 종류는 1인 소유량에 제한이 없으며, 중개상도 고객도 귀금속의 구매 사실과 거래량, 구매 시점에 대해 정부에 보고할 필요가 없다. 혹시 국세청[IRS]이 누가 귀금속을 사는지 알고 싶었다면 관련 서류를 확실하게 갖춰 놨을 것이다. 하지만 그런 건 존재하지 않는다. 그러니 혹시 누군가 그런 서류를 내밀어도 속지 마라.

■ 현금거래 신고(사고팔 때)

정부는 개인 간의 귀금속 거래에 관심이 없다. 최소한 대량의 현금이 오가지만 않는다면 말이다. 하지만 만약 당신이 대량의 현금뭉치로 귀금속을 구입한다면 정부는 매우 지대한 관심을 보일 것이다. 왜냐하면 그런 경우 테러리스트나 마약밀매업자, 조직범죄자 또는 세금을 제대로 내지 않은 탈세범일 가능성이 있기 때문이다. 제일 가까운 람보르기니 매장에 가서 현금다발이 빼곡하게 담겨 있는 서류가방을 내밀고는 무슨 일이 생기는지 한번 보라.

1만 달러 이상의 현금(또는 현금에 준하는)이 오가는 거래는 반드시 판매자에 의해 국세청에 보고되어야 한다. 다시 강조하지만, 중개상은 '현금' 사용을 신고하는 것이지 귀금속 거래를 보고하는 것이 아니다.

그래서 나는 이런 거래를 할 때에는 절대로 현금을 사용하지 않고 계좌이체를 이용한다. 매일 수백만 또는 수십억 달러가 오고가는 은행은 이러한 거래를 보고할 필요가 없고, 귀금속 중개상들 역시 그럴 의무가 없기 때문이다.

■ 판매 신고(팔 때)

만약 당신이 현금이 필요한 일이 생겨 중개상에게 귀금속을 판매하기로 결심했다면, 어떤 물건들은 판매를 신고해야 하는 한편 그 외의 다른 것들은 그럴 필요가 없다.

이 점에 있어서는 국세청의 입장도 조금 모호한데, 1980년대 상품거래계약에 묶여 있는 물건들에 관해서는 조금 독특한 기준이 적용되고 있기 때문이다.

미국 국세청에 따르면 다음과 같은 상품들을 판매할 때에는 중개상이 1099B 서류를 이용해 거래 내역을 보고해야 한다.

- 25개 또는 그 이상의 1온스짜리 캐나다 단풍잎 금화, 남아프리카공화국의 크루거란드 금화, 그리고 멕시코 온자 은화
- 한 개 또는 그 이상의 1킬로그램(32.15 트로이온스) 금괴
- 한 개 또는 그 이상의 100온스 금괴

그러나 애매모호한 기준 때문에 유형자산산업협회Industry Council for Tangible Assets, ICTA는 관련 법규를 보다 넓게 해석하고 있다. ICTA는 중개상들이 위에 언급된 항목들뿐만 아니라 다음과 같은 거래 내역에 대해서도 신고할 것을 요구한다.

- 1킬로그램(32.15 트로이온스) 또는 그 이상을 초과하는 모든 무게의 금괴
- 25 트로이온스 또는 그 이상을 초과하는 모든 무게의 백금괴
- 100 트로이온스 또는 그 이상을 초과하는 모든 무게의 팔라듐괴
- 1천 달러 이상의 액면가에 해당하는 은화가 90퍼센트 이상을 차지하는 제품군

그러나 미국 독수리 금화나 독수리 은화의 경우에는 거래량이 얼마나 되든 중개상은 신고할 필요가 없다. 또한 조각난 금화(1온스 이하)의 경우에도 신고 의무가 해당되지 않는다. 외국주화와 기념주화, 기념 메달도 마찬가지다. 즉 위 목록에 명시되지 않은 품목들은 신고할 필요가 없다.

그러나 이 같은 신고대상 품목들을 거래할 때에도 걱정할 이유는 전혀 없다.

1. 아무에게도, 심지어 정부에게도 당신이 금이나 은을 갖고 있다는 사실을 알려 주고 싶지 않다면 걱정 마라. 의무적으로 신고해야 하는 귀금속 품목을 구매한다고 해도 막상 당신의 신고가 접수될 때쯤 그 물건들은 이미 당신의 수중에 없을 테니 말이다.
2. 만일 당신이 규칙을 준수하는 모범시민이며 자본이익을 올렸다면, 당신의 중개상이 신고를 했든 안 했든 당신은 소득 내역을 직접 신고해야 할 의무가 있다. 이 부분에 대해서는 잠시 후에 설명하겠다.

위에 명시된 내용은 내가 이 책을 쓰는 현재 미국 내에서 유효한 법규들이다. 그러나 이 점을 명심하기 바란다. 정부는 늘 새로운 규제를 만들고, 그것들을 수정하고 또 강화한다. 그러니 귀금속을 판매해야 할 때가 오면 반드시 당신의 회계사와 상의하기 바란다.

자본이익 신고 (판 뒤)

주식과 채권, 또는 다른 투자대상들처럼 귀금속도 자본이익을 얻게 되면 국세청에 내역을 신고해야 한다. 다만 당신이 보고해야 할 의무와 중개상이 보고해야 할 의무를 헷갈리지 마라. 만약 당신이 자본이익을 얻었다면 국세청은 그에 대해 알고 싶어 할 것이다. 그러니 모든 기록과 영수증을 챙기고, 전문가로부터 과세에 관한 올바른 조언을 구해라.

혹시 자신만의 규칙을 따르고 싶은 사람이 있다면, 나는 이 말밖에 해 줄 수가 없다. 정부와 쫓고 쫓기는 게임을 하고 싶다면 누가 쫓는 자이고 누가 쫓기는 자가 될지 곰곰이 생각해 보라.

회계사를 찾아가라. 그게 최선이다.

Chapter 15

당신의 계획은 무엇인가?

재정적 성공을 거두는 비결은 다름 아닌 당신 안에 있다. 이른바 월스트리트가 제시하는 '사실'을 의심하는 비판적인 사고력을 키우고 꾸준한 자신감과 인내력을 투자한다면 증시가 최악일 때에도 꾸준한 이익을 얻을 수 있다. 자제력과 담력을 키우면 타인의 변덕에 재정상태가 좌지우지되는 사태를 막을 수 있다. 결과적으로 당신의 행동 양식은 투자 그 자체보다도 더욱 중요하다.

— 벤저민 그레이엄Benjamin Graham

투자를 하기 전에 자신의 궁극적인 목표를 파악하고 그것을 달성하는 최선의 방법을 찾을 수 있다면 투자를 훨씬 쉽고 생산적으로 할 수 있으며 스트레스에서도 해방된다. "내 목표는 돈을 많이 버는 거야." 정도로는 충분치 않다. 구체적이고 명확한 목표와 계획도 세우지 않고 무작정 투자세계에 뛰어든다면 결국 후회와 불안감에 사로잡힐 가능성이 크다. 나는 섣불리 귀금속 투자에 뛰어들었다가 금세 빠져나왔다가, 사고, 팔고, 현물에 올인했다가 다시 광산주에 몸을 던졌다가 이제 남은 것은 하락세밖에 없다는 기사를 읽고 패닉에 빠져 허둥지둥 주식을 팔아 버린 사람들을 수없이 알고 있다.

이제까지 내가 예로 들었던 순환주기를 믿는다면 그리고 순환주기에 발맞추는 현명한 투자가가 되길 원한다면, 당신은 말 그대로 항상 그 순환주기 속에 머물러야 한다. 시장이 하락할 기미가 보일 때마다 겁을 집어먹고 대중을 따라가지 말란 얘기다.

나 자신도 예전에는 내가 과연 올바른 투자를 하고 있는지 늘 불안해하곤 했다. 2002년과 2003년 초반, 나는 친구들과 식구들을 대신해 운영하던 포트폴리오에서 펀드의 약 80퍼센트가량을 귀금속 분야에 배치했다. 2004년과 2005년에 갑자기 부동산이 큰 폭으로 상승하자 나는 짧은 시간이나마 깊은 의구심을 품었다. "나도 서둘러 펀드를 부동산 분야로 옮겨야 할까?" 그러다가 불현듯 정신을 번쩍 차리고는 내 연구결과를 들여다보며 중얼거렸다. "아니야, 이 부동산 열풍은 지난 20년 동안 부풀어 오른 거품에 불과해."

이 책을 집필하는 동안 서브프라임 사태가 터졌고, 전 세계의 중앙은행들이 헬리콥터로 하늘에서 수십억 달러를 뿌려 댔으며, 상한가에 부동산을 구매한 바이어들은 처참하게 살육당했다. 2008년 3월 연준은 금융권에 2000억 달러라는 유례없는 액수의 구제 금융을 실행했고, 쓰러져 가던 금융기관들은 리크스가 큰 주택저당증권을 연방정부가 보증하는 채권으로 교환했다. 그리고 짐작하다시피, 연준은 그만한 돈을 갖고 있지 않았다. 그렇다면 그 돈은 다 어디서 나온 것일까? 공중에서 펑! 하고 솟아났다. 그리고 바로 그렇게, 달러가 이미 웃음거리가 되고 있는 판국에 다시금 2000억 달러의 통화가 경제에 편입된 것이다. 이제 달러는 더더욱 극심한 인플레이션을 앞두고 있고, 이는 연준이 거대 기업의 어리석은 실수로 인한 비용을 그들이 가장 선호하는 세금의 형태, 즉 인플레이션으로 평범한 국민들의 어깨에 지우고 있음을 보여 주는 수많은 예시 중 하나일 뿐이다.

2005년부터 2006년 사이에 니켈이나 납, 아연 같은 주요 금속들이 금과 은보다 더 나은 성장률을 보였을 때에도 나는 다시금 내 선택을 의심했다. 그러나 나는 급격히 상승하는 그래프를 바라보며 그러한 금속들은 '돈'이 아님을, 그리고 결코 돈이 될 수 없음을 상기하며 나만의 계획을 고수했다. 만약 경제가 축소된다면 이런 일반 금속들은 밑빠진 독처럼 끝없이 추락하게 될 것이다.

계획이 필요하다!

조사를 하면 할수록 나는 현재의 경제 순환주기 내에서는 귀금속이 최상의 선택이라는 확신을 갖게 된다. 나는 더 이상 내 판단을 의심하지 않고, 어떠한 질문을 마주하더라도 항상 똑같은 대답이 나오리라는 것을 안다. 귀금속 투자는 내 계획을 성취하는 데 가장 안전하고 현명한 투자다. 계획을 세우고, 기록하고, 준수하라. 내 계획에 대해서는 잠시 뒤에 알려 줄 것이다.

계획을 지면에 기록한다고 해서 그것을 변경하거나 수정할 수 없는 것은 아니다. 계획을 꾸준히 정리정돈하고 보충하는 것은 바람직한 일이며, 만약 당신의 계획에서 실수나 허점을 발견했다면 반드시 수정해야 한다. 투자의 성공 또는 실패는 애초에 계획이 얼마나 훌륭한가 뿐만 아니라 그것을 얼마나 꾸준하게 검토하고 수정하며 실천하느냐에 달려 있기도 하다.

좋은 투자 계획은 올바른 길을 유지하게 하고 따라서 성공 가능성을 높인다. 전문가들은 탐욕과 공포를 이용해 시장을 조작한다. 강세 시장인 황소의 등에서 떨어지거나 도태되지 않고 계속 게임을 플레이하는 것은 대단히 어려운 일이다. 이를 전문용어로는 '걱정의 벽 오르기'라고 하는데 만약 확고하게 정해 놓은 계획이 있다면 마음속에 의혹의 씨앗이 싹을 틔워도 흔들리지 않을 수 있다. 섣불리 결정을 내리기보다 철저하고 명확한 조사를 통해 그런 의혹의 원인을 분석하고 실체를 파악하라.

투자 계획은 목표와 전략(A에서 B로 가는 과정을 그린 큰 그림), 그리고 전술(전략을 실천하는 구체적인 방법)로 구성되어야 한다.

나 자신의 계획을 예로 들어 보겠다.

목표

현금흐름이 높은 아파트 건물 X채 보유하기

전략

순환주기에 맞춰 투자하고 각각의 주기에 최고의 실적을 올린 투자 대상을 파악한다. 최근의 시장 주기를 근거로 판단할 때 현 시점에서는 귀금속이 가장 가능성 높은 투자 대상으로 보인다.

전술

전략을 실행하는 첫 번째 단계로 나는 귀금속 분야에 투자하는 전술을 사용할 것이다. 핵심 포지션은 현물로, 주로 은에 집중한다. 광산주 및 광물탐사 주에 커다란 포지션을 놓고 레버리지 효과를 얻는다. 그리고 앞으로 크게 성장할 것으로 보이는 사업을 중심으로 레버리지 수준을 더욱 높인다. 두 번째 단계는 부동산 투자에 관해 보다 폭넓은 지식을 키우는 것이다. 순환주기에 민감한 현명한 투자자로서 스스로를 교육시키고, 한시도 방심하지 않고 언제 현재의 경제 주기가 하락하고 다른 새로운 주기가 절정에 이르는지 항상 주의를 기울인다.

계획 발전시키기

나 자신에게 알맞은 투자 계획을 발전시키려면 무엇보다 먼저

"나는 누구인가?"라는 질문을 던져야 한다. 당신 자신의 성격을 분석하고 당신이 어떤 부류의 투자자인지 파악하라. 다음 질문들을 활용하라.

- 나는 리스크를 어디까지 허용할 수 있는가?"
- 나는 트레이더인가 투자자인가?
- 나는 나 자신의 투자에 얼마나 적극적으로 관여하기를 원하는가?
- 내게 중요한 것은 무엇인가? 잠재적인 큰 이익인가 아니면 밤에도 안심하고 잠을 이룰 수 있는 편안한 마음인가?
- 나는 젊은가, 나이가 많은가?
- 나는 부를 쌓기 위해 투자하는가 아니면 안정적인 노후계획을 위해 투자하는가? 혹시 이미 퇴직한 상태라면, 나는 잠재적이고 안정적인 성장을 원하는가 아니면 생활에 필요한 소득을 필요로 하는 것인가?

이 책을 쓰면서 나는 귀금속 투자가 높은 소득과 편안한 밤잠을 모두 이루게 해 준다는 확신을 갖게 되었다. 사실 내게 있어 귀금속은 스트레스를 받지 않게 하는 유일한 투자 대상이다.

위 질문에 답하고 나면 목표를 설정하고 그 목표를 달성하기 위한 전략을 개발하라.

다음 워크시트를 이용하면 계획을 세우는 데 도움이 될 것이다. 각각의 카테고리에서 자신에게 해당하는 것을 찾아 동그라미를 쳐라.

혹시 이 외에 당신에게 중요한 다른 카테고리가 있다면 자유롭게 만들어 보태도 좋다. 이런 확인 단계는 당신의 목표를 달성하는 데 가장 유용한 전략을 찾게 도와준다.

이를테면 '투자 목적'에서 "1. 필요/소득"에 체크했다면 이 책을 덮고 현금흐름이 높은 부동산 분야에 전념하라. 금과 은은 현금흐름이 그리 활발하지 않으며 광산주 역시 배당금을 지불하는 경우가 매우 드물기 때문이다.

개인적으로 나는 여러 카테고리 중에서도 '리스크 허용 범위'와 '참여도'가 가장 중요하다고 생각한다. 스스로 리스크를 얼마나 허용하고 투자에 얼마나 관여할 것인지를 알고 있다면 귀금속 분야에 어떻게 투자할 것인지를 결정하기가 훨씬 간단해진다.

1. 리스크 허용 범위

	1	2	3	4	5	6	7	8	9	10	
안정											위험
현물	-	뮤추얼 펀드	-	대형주	-	소형주	-	선물과 옵션			

2. 참여도

	1	2	3	4	5	6	7	8	9	10	
없음 투자자					스윙 트레이더					매일 데이 트레이더	

3. 투자 목적

	1	2	3	4	5	6	7	8	9	10	
필요 소득											미래 부

4. 나이

많음	1	2	3	4	5	6	7	8	9	10	적음

5. 포트폴리오 규모

큼	1	2	3	4	5	6	7	8	9	10	작음

당신이 어떤 부류의 투자자인가가 어떤 종류의 투자를 하는가보다 더욱 중요하다. 나는 하한가에 사서 상한가에 파는 트레이더들보다 초기에 포지션을 택해 그것을 고수하는 투자가 쪽이 훨씬 큰 보상을 얻을 기회가 많다고 생각한다. 왜냐하면 당신이 상한가라고 생각하고 매도했을 때에도 실제로는 그것이 상한가가 아닐 수 있기 때문이다. 잠시 동안 지지부진한 상태가 지속되더니 당신이 하락할 것이라고 예상했던 것들이 갑자기 다시 상승하기 시작한다. 그리하여 마침내 가격이 최고조에 이르면 당신이 초기에 현금화함으로써 얻지 못했던 이득이, 하락세를 피해 얻은 이득과 동등하거나 또는 초과하게 된다. 즉 시간과 노력을 배로 들이고도 잠재적인 수익은 오히려 감소하게 되는 것이다.

현물은 귀금속 투자에 있어 가장 안전하고 수고가 덜 들어가는 편리한 수단일 뿐만 아니라 어마어마한 이득을 약속하는 잠재력까지 지니고 있다. 그러니 지금 당장 사라. 그것이 고평가되는 시점이 올 때까지 조용히 기다렸다가 거품이 부풀어 오르면 팔아 버려라.

귀금속 현물은 놀랍도록 안전하고 투자 방법 또한 간단하기 때문에 나는 2003년부터 포트폴리오의 최소한 50~70퍼센트를 항상 귀금속 현물에 할당하고 있다. 리스크 허용범위가 그리 크지 않고 특히 미국 달러에 민감한 고객들의 경우에는 때로 포트폴리오의 75퍼센트 이상, 심지어는 100퍼센트를 귀금속 현물로 채우기도 한다. 앞에서도 언급했듯이 내 귀금속 투자는 주로 은에 치중하고 있다. 그러나 내 말을 무조건 곧이곧대로 받아들이지는 마라. 반드시 직접 시장을 분석하고 조사한 다음 당신의 목표에 가장 알맞은 투자 방식을 선택해야 한다.

광산주와 뮤추얼 펀드는 리스크가 크지만 금과 은은 파산할 염려가 거의 없다. 광산은 노동자 쟁의와 채굴허가 및 권리 문제가 발생할 수 있고 환경보호청 같은 환경관련 기관 때문에 문을 닫을 수도 있으며, 잘못된 경영이나 횡령, 국유화를 비롯해 무수한 잠재적인 문제가 발생할 수 있다. 또한 많은 광산들이 경제 문제 및 군사쿠데타 전적이 있는 국가에 위치해 있다는 점도 기억해야 한다.

그럼에도 불구하고 나는 광산주를 선호한다. 금속 분야에서 레버리지를 활용하고 싶다면 광산주를 이용해 보라. 후순위 광산주는 커다란 레버리지 효과를 안겨 줄 수 있지만, 레버리지에는 위험이 따른다. 하지만 나는 대형주가 뮤추얼펀드보다 안전하고 위험이 적다고 생각한다. 왜냐하면 뮤추얼 펀드는 수익이 발생할 경우 경영진과 펀드에 참여한 다른 모든 사람들이 배당금을 가져간 뒤에야 남은 몫이 당신에게 돌아가지만, 손해가 발생했을 때에는 다른 사람들은 여전히 돈을 가져가고 당신에게는 수수료를 포함한 손실액을 떠넘기기 때문이다. 뮤추얼 펀드는 주식보다 신경 쓸 일이 적지만 그렇다고 크게 다른 것도 아니다. 어차피 주식 투자를 할 때에도 당신에게 필요한 것은 거래 계좌와 좋은 정보뿐이다.

그러나 주식 투자는 매우 위험한 게임이 될 수 있다. 주식 투자를 할 때에는 충분한 자신감으로 무장한 채(물론 자신감이 없다면 투자 자체를 하지 않을 것이다.) 장기간 동안 발을 붙이고 버텨야 한다. 나만 해도 계획을 종이에 기록하기 전에 욕심과 두려움에 휘둘려 상당량의 대형 광산주를 매도한 경험이 있다. 나는 광산주에 크고 심각한 변동이 있으리라는 몇몇 '능력 있는' 기술 분석가들의 이야기에 귀를 기울였고, 그 즉시 당혹감에 빠졌다. 나는 이제까지 번 수익을 잃을까 두려웠으며 또 탐욕에 휩싸인 나머지 나중에 내 귀금속 지분을 다시 싼 가격에 살 수 있으리라 예상했다. 하지만 그럴 때마다 시장과 운명은 내게 벌을 내리는 것 같았다. 내게 결코 잊을 수 없는 참패를 안겨 주었던 것이다.

시장은 급속도로 성장해 '전문가'들이 말한 것과 180도 반대쪽으로 달려가기 시작했다. 광산주가 오르고 또 오르자 어서 빨리 그것들을 다시 매수해야 한다는 두려움이 나를 급습했다. 그러나 다음 순간 시장이 붕괴할 것이라는 전문가들의 예언이 드디어 맞아떨어지면서 내가 파멸의 구렁텅이에 발을 디디지 않도록 막아 주었다.

마침내 내가 한번 판 광산주를 다시 매수했을 때 주가는 극적으로 상승해 있었고, 그래서 내가 손에 쥔 광산주의 양은 처음과는 비교도 되지 않을 정도로 적었다. 세금으로 인한 자본 손실과 투자를 포기한 까닭에 놓친 이득들을 계산하고 나니 입에서 악 소리가 나올 지경이었다. 내가 매도한 주식은 그전까지 매우 좋은 실적을 올리고 있었기 때문에 상당한 세금마저 내야 했다. 내가 만약 그 주식을 팔지 않고 그대로 갖고 있었다면 주가는 두 배로 뛰었고 세금을 낼 필요도 없었을 것이다. 그것은 모두 내가 계획을 제대로 기록하지도, 고수하지도 않은 데 대한 벌이나 다름없었다. 나는 다시는 기술적 분석을 믿고 주식을 팔거나 거래하지 않겠다고 다짐했다. 기술적 분석의 적중률은 대개 55퍼센트에서 60퍼센트에 지나지 않지만 기본 원칙은 늘 100퍼센트의 정확도를 자랑한다. 시간이 지나고 나면 항상, 항상, 다시 한번 항상! 기본 원칙이 옳았음이 밝혀지는 것이다.

계획을 적고 그것을 따라 행동하라. 혹시 의심이나 불안감이 들거들랑 적어 놓은 계획을 읽으라.

워렌 버핏이 언젠가 이런 말을 했다. "계란을 한 바구니에 담고 늘 주의 깊게 지켜보라." 이는 매우 적절한 조언이다. 귀금속과 귀금속 광산주에 80퍼센트 이상을 투자하고 있는 나는 달걀을 한 바구니에 담아 놓은 셈이며, 내 투자 전략이 성공하도록 하기 위해서는 바구니를 늘 주의 깊게 지켜보며 끊임없이 전략을 재평가하고 이익을 최대화할 필요가 있다.

나는 내 계획이 마음에 든다. 그것은 마치 따뜻한 스웨터나 오래신은 신발처럼 내게 꼭 들어맞는다. 내 계획이 제대로 작동하지 않는 유일한 경우는 내가 그것을 따르지 않았을 때뿐이다. 그러므로 나는 뉴스레터를 구독하고, 사람들이 투자를 권할 때마다 직접 실사를 한 다음 내 계획과 일치할 때에만 투자한다. 기본 원칙이란 따르라고 있는 것이다.

좋은 팀은 좋은 계획의 일부다

로버트 기요사키는 이렇게 말했다. "투자는 팀 스포츠다." 그리고 또 이렇게도 말했다.

"가장 뛰어난 실력자들을 고용하고 크게 보상하라."

당신의 귀금속 투자를 도와줄 팀을 고용하려면 어떻게 해야 할까?

좋은 팀을 구성하는 가장 간단한 방법은 먼저 좋은 뉴스레터를 구독하는 것이다. 그러나 그리 믿음직하지 못한 뉴스레터도 존재하기 때문에 먼저 주변에서 추천을 받는 것이 좋다. 당신이 이미 알고 있는 팀의 다른 부문으로부터 추천을 받을 수도 있다. 그게 반드시 사람일 필요도 없다. 이 책처럼 투자 서적이 될 수도 있고, 부자 아빠 시리즈의 책이 될 수도 있으며, 귀금속 투자를 전문으로 하는 금융 웹사이트가 될 수도 있다. 본서 곳곳에도 참고할 수 있는 훌륭한 출처들이 소개되어 있다. 스스로를 교육시킨 다음, 천천히 자신의 투자 스타일에 맞는 적절한 뉴스레터를 찾아보라.

나는 2001년에 주식시장과 세계 경제를 연구하기 시작했고, 2002년에 팀을 형성하고 귀금속 분야를 공부한 끝에 귀금속 부문이 20년간의 하락세를 마감하고 드디어 장기간의 상승세에 들어섰다는 사실을 발견했다. 반면 부동산 시장과 주식시장은 죽어 가고 있었다. 당시 나는 금을 온스당 300달러에, 그리고 은은 온스당 4.10달러에 매수했다. 내가 이 책을 쓰는 지금 금의 가격은 온스당 1천 달러이며, 은은 온스당 20달러에 거래되고 있다.

내가 일찌감치 나만의 투자팀을 구성하고 그들의 충고에 귀를 기울였다는 것이 이처럼 다행일 수가 없다.

자, 이제 여러분은 내 계획을 알고 있다. 그렇다면 당신의 계획은 어떤가?

Chapter 16

현물로 가자

  많은 사람들이 귀금속을 실제 소유할 필요가 없다는 함정에 빠져 있다. 또는 광산주를 사면 포지션의 레버리지 효과를 높일 수 있다고 생각하거나 선물계약이나 ETF가 진짜 금과 별반 다를 바가 없다고 착각한다. 하지만 앞에서도 말했듯이, 그건 정말 바보 같은 생각이다.

  먼저 "광산주는 내게 레버리지 효과를 안겨 줘. 그러니까 난 그냥 주식을 살래."라고 생각한다면, 다시 한번 생각해 보기 바란다. 만약 모든 사람들이 광산주를 매입하고 아무도 진짜 금과 은을 사지 않는다면, 금과 은의 가격은 절대로 오르지 않는다. 실제로는 오히려 가격이 떨어질 것이다. 왜냐하면 수요가 부족하기 때문이다. 반면에 광산 부문 펀드들은 모두가 그 주식을 원하기 때문에 공급에도 박차가 가해지게 된다. 둘째로 광산주는 주식이다. 그것들은 진짜 금과 은이 아니다. 금과 은을 취급하는 회사들의 주식일 따름이다. 따라서 그것들은 통화위기나 증시 붕괴 등 시장이 악화되면 하락한다. 반면에 금과 은은 광산주가 하락할 때조차도 활발하게 상승할 수 있다.

금과 은을 현물로 소유하는 것이 지금 우리가 속한 경제 순환주기에서 가장 궁극적인 투자 방법임을 암시하는 증거들은 그 외에도 수없이 많다.

1. 지난 5천 년 동안 금과 은은 절대로 실망을 주지 않는 유일한 자산이었다. 근본적인 가치를 지닌 유형자산으로, 구매력이 0 이하로 떨어질 수 없기 때문이다.
2. 금과 은은 순전히 개인적이며, 금융제도에 속하지 않는 유일한 금융자산이다. 심지어 부동산도 명의이전을 할 때에는 금융제도를 이용해야 한다. 금과 은은 그렇지 않다.
3. 타인과 공동으로 소유할 수 없는 몇 안 되는 금융자산 중 하나이다. 주식, 채권, 그리고 선물과 ETF 같은 파생상품은 발행인이나 상품관련자의 투자 실적과 관련이 있다. 심지어 현금조차도 그것을 발행하는 정부의 행동에 따라 가치가 결정된다. 만약 정부가 무너진다면 그 국가의 통화도 무너진다. 금과 은은 그럴 일이 없다.
4. 완전한 소유가 가능하다. 예를 들어 부동산은 진짜로 그것을 소유할 수 없다. 내 말이 거짓말이라고 생각한다면 몇 년 동안 재산세를 미납해 보라.
5. 금과 은은 경제 격변과 전쟁, 테러리즘, 자연재해가 발생했을 때 가치가 상

승하는 안전자산이다.

6. 인플레이션이나 디플레이션 때에도 탁월한 성과를 올릴 수 있다.
7. 가치 밀도가 높다. 다시 말해 금과 은은 원유나 구리와는 달리 매우 적은 양으로도 아주 높은 구매력을 지닌다.
8. 호가 차이가 15퍼센트에서 100퍼센트까지 이르는 다이아몬드나 수집 주화와는 달리 호가 차이가 매우 낮다.
9. 무게에 따른 가치가 일정하다. 반면에 다이아몬드나 수집 주화는 전문가에 따라 매우 다양한 가치를 지닌다.
10. 금과 은은 그 자체로 돈이다.

귀금속 투자를 할 때에는 광산주와 선물, 옵션, ETF 등으로 투자를 다양화하기 전에 먼저 현물 금과 은을 먼저 핵심 포지션으로 구축해 둘 것을 권한다. 모든 귀금속 투자가들은 매매용이 아니라 '투자용' 진짜 금과 은을 핵심 포지션으로 설정해야 한다. 핵심 포지션은 다양한 형태로 구성될 수 있으며, 금과 은의 보관 형태는 핵심 포지션의 규모에 달려 있다.

여기 당신이 선택할 수 있는 몇 가지 방법을 소개한다.

만반의 준비를 갖추라

전에 언급했듯이, 미국에서 귀금속을 구매할 때 가장 먼저 할 일은 당신에게 훌륭한 서비스와 조언을 제공해 줄 수 있는 믿음직한 중개상을 찾는 것이다. 금과 은을 현물로 구매할 때 찾아갈 수 있는 중개상은 대개 두 부류인데, 하나는 온라인 금·은괴 중개상이고 다른 하나는 코인숍이다.

어느 시장에서나 그렇듯이 금·은도 중개상마다 가격과 서비스의 질이 다르기 마련이므로 가장 좋은 출발점은 신뢰할 만한 중개상을 찾는 것이라 할 수 있다. 이론적으로는 가까운 지역에서 조금만 돌아다니면 금세 몇 명을 만날 수 있을 테지만, 실제로 금·은괴 중개상은 찾기가 무척 힘들고 온라인 또는 전화로 구입한 금·은괴는 대부분 우편을 통해 배달된다. 금괴나 은괴는 수익이 지독하게 낮기 때문에, 그런 귀금속만을 다루는 가게는 나도 알지 못한다. 금·은괴를 전문적으로 취급하는 전문가들은 온라인에서만 만나 볼 수 있다. 이들을 찾는 가장 간단한 방법은 구글Google.com에서 '금과 은'gold and silver으로 검색하는 것이다. 그러면 십수 명의 중개상들이 검색될 것이다. 그러나 온라인에서 알게 된 중개상들과 접촉하기 전에 반드시 먼저 그들에 관해 조사를 해 보기 바란다. 내 웹사이트 골드실버닷컴에서 더 많은 자료를 찾아볼 수 있다.

중개상마다 서비스의 질이 크게 차이 나기 때문에 미국공정거래협회Better Business Bureau의 온라인 사이트인 비비비닷오알지bbb.org를 방문해 누가 소비자들의 만족도가 가장 높은지, 소비자들의 불만이 가장 높은 곳은 어디인지, 그리고 그러한 불만사항들이 어떻게 해결되었는지 꼼꼼히 살펴보라. 당신이 찾은 중개상이 유형자산 산업협회ICTA

의 회원인지도 확인해 보라. 협회의 웹사이트 ICTA온라인ictaonline.org에서 중개상의 이름을 찾아보거나 해당 주 별로 검색할 수 있다.

나아가 온라인 거래를 할 때에는 선적과 출하, 배달에 이르기까지 모든 비용이 최종가격에 포함되어 있는지 미리 확인해 두는 것이 좋다.

많은 수집 주화 중개상들이 금·은괴를 함께 취급하지만, 낮은 수익률 때문에 코인숍은 온라인 중개상들보다 더 많은 수수료를 요구하거나 금·은괴를 미끼 삼아 당신을 꼬드길 것이다. 일단 가게 안에 들어서면 화사하고 값비싼 주화나 메달들을 이것저것 보여 주는 것이다. 유혹에 넘어가 그런 동전들을 사기 전에 '함정을 조심하라'로 돌아가 수집 주화 항목을 읽어 보기 바란다.

형태인가 기능인가

귀금속 구입과 관련해 가장 중요한 결정 중 하나는 "어떤 형태로 구입할 것인가?"이다. 금괴가 좋을까? 아니면 옛 미국 은화? 캐나다 단풍잎 금화가 좋을까, 미국 독수리 금화가 좋을까? 그리고 이 질문에 대한 대답은 애초에 당신이 왜 금과 은을 보유하고 싶은가에 달려 있다. 대부분의 사람들은 개인적인 투자를 위해, 또는 비상사태에 대비한 비상금이나 휴대가 간편한 귀중품으로서 귀금속을 구입한다.

내 경우에는 집에 보관할 때에는 미국의 독수리 금화와 은화를 선호한다. 가장 알아보기 쉬운 금과 은의 형태이기 때문이다. 미국 주화는 척 보기에도 공식적으로 보이는 데다 표면에 아예 "미합중국"과 "순금 1트로이온스" 또는 "순은 1트로이온스"라는 문구가 새겨져 있다. 또 이런 동전들은 1온스 단위로 거래할 수 있다.(코인숍에서는 금과 은을 현금으로 바꿀 수 있지만 은의 가격이 온스당 100달러를 넘어서게 되면 100온스짜리 은괴도 현금 거래의 한도 기준을 넘게 된다.) 특히 미국 독수리 금화는 사고팔 때 미 국세청에 신고할 필요가 없기 때문에 사적인 투자에 적합하다.

귀금속 보관하기

일단 금과 은을 구입하고 나면 어디에 보관할 것인지 결정해야 한다. 사실 이것은 언제나 어려운 문제다. 행복한 고민이면서도 대답하기가 쉽지 않은 질문이기도 하다.

개인대여금고

사람들은 보통 금과 은을 안전하게 보관하는 가장 좋은 방법은 은행의 개인대여금고에 넣어두는 것이며, 그것이 진짜로 '안전safety'하다고 생각하는 경향이 있다. 그 생각은 옳을 수도 있고 아닐 수도 있다. 어쨌든 결정하는 것은 바로 당신이다. 다만 이 점을 기억하기 바란다. 2001년 9월 11일, 뉴욕에 테러가 발생했을 때 금값은 9퍼센트 상승했고 은값은 11퍼센트 상승했다. 그러나 만일 당신의 귀금속이 은행에 보관되어 있었다면 당신은 아무런 이득도 보지 못했을 것이다. 그 주에 증시는 문을 닫았고 은행도 문을 닫았으며, 현금인출기에는 현금이 떨어졌기 때문이다. 그러나 귀금속 중개상들은 여전히 영업을 계속하고 있었고 금이나 은을 수중에 갖고 있는 사람이라면 누구나 그 안에 걸어 들어가 100달러짜리 지폐를 수북하게 들고 나올 수 있었다. 그 주에 귀금속 중개상들은 현금인출기나 다름없었지만 공교롭게도 오직 금과 은에 손을 댈 수 있는 사람들에게만 해당되는 이야기였다.

하지만 금과 은을 보관할 때 대여금고를 사용하는 문제에 대해 신중하게 재고해 봐야 하는 진짜 이유는 우리 사무실 동료가 해 준 이야기 때문이다. 그녀는 전국에 지점을 둔 한 대형 은행을 이용하고 있었는데, 어느 날 은행은 그녀가 평소에 사용하던 계좌를 닫기로 결정하고 고객인 그녀에게는 계좌가 가까운 다른 지점으로 이전될 것이라고 통보했다. 계좌 이전은 순조롭게 진행되었고, 몇 달 뒤에 그녀는 대여금고에서 무언가를 찾아야 할 일이 생겼다. 그런데 은행에 들른 그녀는 놀랍게도 계좌는 새로운 지점으로 이전되었지만 대여금고는 옮겨진 적이 없다는 이야기를 듣게 되었다. 무엇보다 황당한 점은 그녀의 대여금고가 어떤 지점으로 옮겨 갔는지 은행은 전혀 알지 못한다는 답변을 내놓았다는 것이다. 결국 그녀는 오랜 시간을 소비한 뒤에야 비로소 자신의 금고를 찾을 수 있었다.

마지막으로, 대여금고에는 보험이 적용되지 않는다. 많은 사람들이 대여금고에 미국연방예금 보험이나 은행보험이 적용될 것이라고 생각하지만 실은 그렇지 않다.

나는 모든 사람들이 언제 어디서든 접근할 수 있는 곳에 사적으로 금과 은을 보유해 둬야 한다고 믿는다. 왜냐하면 금과 은은 개인이 완전한 소유권을 가질 수 있는, 금융제도에 속하지 않는 몇 안 되는 금융자산 중 하나이기 때문이다. 그러니 은행에 귀금속을 보관한다면 당신은 가장 은밀하고 개인적인 투자를 가장 공적인 금융 및 은행 제도, 그리고 그것을 감독관리하는 법률 앞에 환히 노출시키는 셈이다.
금과 은을 보관하는 몇 가지 방법들을 소개한다.

벽 또는 마룻바닥에 숨겨진 비밀금고

이런 비밀금고를 만들고 싶다면 먼저 당신의 보험설계사와 상의하는 것이 좋다. 그렇지만 상당량의 금이나 은을 집에 보관하고 싶다면 안전하고 믿음직한 금고에 투자하는 것이 가장 좋은 방법이다. 금고 전문회사에 문의하라.

귀금속 전문 보관시설

값나가는 귀금속을 집에 보관하기가 불안하다면 다양한 수준의 보안시설을 구비하고 있는 전문보관 시설을 알아보는 것도 좋다.

1) 분리형 보관시설

분리형 보관시설은 보안 수준이 가장 높은 금고형 시스템이다. 실제로 우리 회사가 브링크(Brink's: 그렇다. 무장수송차량으로 은행에 화폐를 배달하는 브링크 말이다.)에서 이런 형태의 보관시설을 제공하고 있기도 하다. 브링크는 은행제도하에 속해 있지 않으며 은행과 같은 법률이나 관할권의 제재를 받지도 않는다. 9·11 사태가 발생했을 때, 모든 은행권 시설들은 문을 닫았지만 브링크는 영업을 지속했고, 금과 은을 배달하고 또 접수했다. 사실 브링크는 크리스마스 당일을 제외하고 1년 364일 동안 영업을 한다. 많은 중개상들이 이와 비슷한 서비스를 제공한다.

이 같은 보관시설들은 주문이 들어오고 귀금속을 구입할 자금이 입금되면 금과 은을 구입해 감시용 비디오카메라와 감사원의 신중하고 날카로운 시선 아래 구입한 귀금속의 분량을 확인한다. 그런 다음 책임자와 감사원 두 사람 모두가 보관 목록에 서명을 한 뒤 귀금속을 상자에 넣어 봉인하고, 그 위에 소유자의 이름과 계정 번호, 내용물을 적은 다음 금고실 안에 보관한다.

금고실에 저장되어 있는 귀금속을 돌려받고 싶을 경우에는 전화 한 통만 걸면 된다. 주말을 포함해 48시간 안에 곧장 당신에게 배달될 것이다. 설사 10년 후에도 당신이 맡겼던 바로 그 금·은괴나 동전을 돌려받을 수 있는 것이다.

이 같은 시설의 또 다른 장점은 소유자가 귀금속을 팔고 싶을 때 그것들이 이미 보관 시스템 안에 존재한다는 것이다. 전문가들에게 다시 감정을 받을 필요가 없어 수수료를 아낄 수 있으며, 현금화 과정이 유동적이고 신속하다. 이미 금고실 안에 보관되어 있기 때문에 이동 중에 분실할 가능성도 없다. 보관 귀금속을 판매할 경우에는 72시간 안에 수표가 소유자에게 우편으로 전달되거나 계좌로 이체된다. 때로 아침 이른 시간에 중개상에게 판매할 때에는 24시간도 안 되는 시간에 계좌로 대금이 이체되거나 수표가 발행되는 경우도 있다.

해당 시설에 보관되는 귀금속의 소유권은 전적으로 당신에게 있으며, 시설을 운영하는 중개상은 아무런 권리도 없다. 중개상이 파산 신청을 하거나 모종의 이유로 보관시설을 닫아야 하는 일이 생길 경우에도 당신의 귀금속은 여전히 안전할 것이다. 무슨 일이 생겨도 그것들은 당신의 소유로 남을 것이기 때문이다. 더욱 자세한 정보를 알고 싶다면 골드실버닷컴을 방문해 보라.

2) 할당형 보관시설

보안상 두 번째로 안전한 귀금속 보관 방법이다. 할당형 보관시설은 당신이 구입한 양의 금과 은을 보증하지만, 특정한 금·은괴나 물건을 보관할 수는 없다. 할당형 보관시설은 주로 부피가 크고 비용효율적인 형태로 귀금속을 구입해 보관한다. 따라서 당신 소유의 금·은을 판매하고 싶을 때에는 할당된 양에 해당하는 현금을 받게 된다. 현물 상태로 원한다면 커다란 금괴를 받게 되며, 그 외에 다른 형태를 원한다면 따로 수수료를 내야 한다.

가상현실로 가자!

이번에는 인터넷에서 즉각적으로 사고팔 수 있는 형태의 금과 은에 대해 알아보자. 이것들은 보거나 만질 수 없으며, 소위 중개상들이 보관시설에 안전하게 보관되어 있다고 주장하는 것들이다. 책의 앞부분에서 이미 대부분을 다룬 바 있으니, 너무 자세하게 설명하지는 않겠다.

상장지수펀드 ETF

상장수지펀드는 '디지털 금'의 가장 잘 알려진 형태로, '함정을 조심하라' 장에서 이미 설명한 바 있다. ETF는 그들이 금을 보유하고 있다고 주장하지만, 이 점을 명심하라. 설사 실제로 진짜 금이 존재할지라도 그것은 '당신'이 아니라 ETF에 할당된 것이다. 또 하나 고려해야 할 사항은 ETF가 제도권 은행에 의해 운영되며 따라서 그 거대한 금융제도의 일부라는 사실이다. 다시 말해 ETF를 이용한다는 것은 그들의 게임에 참가하고 있다는 의미와도 같다.

하지만 만일 당신이 장기간의 투자가 아니라 금과 은을 이용한 '거래'에 관심을 두고 있다면 ETF는 상당히 좋은 도구가 될 수 있다. 호가 차이가 적고, 유동성이 높고, 거래소에서 주식처럼 자유롭게 사고팔 수 있기 때문이다. 금과 은 EFF의 증권시세 표시 약자는 GLD와 SLV이다.

온라인 금·은괴 거래소

투자자들이 이용할 수 있는 디지털 금·은괴 거래소도 있다. 이들은 귀금속을 보관하고, 고객들은 시스템 내에서 서로의 귀금속을 거래한다.

고객들은 거래소 웹사이트에서 계정을 신설하고 계좌이체를 통해 자금을 입금한다. 또한 이 계정을 이용하기 위해서는 당신이 누구인지 신분을 증명할 필요가 있다. 일단 계정에 필요 자금이 채워져 있으면 경쟁가격으로 귀금속을 살 수 있다. 이러한 민간 거래소에서는 당신이 이미 사용하고 있는 다른 거래 플랫폼이나 브로커 계정을 이용해 거래할 수 없으며, 반드시 해당 거래소 웹사이트에 접속해 이들의 시스템 내에서만 거래해야 한다. 이는 즉 당신이 개방된 세계 시장이 아니라 이 시스템을 사용하는 다른 고객들과 거래를 하고 있다는 의미다. 따라서 이곳에서 거래되는 귀금속의 가격은 공개시장 가격과 다를 수 있다.

디지털 귀금속 통화

디지털 귀금속 통화는 온라인을 이용해 1년 365일 하루 24시간 내내 금이나 은을 사고팔 수 있는 방법이다. 쉽고 간단하고, 보관료가 낮으며, 이메일 계정을 가진 사람에게라면 누구에게나 금으로 지불할 때 사용할 수 있다.

참고로 다음 이야기는 이 같은 회사들을 여러 번 이용해 본 내 개인적 경험을 토대로 설명하는 것이다.

디지털 귀금속 통화 회사에 계정을 갖고 있다는 것은 은행 계좌와 환거래 계좌, 결제 계좌, 그리고 금·은괴 보관 계좌를 하나로 합친 것을 갖고 있는 것과 비슷하다. 미국 달러와 유로, 영국 파운드, 캐나다 달러, 금과 은까지 당신의 편의에 맞춰 거래 수단을 선택할 수 있으며 여러 개를 한꺼번에 선택할 수도 있다. 계좌에 전자화폐를 예금해놓고 있으면 저축계좌와 유사한 이자율로 이자를 얻을 수 있으며, 금과 은을 보유할 경우 보관료 및 예금 수수료는 업계 최저 수준이다. 해당 귀금속은 언제든 권리를 보장받을 수 있고 요구 즉시 고객에게 할당된다. 다시 말해 ETF와는 달리 금과 은을 다른 이들과 공유하지 않고 완전한 소유권을 가질 수 있다는 얘기다.

나는 이것이 해외에서 귀금속을 소유하는 최상의 방법이라고 생각한다. 하지만 늘 그렇듯이 회사와 거래를 트기 전에 철저한 조사부터 하는 것이 수순이다. 골드실버닷컴에서 이러한 종류의 회사에 관해 더 많은 정보를 얻을 수 있다.

금·은 퇴직연금

퇴직연금[IRA]이 주요 투자 수단인 사람들의 경우, 그 계좌에 금과 은을 보유할 방법은 없는지 궁금한 사람들이 있을 터다. IRA에 귀금속을 보유할 수 있는 방법은 두 가지다. ETF 주식을 사용하든가, 아니면 할당형 보관시설을 이용하는 것이다.

ETF는 주식과 마찬가지로 공공거래소에서 거래되기 때문에 IRA 관리자에게 ETF를 구입하여 당신의 포트폴리오에 포함시키도록 부탁할 수 있다.

할당형 보관시설을 이용하고 싶다면 당신의 IRA를 관리하는 회사가 당신에게 진짜 금·은괴를 투자할 수 있게 허용하는지를 먼저 알아봐야 한다. 만일 관리 회사가 귀금속 형태의 투자를 허용하지 않는다면 그런 것이 가능한 IRA를 알아보는 것이 좋다. 귀금속 투자가 가능한 IRA 계좌를 갖게 되면 대부분의 귀금속 중개상들이 당신의 주문을 받아 줄 것이다. 그러면 관리자(대부분의 주요 은행)가 당신의 귀금속을 보관시설에 맡아 줄 것이며, 매달 보고서를 보내 줄 것이다. 이에 대해 더 많은 정보를 알고 싶다면 골드실버닷컴을 방문하라.

마지막으로

내가 운영하는 포트폴리오는 현물 귀금속의 비중이 50퍼센트에서 최대 70퍼센트에 달한다. 20~40퍼센트는 귀금속 주식에, 5~10퍼센트는 에너지 주식과 다른 원자재 주식에 투자되며 나머지 5퍼센트는 현금(내가 현금에 대해 어떻게 생각하는지 지금쯤은 알고 있으리라 믿는다.)으로 유지되는데, 이 같은 투자 방식은 이제까지 상당히 좋은 성과를 올렸다.

현물 투자의 경우 내가 선호하는 구성 비율은 보통 금이 10~50퍼센트, 은이 50~90퍼센트이다. 집에 보관하는 귀금속의 양은 당신의 투자 구성에 따라 다르겠지만 대개 금은 3~100온스, 은은 100온스에서 1만 온스 사이이다. 여기서 중요한 점은 정치 및 경제적 상황이 어떻게 변화하든 간에 언제나 자신이 보유한 금과 은에 접근이 가능하도록 해야 한다는 것이다.

내 경우 집에 보관하지 않는 나머지 귀금속은 그중 상당량을 미국의 보관시설에 맡기고 나머지는 해외 계정에 넣어 둔다. 지리적으로 곳곳에 분산시키는 편이 더욱 안전하기 때문이다.

은을 구매할 때 명심할 점. 반드시 순도 0.999의 순은을 사라. 그것이 바로 내가 '투자 등급' 은이라고 부르는 것으로, 산업 분야에서 필요로 하는 은이다. 그리고 현재 공급이 턱없이 달려 사람들이 얼마를 주고라도 간절히 원하는 물건이기도 하다. 미국에서 발행하는 90퍼센트 은화는 취미로 모으는 게 아니라면 투자용으로는 별로 쓸모가 없다. 순은이 아닌 스털링 실버도 마찬가지다.

순은을 중개상에게 팔면, 중개상은 대개 그 물건을 다시 제련소로 넘긴다. 1979년에서 1981년 사이에 은값이 올랐을 때에는 너무나도 많은 사람들이 오래된 은식기와 장신구, 그리고 90퍼센트 은화를 팔아 일감이 밀린 탓에 그 많은 은 제련소가 거의 1년 동안 정체되기도 했다. 나는 그런 일이 다시 일어나리라고 믿는다. 그리고 그때가 왔을 때, 순도가 부족한 당신의 은은 순은과는 비교도 안 될 정도로 초라한 가격에 팔리게 될 것이다.

내가 금과 은을 현물로 구입하여 집과 보관시설, 그리고 해외 계좌에 분리하여 보관하는 이유는 그렇게 하면 금융계 거물들의 게임에 참가할 필요가 없기 때문이다. 당신은 당신의 돈을 안전하게 보관하고 더불어 염탐하는 눈을 피해 투자를 비밀로 남겨 놓을 수 있다. 당신은 당신이 진짜를 가지고 있다는 것을 안다. 직접 만질 수 있다는 것도 안다. 무엇보다 가장 좋은 점은 그것이 진짜 돈이라는 것이다.

Chapter 17

모든 것은 어제의 조명 아래 빛난다

비록 역사가 동일하게 반복되는 것은 아니나 인류의 발전을 위해서는 과거를 통해 배움으로써 역사가 똑같이 반복되는 것을 피해야 한다. 위험을 감지하기 위해 예언가가 될 필요는 없다. 독창적인 시각을 가진 이들은 경험과 흥미의 우연한 결합을 통해 사건을 예측한다.

—F. A. 하이에크Hayek, 『노예의 길The Road to Serfdom』

여러분이 원하든 원치 않든, 미 제국은 이미 사양길에 접어들었다. 그렇다, 미국은 제국이다. 미국의 군사력과 세력은 전 세계에 영향을 미치고 있으며, 전 세계에서 준비통화로 사용되고 있는 달러 때문에 통화창조를 통해 다른 국가들에게 세금을 매길 수 있는 지구상 유일한 국가이다.

역사는 항상 반복된다. 인류 역사에 존재했던 다른 모든 제국들처럼 미국 역시 경제적 불안에 휩싸인 나머지 국민들의 자유를 포기하고 있다. 지금 미국은 그리스와 로마를 비롯해 명목화폐를 남용한 다른 모든 제국들과 똑같은 길을 걷고 있는 것이다.

공공사업과 사회복지 프로그램, 재정적자 전쟁은 대단히 치명적인 결합이며, 언제나 그러했다. 그러한 조치는 시대를 초월하여 늘 제국의 몰락을 가져왔고, 준비통화로서의 달러와 통화창조를 통한 미국의 경제적 지배는 머지않아 종말을 맞이하게 될 것이다.

이렇게 말하는 '미친 놈'이 나 혼자인 것은 아니다. 2007년 11월 8일, 벤 버냉키의 의회합동경제위원회 청문회 도중 찰스 슈머Charles Schumer 상원의원은 이렇게 말했다.

"솔직히 나는 현재 우리가 네 가지 부문에서 경제적 위기에 직면해 있다고 봅니다. 바로 부동산 시장 하락과 신용 몰락, 달러 약화, 그리고 유가 상승이지요. 이 각각의 문제들만으로도 우리 경제를 위협하기에 충분한데 이 네 가지 문제가 한꺼번에 몰려오고 있으니 성경에 나오는 네 명의 기수가 따로 없습니다."

이는 미국에게는 나쁜 소식이지만 귀금속 투자가들에게는 희소식이다. "어떻게 그런 끔찍한 말을!" 어쩌면 누군가는 이렇게 말할지도 모르겠다. 그렇다, 당신 말이 맞다. 그렇지만 미국 정부는 한때 그들이 누렸던 경제적 번영을 망가뜨리기로 작정한 듯 보이고, 나도 여러분도 그들을 막을 수 없다. 그렇다면 차라리 이런 상황을 최대한 이용해서 부를 축적하는 편이 낫지 않겠는가?

흔히 이런 말이 있다. "당신의 돈 중 10퍼센트를 금에 투자하고 그게 실패하길 빌어라." 나는 포트폴리오의 50~70퍼센트를 현물 귀금속에 투자하고 20~40퍼센트를 광산주에 투자하며, 5~10퍼센트를 에너지 주식에 넣는다. 세계의 경제 상황을 생각하면 나는 내 투자 방식이 실패하길 바란다. 나는 내가 파산하기를 바란다. 그러나 그런 일은 일어나지 않을 것이다. 엄청난 부의 이전이 발생하고 있고, 지금 이 순간에도 점점 더 세를 불려 나가고 있기 때문이다.

나는 부디 그런 일이 일어나지를 않길 바라지만, 사람들의 생활수준은 (특히 미국에서) 현저하게 악화될 것이다. 경제가 극심히 변동하면서 부의 이전이 급속도로 탄력을 얻을 것이다. 부가 당신에게 이전되든 혹은 당신에게서 멀어져 가든, 그것은 전적으로 앞으로 당신의 행동에 달려 있다. 중요한 건 당신의 결정이다. 어쩌면 대부분의 사람들의 경제 사정이 나빠지더라도 당신만은 오히려 좋아질 수도 있다.

달러가 정말로 붕괴할 수도 있을까? 현대는 급격한 변화의 시대다. 대중매체와 인터넷에 힘입어 정보와 아이디어, 감성, 지식, 견해와 사고력이 그 어느 때보다도 급속히 변화하고 있으며 그중에서도 통화 창조의 한계와 그로 인한 부의 이전에 대한 깨달음과 이해가 새로이 퍼져 나가고 있다.

그러나 참으로 아이러니한 것은 화폐가 평범한 이들로부터 조용히 그리고 은밀하게 부를 훔쳐 가고 있다는 사실이 드러나면 드러날수록 사람들은 진짜 돈을 소유하기 위해 달려들 것이며, 결국 귀금속의 가치를 뒤늦게 깨달은 이들로부터 일찌감치 이해한 사람들에게로 어마어마한 양의 부가 이전될 것이라는 사실이다.

달러가, 그리고 그 여파로 모든 명목화폐가 붕괴하리라고 내다보는 사람은 비단 나뿐만이 아니다. 인류의 역사는 명목화폐가 결코 살아남을 수 없음을 명백하게 보여 준다. 그리고 오늘날 지구상 모든 국가들은 모두 명목화폐를 사용한다.

그렇다면 만약 명목화폐가 진짜로 붕괴한다면 그 부는 어디로 이전될 것인가? 그리고 그러한 움직임은 당신에게 어떠한 영향을 미치게 될까?

여러분이 살고 있는 도시를 떠올려 보라. 얼마나 많은 주민들이 귀금속의 형태로 부를 보유하고 있을까? 1천 명 중 한 명, 아니면 2천 명 중 한 명일까? 5천 명에 한 명이나 만 명에 한 명일 수도 있다. 그러한 선견지명을 가진 이들이 얼마가 되건 통화제도가 무너진다면 귀금속을 갖지 않은 이들의 구매력은 모두 귀금속을 소유한 이들에게 이전될 것이며, 그 규모는 말문이 막힐 정도로 어마어마할 것이다.

내가 이 책을 쓰는 이유 중 하나는 지금 현재에도 귀금속 부문에서 거대한 포지션을 차지하고 있는 큰손들이 존재하기 때문이다. 나는 이미 '엄청나게 부유한' 극소수의 큰손들이 모든 달콤한 쿠키를 싹쓸이 해 갈까 봐 두렵다. 그런 거대한 부의 이전은 일반 대중을 노예로 만들 수도 있다. 그러므로 나의 사명은 최대한 많은 개인 투자가들이 최대한 많은 금과 은을 보유할 수 있도록 돕는 일이다.

이제 당신은 이런 경제 격변의 시기에 스스로를 리스크에 노출하지 않고도 삶의 수준을 극적으로 끌어올릴 수 있는 기회를 맞이하게 되었다. 대부분의 경제 전문가들은, 심지어 귀금속 분야의 전문가들조차도 귀금속은 투자 대상이 아니라 "안전한 피난처$^{safe\ heaven}$"라고 말한다.

실제로 금과 은은 경제적 변동에 크게 영향을 받지 않는 안전한 피난처이긴 하지만, 특정 시기 매우 짧은 동안 안전자산인 동시에 높은 이득을 올릴 수 있는 투자처로서 절대적인 구매력을 지닐 수 있다.

역사상 최초로 전 세계의 모든 통화가 명목화폐인 지금, 통화의 힘이 점점 약화되고 세계 경제에 금이 가는 시점에서 현재 우리 앞에 놓인 부의 이전은 기존에 목격한 그 어떤 부의 이전도 초라하게 만들 정도로 거대할 것이다.

우리가 경제적으로 얼마나 중요하고 드문 기회를 앞에 두고 있는지 아무리 강조하고 또 강조해도 지나치지 않으리라. 이는 평생에 한 번 올까 말까 한 기회가 아니다. 인류 역사상 한 번 올까 말까 한 기회이며, 한번 놓치면 다시는 오지 않을 기회이다. 다시는 볼 수 없는 거대한 부의 이전이 다가오고 있다. 이 책을 읽은 뒤에도 행동을 취하지 않는다면 남은 평생 동안 후회하며 살 것이라고 해도 과언이 아니다.

그렇다면 이 전투는 어떻게 끝나게 될까? 금과 은의 가치가 급격히 상승하되 명목화폐가 함께 존속하는 기술적 결정으로 막을 내릴까? 아니면 귀금속이 강력한 KO 펀치로 명목화폐를 완전히 날려 버릴까? 이에 대한 대답은 앞으로 다가올 부의 이전의 규모에 달려 있다. 하지만 사실 어느 쪽이냐는 별반 중요하지 않다. 어차피 금과 은이 상승하지 않는 시나리오란 존재하지 않기 때문이다.

다음에 보게 될 마지막 그래프는 그래프 2, 3, 4와 마찬가지로 미국의 본원통화와 신용대출 잔액 대비 금 보유량의 달러액을 그리되 2008년까지 확장한 것이다. 이 그래프에서 발견할 수 있는 가장 놀라운 점은 지난 2,400년 동안 몇 번이고 되풀이되었던 금의 가치 회복이 다시금 시작되었다는 사실이다. 1934년과 1980년의 상황이 되

| 그래프 32 | **본원통화와 신용대출 잔액 vs. 금 보유량, 1918~2008**

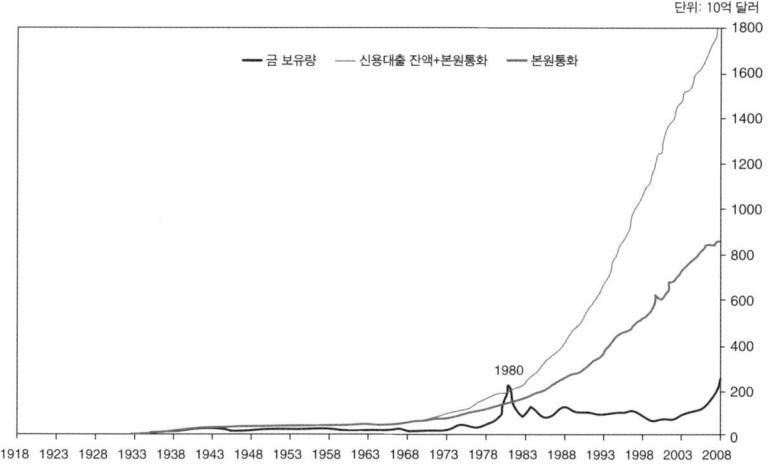

출처: 세인트루이스 연방준비은행

Chapter 17 모든 것은 어제의 조명 아래 빛난다

풀이되려면 금의 달러가는 본원통화와 신용대출 잔액까지 감안해 6,900달러를 초과해야 한다. 그 정도면, 여러분, 정말 어마어마한 액수다!

그 가격도 정부가 통화발행과 신용창조를 중단했을 경우의 수치라는 점을 기억하라. 만일 달러가 살아남지 못한다면 금의 달러가는 문자 그대로 무한히 상승할 것이다.

뚜렷한 비전

내 시력은 2.0이다. 그 말은 즉 보통 사람들이 10피트 떨어진 곳에서 볼 수 있는 것을 나는 20피트 떨어진 곳에서도 선명하게 볼 수 있다는 의미다. 한마디로 나는 보통 사람들보다 두 배나 명확한 시력을 가지고 있다.

2001년 9월 11일에서 얼마 지나지 않은 어느 날, 나는 친구인 카메론 함자의 도움으로 나보다도 훨씬 뚜렷한 시력을 지닌 사람들을 만나는 행운을 누리게 되었다. 그들은 리처드 러셀Richard Russell과 짐 퍼플라바Jim Puplava, 짐 로저스Jim Rogers, 마크 파버Marc Faber와 같은 사람들이었다. 나는 그들의 이야기를 신중하게 들었고, 그 뒤로도 계속 귀를 기울이고 있다.

세기가 바뀌면서 이들은 수많은 우여곡절을 겪었고, 머나먼 지평선을 가리키며 그들의 말에 귀를 기울이는 이들에게 소리쳤다. "저걸 봐. 뭔가가 오고 있어." 그러면 우리는 이렇게 묻는다. "어디요? 어디요?" "바로 저기. 저기 저 지평선 위에 점이 하나 있잖아. 크기가 어마어마해. 저거 안 보여?"

평범한 시력을 가진 이들은 그들이 보는 것을 보지 못한다. 그래서 그들은 이들을 미쳤다고 치부하며 무시했다. 그러나 나는 그들이 가리킨 곳에서 희미한 움직임을 감지할 수 있었다. 그래서 나는 그것을 더욱 자세히 들여다보았다. 나는 기사와 글을 읽고 스스로를 교육하고 훈련시켰다. 나보다 더욱 탁월한 시력을 지닌 이들의 말에 귀를 기울였다. 데이비드 워커나 리처드 던컨, 론 폴 같은 사람들에게 말이다. 자세하게 초점을 맞추면 맞출수록 나는 그들과 같은 것을 볼 수 있었다.

나는 보다 뚜렷한 시력을 가진 이들을 모으기 시작했다. 저 먼 지평선에서 다가오고 있는 것으로부터 나를 어떻게 지켜야 할지 가르쳐줄 수 있는 사람들, 제임스 터크와 데이비드 모건, 존 엠브리John Embry, 테드 버틀러, 이안 고든Ian Gordon 같은 이들이었다. 이들은 한데 모여 인간 피라미드를 만든 다음 내게 꼭대기에 올라와 지평선 너머를 내다보라고 말했다. "저기 있다!" 나는 소리쳤다. "정말 크군. 그리고 대단히 상황이 나빠. 이건 우리가 이제껏 상상하지도 못할 정도로 거대한 경제폭풍이야. 거대한 회오리바람에, 거센 폭풍우가 같이 밀려오고 있다고. 게다가 시시각각 이쪽으로 다가오고 있어!"

"그래." 그들도 말했다. "우리도 안다네. 그래서 지난 몇 년 동안 목이 터져라 사람들에게 그렇게 말했지만 아무도 우리 말을 듣지 않더군." 나는 이처럼 뚜렷하고 명확한 시야를 지닌 이들을 위해, 그리고 기꺼이 다른 이들에게 경고하려는 이들을 위해 이 책을 썼다. 나는 그들과 같은 편에서 서서 내 목소리를 보탠다.

내가 로버트 기요사키를 처음 만난 것은 2005년이었다. 그는 평소에 그가 가장 좋아하는 행사에 참석 중이었다. 100명에서 200명 정도의 사람들이 함께 책을 읽고, 그 책과 세상, 그리고 그들의 삶에 대해 분석하고 토론하고 해석하는 모임이었다. 그 주말 모임에서 사람들은 늘 깨달음과 영감을 얻었다.

우리는 리처드 던컨의 『세계 경제의 위기: 달러의 몰락』을 공부하고 있었다. 그 책은 우리가 어쩌다 이런 벼랑 끝에 몰리게 되었는지, 그리고 통화를 오남용한 에너지가 쌓이고 쌓여 탄생한 경제적 태풍이 어떻게 우리를 덮칠 것인지에 대해 이야기하고 있었다.

우리 앞에 놓인 경제적 위기에 대해 알면 알아 갈수록 방 안 가득 먹구름이 모여들었다. 거센 바람이 우리의 책을 때려 대고 매서운 빗줄기가 우리 몸을 적셨다. 그러나 몸이 통째로 날아갈 것 같은 그런 세찬 폭풍우 한 가운데 로버트가 서 있었다. 그는 강풍에도 비바람에도 전혀 흔들림 없이, 머리 위에는 밝은 햇빛을 인 채 홀로 꿋꿋이 버티고 있었다.

"어디 한번 덤벼 보라고 해!" 그는 소리쳤다. "진짜 투자가들은 위기로부터 도망가지 않아. 오히려 그것을 향해 달려가지. 어디 한번 덤벼 보라지!"

바로 그 순간, 나는 그 전까지 우리를 감싸고 있던 불안과 두려움을 느낄 필요가 전혀 없음을 깨달았다. 로버트의 비전은 뚜렷하고 선명했다. 그는 방 안에 있던 다른 사람들과 비교도 안 될 만큼 멀리 보는 비전을 가지고 있었다. 공부와 지식으로도 얻을 수 없고, 오직 맥락의 변화를 통해서만 달성할 수 있는 그런 비전 말이다. 그는 새로운 맥락을 이해함으로써 앞으로 다가올 사건들에 대해 완전히 새로운 인식을 가질 수 있었다.

그것이 바로 로버트 기요사키가 내게 준 진정한 선물이었다. 맥락의 변화. 먹구름이 뿔뿔이 흩어지더니 장대비가 멈추고 바람이 잦아들었다. 마치 악몽에서 깨어나는 것만 같았다. 로버트는 바로 내 발밑에 인류 역사상 가장 거대한 기회가 놓여 있다는 사실을 알려 주었다. 내가 할 일이라고는 그저 허리를 굽히고 그것을 집어드는 것뿐이었다.

아는 것이 힘이다. 지식은 갑옷처럼 두를 수 있는 힘이다. 진실은 무기가 될 수 있다. 검처럼 휘두를 수 있는 무기, 프로파간다와 잘못된 정보를 찌르고 베어 모두가 볼 수 있도록 속을 환히 가를 수 있는 무기. 나는 이런 도구들로 무장하고 폭풍우 속으로 걸어 나갔다. 한 점의 두려움도 없이 오직 열정만을 가진 채.

당신은 이제 이 같은 정보들로 꼼꼼히 무장을 한 상태다. 다른 99퍼센트의 사람들이 무지가 선사하는 안전지대에 갇혀 근근이 살아가고 있다면, 이 지식은 당신에게 탁월한 힘을 부여해 줄 것이다. 이제 당신은 무리의 선두에 앞장 설 수 있다.

나는 흔히 지금이 롤러코스터가 꼭대기에 이른 시점이라고 말하곤 한다. 우리는 저 까마득한 허공 속으로 추락하기 직전에 있다. 당신은 공포에 질릴 수도 있고, 앞으로 맛볼 스릴을 상상하며 엉덩이를 들썩거릴 수도 있다.

언젠가는 일반 대중도 마침내 눈을 뜨고 깨어나 자신이 롤러코스터에 타고 있다는 사실을 알게 되리라. 그러나 그들은 자신이 어디에 와 있는지 모를 것이다. 그들은 방향감각을 상실하고 혼란스러워 할 것이며, 높은 꼭대기에서 아래를 내려다본 순간 완전한 공포에 사로잡힐 것이다. 그들의 눈에 보이는 것이라고는 머지않아 그들을 집어삼킬 검은 허공뿐이기 때문이다.

롤러코스터가 바닥에 도착하는 순간 대중은 귀금속을 절실하게 필요로 하게 될 것이며 공황에 빠져 금과 은을 사기 위해 필사적으로 달려들 것이다. 그들은 당신에게 상품을, 서비스를, 투자를 헐값으로 제시할 것이다. 대중이 목말라 하는 바로 그때 금과 은을 판다면 완전한 부의 이전이 완성될 것이며 당신은 아주, 아주 많은 돈을 벌게 되리라.

그런 다음에는 부동산과 주식, 그리고 다른 자산으로 새로운 부를 찾아 떠나라. 다음에 밀려올 경제 부흥의 파도를 타라. 왜냐하면 이제 당신은 완전한 공식을 알고 있기 때문이다. 모든 것은 순환주기를 따라 흐르며, 역사는 반복되고 또 반복된다.

금과 은의 가치 따라잡기가 다시 시작되었다. 그리고 완전한 가치를 얻기 전까지 그 파도는 멈추지 않을 것이다. 금과 은은 이제까지 수 세기 동안 스스로를 재평가해 왔고 명목화폐의 굴복을 이끌어 냈다. 그렇게 금과 은은 거짓된 돈에 정의를 가져온다. 이제까지 늘 그래왔고 앞으로도 늘 그럴 것이다.

아침이 되면 태양이 떠오르듯이 말이다.

| 부록 | 한국 금시장의 현재

화폐·정부채권도 못 믿는 시대, 금·은을 보자

2008년 금융위기로부터 4년 후. 그리스, 포르투갈, 이탈리아, 스페인 등 유럽의 경기침체 위기가 전 세계 금융시장을 억누르고 있다.

금융위기를 비교적 잘 극복한 한국이지만, 한국 사람들의 주머니 사정은 별로 좋지 않다. 서민은 물론이고 대부분의 중산층까지 900조 원을 넘어선 가계부채와 부동산 담보대출로 인한 이자 부담에 신음하고 있다. 부동산 불패 신화는 이미 꺾여 버린 지 오래고, 대기업 주식들만 선전하는 주식시장도 변동성은 높고 수익성은 낮은 상황에서 대체 어디에 투자해야 할까.

결론부터 얘기하자면 금과 은에 대한 투자는 전 세계 금융시장의 '양극화' 현상 속에서 꾸준히 주목을 받을 것이다. 전 세계 정부들이 돈을 찍어 내면서 인플레이션이 심화되든, 경기침체로 디플레이션의 시대가 오든 금과 은에 대한 수요는 계속될 수밖에 없다.

국가, 기업, 자산 모두 '불신'과 '양극화'의 시대

2008년 금융위기와 2012년 유럽의 위기는 '불신'과 '양극화'라는 공통점이 있다. 2008년 금융위기는 신용등급 AAA이던 미국의 서브프라임모기지 상품에 대한 불신이 미국 국가 신용에 대한 불신으로 이어진 사태였다. 2012년 유럽의 재정위기 역시 그리스, 이탈리아, 스페인, 아일랜드, 포르투갈 등 유럽 국가, 정부 자체에 대한 불신이 금융기관으로의 불신까지 이어지고 있는 사태다.

국가도, 정부가 보증하는 채권도 믿을 수 없는 시대. 부동산이나 주식과 같은 투자자산의 가격은 더욱 크게 타격을 받을 수밖에 없었다.

두 위기 모두 전 세계가 꺼내 든 해법은 말 그대로 돈을 찍어 내는 '양적 팽창'이었다. 불신에 휩싸인 금융자본과 투자자들은 크고 안전한 국가, 기업, 자산에만 돈을 투자했고, 그 결과 국가, 기업, 자산 모두 '양극화'가 심화됐다.

실례로 한국에서도 금융위기 후 삼성전자와 현대차, 기아차와 같은 극히 일부 대기업들만 사상 최대이익과 사상 최대 주가를 달렸고, 중소기업들은 더욱 어려워지고 소외됐다. 정부가 돈을 풀면, 좋은 대기업들은 더 싼 이자로 돈을 빌릴 수 있게 됐고, 대기업의 실적은 더욱 좋아졌다.

자산투자에 있어서도 양극화는 불가피한 현상으로 진행되고 있다. 이미 '부동산 불패' 신화는 끝났고, 달러나 유로화 엔화 같은 현금도 믿기 어려운 시대가 됐다. 시장이 불안하고 투자자의 불신이 커질수록 금과 은에 대한 관심은 높아질 가능성이 높다.

금·은 시장의 매력

금과 은은 특정한 만기가 없고 가치가 영속적으로 유지되는 부동산의 장점과, 유동성이 풍부하고 비용이 들지 않는 동산의 장점을 모두 갖고 있다.

정부의 금리, 조세, 대출 정책 등 각종 정책 변화에도 별 다른 영향이 없고, 주식시장과 경기의 변동에도 큰 영향을 받지 않는다. 경제가 최악으로 불확실한 상황이 오면 화폐나 채권, 주식, 부동산에 비해 교환가치는 높아진다. 또 부자들이 자식들에게 자산을 물려주는 유용한 수단으로도 금·은은 여전히 인기를 누리고 있다.

실제로 금과 은의 시세는 화폐가치가 떨어져 자산가치가 오르는 '인플레이션'이나 자산가치가 떨어지는 '디플레이션' 모든 상황에서 주목을 받는다. 역사적으로 한국 등 아시아의 외환위기나 금융위기, 유럽 재정 위기 등 금융시장이 출렁일 때마다 금과 은은 동반 하락하다가 가장 먼저 가파른 상승세로 올라섰다. 미국 달러나 유로화에 대한 불신이 회자될 때마다 금과 은의 가격은 높아진다.

중국, 인도, 브라질 등 신흥개발국가들의 중앙은행들이 달러나 유로 대신 금 보유고를 늘려가는 추세도 주목할 만하다. 한국은행도 외환보유액 중 금의 비중이 1%에 못 미치는 상황이어서 꾸준히 금을 사들이고 있다.

한국 금 거래 시장의 현재

금과 은의 투자가치는 높지만 아직까지 한국에서 금에 투자하는 일은 쉬운 일이 아니다. 1차적인 이유는 높은 세금과 수수료 부담 때문. 부가가치세 10%, 관세 3%, 소득세 등의 세금 부담과 함께 금을 녹일 때 1.5% 정도의 손실과 세공비 등도 감안해야 한다. 원칙적으로는 돌반지를 교환하는 것도 신고납부의 대상이다. 하지만 세금 부담이 높기 때문에 금 거래를 신고해 제도적으로 투자하려는 사람들은 많지 않고 암거래 의존도가 높다.

하지만 해외 국가들 대부분은 귀금속이 아닌 투자용 금을 사고파는 데 부가세를 부과하지 않고 있다. 금 쥬얼리 상품에 관세를 부과하는 나라는 많지만, 금괴와 같은 투자용 금에는 대부분 면세다.

실례로 금 수요가 많은 인도의 경우 금에 대해 부가가치세 1%와 기본 수입세 1%라는 낮은 세율이 적용된다. 유럽이나 미국에서도 투자용 금은 부가가치세가 없고, 두바이 등은 관세도 면제해 주고 있다.

개인들은 해외거래소를 통해 금 선물거래를 할 수 있지만 증거금 비중이 높아서 투자하기에 어려움이 크다. 기본 거래가격이 보통 온스당 1600달러를 호가하는데 증거금을 많게는 50% 가까이 내야 한 단위부터 거래를 시작할 수 있다.

세금뿐 아니라 거래 시스템도 아직 한국에서는 미비한 상황이다. 한국거래소(KRX)에는 금 선물 거래시장만 있을 뿐 현물 거래시장은 아직까지 없다. 당초 정부가 2012년까지 금 현물시장을 연다는 계획이었지만, 진척이 이뤄지지 않고 있다.

2010년 9월 거래단위를 기존의 1kg(돌반지 266개, 약 4800만 원)에서 10% 수준인 100g(약 480만 원)으로 줄여 야심차게 문을 연 '미니금선물시장'도 거래가 줄고 있다. 금선물시장은 실물 금 거래가 아닌 파생상품일 뿐, 현물시장이 없는 상태에서 활성화에는 한계가 있기 때문이다.

이 같은 이유들 때문에 한국의 금 거래는 5조 원 규모로 추산되나 아직 제도화되지 않고 있으며, 암시장을 통한 밀수, 불법 상속·증여, 비자금 등 음성적 거래도 많은 상황이다. 하지만 정부가 금 현물 거래소를 열어 장내거래를 유도하고 세금을 낮추는 등 제도적으로 금·은 거래를 활성화시키려는 기조는 유지하고 있어 늦어도 2014년 후에는 투명한 장내거래가 확산될 수 있을 전망이다.

금 통장, 골드바와 ETF

한국에서도 금괴를 사고팔 수 있다. 신한은행, 기업은행, 삼성증권, 이트레이드증권 등 일부 시중 금융기관에서는 현재 골드바로 불리는 '금괴'와 미니 골드바 등을 판매하고 있다. 그러나 금을 현물로 사고팔 땐 부가세 10%를 신고 납부해야 하고, 수수료가 5%가량 부과된다. 금괴 보관료 등이 들어가기 때문에 수수료가 다른 금융상품에 비해 높은 편이다.

최근에는 해외 금 시세를 추종해 주식처럼 거래하는 ETF(상장지수펀드)가 주목받고 있다.

국내 상장된 금 관련 ETF로는 KODEX 골드선물 ETF, 타이거 금·은 선물, 코덱스 은선물 등이 있다. 이들 ETF는 각 증권사의 홈트레이딩시스템(HTS)을 활용해 주식처럼 사고팔 수 있으며 유동성도 풍부한 편이다.

금 통장, 즉 골드뱅킹의 경우 출금할 때 수수료 및 환율, 세금이 반영되고 골드바(금괴)를 살 경우 소매 업체의 마진율이 10~20% 정도 붙는다. 하지만 국내 금 ETF는 거래 수수료도 2% 미만에 거래할 수 있고, 별도의 세금 부담도 없다. 금 ETF는 해외 금지수의 시세를 99% 가까이 추종할 수 있다는 점도 장점이다.

물론 금·은 관련 ETF 역시 수수료를 내고 해외 지수를 추종할 뿐. 해외 지수나 시세자체도 언제든 투기세력에 의해 조종되고 유동성 위기에 빠질 수 있으므로 신중히 살펴야 한다.

뉴욕상품거래소(COMEX)의 금·은 시세는 5년 전인 2007년 9월초 금 684.3, 은 12.19 달러 수준에서 2012년 9월초 1692.1, 32.17로 각각 147%, 164% 올랐다. 현재 한국 상황에서는 암거래를 제외하고 가장 '싸게' 시세를 따라잡을 수 있는 수단이 ETF다.

— 김동하(머니투데이 기자)

옮긴이 | 박슬라

연세대학교 인문학부에서 영문학과 심리학을 전공했으며, 현재 전문 번역가로 활동 중이다. 옮긴 책으로는 『스틱!』(공역), 『위기는 왜 반복되는가』(공역), 『부자 아빠의 금·은 투자 가이드』 등의 경제·인문 서적과 애거서 크리스티 전집 중 『구름 속의 죽음』, 『패팅턴 발 4시 50분』을 비롯해 『한니발 라이징』, 『샤르부크 부인의 초상』, 『사라진 내일』 외 다수의 소설이 있다.

감수 | 김혜진

외국계 투자은행 산하 원자재 구조화 상품팀에 이사로 재직중이다. 연세대 졸업 후 시카고경영대학원에서 MBA를 취득했다. 원자재에 기초한 구조화 파생상품을 만드는 역할을 하고 있다.

부자 아빠의 금·은 투자 가이드

1판 1쇄 펴냄 2012년 9월 24일
1판 6쇄 펴냄 2024년 1월 9일

지은이 | 마이클 맬로니
옮긴이 | 박슬라
발행인 | 박근섭
펴낸곳 | ㈜민음인

출판등록 | 2009. 10. 8 (제2009-000273호)
주소 | 06027 서울 강남구 도산대로 1길 62 강남출판문화센터 5층
전화 | 영업부 515-2000 **편집부** 3446-8774 **팩시밀리** 515-2007
홈페이지 | www.minumin.com

도서 파본 등의 이유로 반송이 필요할 경우에는 구매처에서 교환하시고
출판사 교환이 필요할 경우에는 아래 주소로 반송 사유를 적어 도서와 함께 보내주세요.
06027 서울 강남구 도산대로 1길 62 강남출판문화센터 6층 민음인 마케팅부

한국어판 © ㈜민음인, 2012. Printed in Seoul, Korea
ISBN 978-89-6017-422-1 03320

㈜민음인은 민음사 출판 그룹의 자회사입니다.